ULRICH HOFFMANN
FRAUKE MEYER

MAMA, WANN BEKOMM ICH EIN HANDY?

echt EMF

ULRICH HOFFMANN
FRAUKE MEYER

Die 150 wichtigsten Fragen zur Kindererziehung

INHALT

EINLEITUNG

WOZU ERZIEHEN?

Welchen Zweck haben unsere elterlichen Bemühungen? Und ist dieses Ziel überhaupt erreichbar?

Immerhin lautet ein gängiger Einwand gegen Helikoptereltern, Tigermütter, Attachement Parenting & Co.: „Groß werden sie alle". Mit anderen Worten: Eltern, bleibt locker, lasst den Kindern ihren Freiraum, dann ruckelt sich das alles schon zurecht.

Daran ist sicherlich etwas Wahres. Seit zigtausend Jahren bekommen Menschen Kinder und ganz offensichtlich haben viele davon überlebt und selbst wieder Kinder bekommen. Ist das Bemühen um eine „gelungene" Erziehung – was immer das heißen mag – also nur neuzeitlicher Unfug? Eine Beschäftigung für Eltern, die anderweitig nicht ausgelastet sind? Die ihr Ego im Übermaß auf die Sprösslinge projizieren – deren eigene Happiness vom Erfolg der Kinder abhängt?

Auch eine andere Sichtweise ist möglich. Vielleicht wissen wir zum ersten Mal in der Geschichte der Menschheit genug daüber, wie die psychologische Entwicklung funktioniert, um schädliche Tendenzen zu vermeiden. Und vielleicht haben Eltern dank Industrialisierung und Arbeitsteilung tatsächlich nicht nur Wissen genug, sondern auch ausreichend Zeit und Energie, sich aktiv für die Kinder zu engangieren, statt sie nur großwerden zu lassen.

Es sind nicht mehr nur die Frauen- und Psychologie-Magazine, die von den Langzeitfolgen schwieriger Kindheiten berichten. Solche Artikel finden sich auch in Männermagazinen. Und spätestens der Erfolg von Stefanie Stahls „Das Kind in dir muss Heimat finden“ legt nahe, dass viele Erwachsene sich mehr Verwurzelung und inneren Halt wünschen. Wieder: Vielleicht ist dieses Bedürfnis den neurotischen Megaansprüchen der Gegenwart geschuldet. Oder einer zunehmenden Machtlosigkeit im Außen, die durch mehr Selbstwirksamkeit im Innen ausgeglichen werden soll.

Kann sein. Aber selbst wenn, wäre dann der Wunsch, auf eine glückliche Kindheit zurückblicken zu können, wirklich problematisch?

„Es ist nie zu spät, eine glückliche Kindheit gehabt zu haben“, soll der Hypnotherapeut Milton Erickson gesagt haben. Damit meinte er nicht, dass man problematische oder gar traumatische Erlebnisse leugnet oder verdrängt. Sondern dass wir sie mithilfe moderner psychologischer Werkzeuge bearbeiten, akzeptieren und integrieren können. Stark verknappt ging Erickson davon aus, dass in der Kindheit erlernte Annahmen unsere Sichtweise auf die Welt prägen, unsere *Interpretation* der Gegenwart. Und dass wir über die Möglichkeit verfügen, diese Interpretation zu hinterfragen und zu verändern.

Der Wunsch danach ist bei vielen Erwachsenen vorhanden. Eltern scheinen sich daher derzeit zwei Dinge zu wünschen:

- Die Kinder sollen *jetzt schon* eine **glückliche Kindheit** erleben (d.h., sie sollen die Kindheit bereits in der Kindheit als glücklich wahrnehmen und sie nicht erst später umdeuten müssen).
- Die Kinder sollen *später* ein möglichst **gelingendes Leben** führen (d.h., sie sollen ihren Werten gemäß erfolgreich sein können).

Daraus ergeben sich im Erziehungsalltag jedoch häufig Probleme, denn die Ziele können in Konflikt geraten. Ein Kind ist *jetzt glücklich*, wenn es bekommt, was es will (Bildschirmzeit, ein Eis, Aufmerksamkeit, mehr Taschengeld usw.). Zu einem gelingenden Leben *später* trägt aber oft das Gegenteil bei. Was tun?

Wir wollten von der internationalen Forschung wissen, welche Entscheidungen in welchem Entwicklungsstadium aus welchen Gründen richtig sind.

DIE RUSHHOUR DES LEBENS

Mia beißt, haut, kratzt und Jonas weint (oder weint nicht), wenn die Eltern sie in den Kindergarten bringen. Amelie isst nur Pommes, nur im Bett, nur mit Ketchup. Emil will unbedingt im Elternbett liegen, nicht alleine einschlafen, macht nachts ins Bett. Klara erledigt die Hausaufgaben nicht, findet keinen Kontakt zu den Klassenkamerad*innen, will immer nur am Handy spielen.

Ach so, und natürlich: Julian schläft schon durch, aber mein Kind noch nicht. Charlotte isst alles, was ihr vorgesetzt wird, aber mein Kind noch nicht. David kann schon lesen, aber mein Kind noch nicht. Ist mit meinem Kind alles in Ordnung?

Das sind einige der gängigen Probleme, die einen extrem hohen Druck auf Eltern in der sogenannten „Rushhour des Lebens" aufbauen. Meist sind beide Eltern berufstätig, und diese Arbeitsverhältnisse sind heute selten ein beruhigender Fels in der Brandung wie bei den Großeltern oder manchmal sogar noch bei den Eltern. Sondern sie erfordern Proaktivität, Einsatz, Konzentration.

Soll das Kind in den Kindergarten oder muss es? Ist die Nachmittagsbetreuung eine Bereicherung und Entlastung – oder eine frustrierende Notwendigkeit?

Letztlich geht es häufig um die Frage: Machen wir es *richtig*?

Daher wollten wir herausfinden: Gibt es dieses „richtig" überhaupt? Entweder als objektive Aussage für alle Kinder oder zumindest als Baukastensystem (wenn Kind so, dann Lösung A, wenn Kind so, dann Lösung B)?

DAS RICHTIGE WOLLEN, DAS RICHTIGE MESSEN

Die Unsicherheit der Eltern mag bedingt sein durch die Individualisierung der Lebensläufe. Bis vor wenigen Jahrzehnten prägten Religion und/oder gesellschaftliche Erwartungen die Erziehung. Es war klar, was „richtig" war und was „revolutionär". Diese Zeit ist vorbei. Und wir weinen ihr keine Träne nach. Es ist eine großartige Errungenschaft, dass die *Möglichkeit* besteht, dem eigenen inneren Kompass in Sachen Kindererziehung zu folgen. Der Preis dafür ist häufig jedoch die *Notwendigkeit*, diesen Kompass erst einmal zu finden, und dann zu lernen, mit seiner Hilfe korrekt zu navigieren. Das hat uns niemand vorgelebt, geschweige denn beigebracht, wir sind auf uns allein gestellt. Und können eben noch nicht mal wirklich Freund*innen um Rat fragen, weil sie im Detail eben doch anders sind als wir. (Noch mal: Das ist gut. Sonst wären wir ja alle austauschbar. Nur müssen wir eben damit umgehen lernen.)

Warum also noch ein Elternratgeber? Weil es viele neue wissenschaftliche Erkenntnisse aus den unterschiedlichsten Disziplinen gibt, die dabei helfen, Erziehungsentscheidungen guten Gewissens zu treffen. Die Forschung ist interessant, lehrreich, hilfreich. Sie ermöglicht, die eigenen Werte und Ziele zu reflektieren und, wenn nötig, zu korrigieren. Und wenn wir wissen, warum wir wohin wollen, werden wir im Alltag auch wieder handlungsfähig(er).

Diese Überlegungen sind doppelt wichtig, weil wir dazu neigen, auf die falschen Dinge zu achten. Der Psychologe Daniel Kahneman legt in seinem Bestseller „Schnelles Denken, langsames Denken“ dar, dass wir in unübersichtlichen Situationen dazu neigen, eine schwierige Frage durch eine leichtere zu ersetzen – ohne es zu bemerken. Die Mathematikerin Hannah Fry wendet diese Erkenntnis in ihrem Artikel „What Really Counts“[1] auf die Einschätzung der Schulbildung an. Alle Eltern möchten gern, dass ihre Kinder eine „gute Ausbildung“ erhalten. Aber wann genau ist eine Ausbildung „gut“? Diese Frage ist sehr schwer zu beantworten. Also weichen wir auf eine sehr viel einfachere Frage aus: Wie „gut“ sind die Noten unserer Kinder in den Tests, Arbeiten und Zeugnissen? Und weil wir so weitgehend unbemerkt das Falsche messen beziehungsweise bewerten, entsteht ein System, in dem nicht mehr für das Leben gelernt wird, sondern für Tests, Arbeiten und Zeugnisse.

Wir werden deshalb in diesem Buch bewusst darauf achten, die *richtigen* Fragen zu stellen und die wirklich *wichtigen* Ergebnisse zu vergleichen.

Dafür brauchen wir allerdings Ihre Hilfe. Denn es gibt kein objektiv ideales Leben. Für das eine Kind mag tatsächlich Schulwissen immens wichtig und hilfreich sein, für ein anderes nicht. Das eine Kind braucht Unterstützung dabei, Freund*innen zu finden, das andere nicht. Deshalb müssen Sie sich folgende Fragen stellen:

- Was macht ein gutes, gelingendes Leben aus?
- Welche Fähigkeiten und Werte möchten Sie Ihrem Kind mitgeben *und warum*?
- Wie können Sie überprüfen (= messen), ob Ihnen das gelingt? An welchen Problemen, Ereignissen oder Meilensteinen können Sie feststellen, ob Sie auf dem „richtigen" Weg sind oder nicht?
- Inwieweit können und sollten Eltern, Ihrer Ansicht nach, Kinder erziehen, formen oder beeinflussen? (Immerhin geht das Wort „erziehen" auf den Wortstamm „irziohan" zurück[2], althochdeutsch für: herausziehen. Und herausziehen kann man nur, was schon drin ist.)

Die Erkenntnisse, die wir Ihnen in diesem Buch vorstellen, entfalten ihren Nutzen nur im Zusammenspiel mit Ihren persönlichen Ansichten darüber, was wichtig ist und was nicht. Anders gesagt: Wäre dieses Buch ein Test von Navigationsgeräten und eines wäre besonders gut für Stadtfahrten geeignet, eines für Off-Road-Abenteuer, eines auf der Südhalbkugel, eines auf hoher See, dann müssten Sie auch erst einmal wissen, wo Sie hinwollen, bevor Sie Ihre Kaufentscheidung fällen.

EINE LANGE GESCHICHTE

Der Kindererziehung – oder zumindest ihrem Ergebnis, nämlich möglichst lebenstüchtigen Erwachsenen – wurde immer schon Bedeutung zugemessen.[3] Erste Aufzeichnugen stammen aus dem alten Ägypten, dem Codex Hammurapi (eine babylonische Schriftensammlung aus dem 18. Jh. v. Chr.) und von prä-sokratischen Philosophen. Damals und bis vor wenigen Jahrzehnten suchte man nach möglichst direkten Zusammenhängen zwischen dem elterlichen Verhalten und dessen Wirkung auf das Kind.[4] Motto: Tu dies, erhalte das! Die Eltern oder Erzieher*innen waren sozusagen „Trainer*innen", die Kindern alles gesellschaftlich Notwendige beibrachten wie Zirkuspferden. Der Nachwuchs galt als unbeschriebenes Blatt, als leeres Gefäß. Heute weiß man, dass Kinder bereits mit einem eigenen Temperament[5] zur Welt kommen und dass Erziehung schon allein deshalb nur interaktiv und intersubjektiv gelingen kann: In einem Wechselspiel genau dieser Persönlichkeiten. Aktuell untersucht wird daher, *welche* elterlichen Verhaltensweisen *zu welchem Zeitpunkt welche Auswirkungen* auf die Entwicklung *welcher Kinder* haben.[6] Dieses Buch fasst auf eine (hoffentlich) leicht nachvollziehbare und gut umsetzbare Weise den aktuellen Stand der Forschung zusammen.

AUFBAU

Sie können das Buch von vorn bis hinten durchlesen (was wir hoffen). Oder Sie können dort aufschlagen, wo es bei Ihnen brennt.

Wir haben lange überlegt, wie sich unsere Erkenntnisse am nützlichsten wiedergeben lassen. Traditionell wird in

Elternratgebern nach Alter beziehungsweise Entwicklungsschritten gegliedert. Wir haben uns dagegen entschieden, weil kaum ein Kind sozusagen „in der Breite" alle Problemthemen anstößt. Sondern manche sind stiller, andere aggressiver. In manchen Familien läuft es am Morgen rund, am Abende nicht – oder eben umgekehrt. Da ist Geld ein schwieriges Thema, dort die Einhaltung von Regeln und wieder woanders die Medienzeit. Außerdem ist Erziehung eine zukunftsgewandte Aktivität. Unser Verhalten als Eltern ist mindestens zum Teil davon bestimmt, wie wir uns die eigene Zukunft und die Zukunft der Kinder vorstellen und wünschen. Deshalb ist es sinnvoll, beim *Jetzt* immer auch das *Übermorgen* mitzudenken. Also haben wir die Informationen nach Themen gebündelt.

Zuerst stellen wir kurz die wichtigsten Erziehungstheorien und -stile vor. Sie sind die relevanten Bezugspunkte für viele folgende Erklärungen. Hier beschäftigen wir uns auch noch einmal ausführlicher mit der Frage, ob und mit welchem Ziel Eltern erziehen (sollten) – und auch, ob so etwas wie Erziehung überhaupt möglich ist. Hier finden Sie auch eine Übersicht der wichtigsten „Meilensteine" der kindlichen Entwicklung.

Danach nehmen wir uns die häufigsten Krisenherde vor: Windeln beziehungsweise Sauberwerden. Essen. Schlafen. Gegeneinander und Miteinander (hier behandeln wir sowohl die Kooperation im Alltag wie auch die Trotzphasen). Kommunikation. Freizeit und Fremdbetreuung. Lernen. Finanzen. Krisen und Trauer. Medien. (Geordnet haben wir die Abfolge der Themen einerseits nach dem Alter der Kinder, andererseits nach der wahrgenommenen Intensität des Problems.)

Zur Studienauswahl
Wir haben nationale und internationale Studien herangezogen. Sie wurden in anerkannten wissenschaftlichen Publikationen veröffentlicht. Im Regelfall sind diese „peer reviewed", wurden also von fachkompetenten Wissenschaftler*innen Korrektur gelesen. Manche Untersuchugnen beziehen sich auf große Reihenuntersuchungen, bei denen größere Gruppen verglichen worden sind, die einer bestimmten Situation ausgesetzt waren oder eben nicht. In anderen Fällen konnte nur eine kleine Zahl von Kindern befragt werden. Wo es für das Ergebnis relevant erscheint, nehmen wir entsprechende Angaben vor. Ein besonderer Schwerpunkt liegt auf aktuellen Studienergebnissen. Im Zweifel haben wir Untersuchungen aus dem deutschsprachigen oder europäischen Raum bevorzugt, weil Kindererziehung immer auch im sozialen Kontext erfolgt.

Weil sich zwar vieles messen und erforschen lässt, Erziehung aber trotzdem niemals eine exakte Naturwissenschaft werden wird, folgen darauf noch Zusammenfassungen relevanter, zum Teil auch umstrittener Expert*innenpositionen. Diese können da und dort vielleicht noch eine ergänzende Anregung (oder auch eine Abschreckung) bieten. Und ganz zum Schluss werfen wir noch einen Blick über den Tellerrand und beschäftigen uns damit, wie Kinder anderswo großwerden – und was wir davon lernen können.
Wir wünschen Ihnen und Ihren Kindern von Herzen alles Gute!
Frauke Meyer und Ulrich Hoffmann

ERZIEHUNGSSTILE UND MEILENSTEINE

Viele Wege führen ans Ziel. Aber noch mehr führen daran vorbei. Erziehung ist keine Einzelaktion, keine Abfolge von Tipps und Tricks. Kein Elternteil macht alles richtig. Und das ist auch nicht nötig. Wichtig für den Erfolg ist die grundsätzliche Haltung. Wie diese zum Ausdruck kommt, kann individuell sehr unterschiedlich sein.

Auf den nächsten Seiten stellen wir Ihnen die wichtigsten sogenannten „Erziehungsstile" vor. Im Anschluss folgt eine Übersicht der wichtigsten „Meilensteine" der kindlichen Entwicklung.

WORAUF SOLLTEN ELTERN BEIM ERZIEHEN ACHTEN?

Was tun, wenn der kleine Ben dem kleinen Jonas das Schäufelchen wegnimmt? Vier Elternpaare, acht Meinungen. Dezent wegschauen, die Kinder werden das schon regeln.

Energisch dazwischengehen, damit Ben lernt, was nicht in Ordnung ist. Energisch dazwischengehen, damit Jonas Solidarität erlebt. Später kritisch mit Ben reden. Später Jonas erklären, dass im Leben nicht alles so läuft, wie man es sich wünscht. Beiden Kindern eine Auszeit verordnen und sie anschließend dazu befragen, wie sie die Sache erlebt haben und welche Lösung sie vorschlagen würden. Eine Ersatzschaufel aus der Buggytasche ziehen und Jonas in die Hand drücken. In den Himmel zeigen und rufen: „Schaut mal, eine tote Möwe!"

Je nach Persönlichkeit und Tagesform reagieren Eltern sehr unterschiedlich. Das kennt man auch aus Interaktionen unter Erwachsenen. Es gibt welche, die sind meistens freundlich – aber manchmal eben nicht. Es gibt welche, die sind nie freundlich – aber manchmal eben doch.

Trotzdem ergibt sich in der Summe ein Bild aus den Schwerpunkten der Alltagshandlungen. Oder, im Fall von Erziehung, ein Erziehungsstil. Und genau wie es einige besonders häufige Persönlichkeitstypen gibt (von denen manche beliebter sind als andere), gibt es einige besonders häufige Erziehungsstile (von denen einige besser funktionieren als andere). Für die Klassifizierung werden unterschiedliche Elemente des elterlichen Verhaltens bewertet, die sogenannten Dimensionen. Der aktuelle Quasi-Standard der Erziehungsstile ist das Modell nach Maccoby und Martin:

	Hohe Forderungen	**Geringe Forderungen**
Hohe Responsivität	Autoritativ	Permissiv, Verwöhnend
Geringe Responsivität	Autoritär	Zurückweisend, Vernachlässigend

Bis etwa Anfang der 80er wurden Erziehungsstile nach „hoher Wertschätzung“ und „geringer Wertschätzung“ sowie hoher, mittlerer und geringer „Lenkung“ bewertet. Damals ging man davon aus, dass eine „mittlere Lenkung“ und eine „hohe Wertschätzung“ ideal für Kinder wären. Man nannte dieses Erziehungskonzept partnerschaftlich-sozialintegrativ. Klingt gut, oder?

Eltern, die ihre Kinder eher wie Untergebene herumkommandierten, verhielten sich „autokratisch“. Am anderen Ende des Spektrums waren diejenigen, die möglichst wenig Vorgaben durchsetzten, sich also „antiautoritär“ oder „laissez-faire“ positionierten. Obwohl sie das zumindest zum Teil aus Liebe und nicht aus Desinteresse taten, wurde ihnen dennoch nur eine „geringe Wertschätzung“ der Kinder zugesprochen.

Eleanor Maccoby und John Martin kombinierten die Elemente 1983 anders und kamen so zu den, in der Tabelle oben klassifizierten, vier Erziehungsstilen. Um es vorwegzunehmen: Gut weg kommt nur einer davon, der autoritative.

„Hohe Forderungen“ bedeutet, wie zu erwarten, hohe Ansprüche an das Kind zu stellen. Werden diese knallhart durchgesetzt („geringe Responsivität“), wird es autoritär. Werden sie situativ auf das Kind abgestimmt („hohe Responsivität“), ergibt sich eine Art natürliche Autorität der Eltern. Vielleicht kennen Sie das aus der Schule, die meisten von uns hatten zumindest eine*n oder einige Lehrer*innen, der*die nicht herumschreien musste, sondern aus sich heraus Respekt forderte und gezollt bekam. Wer von Kindern (zu) wenig verlangt, vernachlässigt sie entweder (wenn man gar nicht weiter auf sie achtet, also eine „geringe Responsivität“ zeigt) oder verwöhnt zu sehr (wenn eine „hohe Responsivität“ vorliegt).

Dieses Modell ist weitverbreitet und recht einfach nachzuvollziehen, auch wenn die Bezeichnungen ein wenig sperrig daherkommen. Allerdings nennen andere Expert*innen noch weitere „Dimensionen“, die berücksichtigt werden sollten, darunter:

- Fürsorge und Empathie (Einfühlungsvermögen)
- Unterstützung
- emotionale Wärme
- Akzeptanz
- Strenge
- Kontrolle vs. Autonomie
- Disziplin
- Konsequenz

Diese überschneiden sich natürlich und trotzdem wird klar, dass das Modell von Maccoby und Martin jedenfalls nur eine sehr grobe Orientierung bieten kann.

Eine japanische Studie ergab, dass Kinder autoritativer Eltern *im Durchschnitt* später im Leben gut verdienten, beruflich erfolgreich und auch glücklich waren.[7] Aber: Kinder mit besonders strengen Eltern galten ebenfalls als beruflich und finanziell erfolgreich. Und nur unwesentlich weniger glücklich (im Rahmen dieser Studie definiert als selbstsicher und positiv gestimmt).[8] Viel problematischer als die oft thematisierte Strenge hingegen war Desinteresse. Kinder von Eltern, die sich nicht viel um sie kümmerten, standen finanziell und emotional schlechter da als alle anderen.[9]

Zudem stellten Forscher in Spanien fest, dass die Teenager permissiver (verwöhnender) Eltern sich ebenso gut benahmen und ebenso gut mit dem Leben zurechtkamen wie die autoritativer Eltern.[10] Außerdem ergab eine europaweite Untersuchung, dass der Drogenkonsum der ganz offiziell von den Eltern „verwöhnten" Kindern auch nicht höher war.[11] Ebenso ließ sich zeigen, dass diejenigen Erziehungsmethoden besser funktionierten, die andere Eltern ebenfalls an den Tag legten – wogegen regional untypisches Verhalten schlechtere Erziehungsergebnisse hervorbrachte. [12]

Welcher Erziehungstyp bin ich?

Damit Sie sich aktuell selbst einordnen können, hier ein kleiner Test[13]:

Welche Sätze halten Sie für richtig (beziehungsweise wie verhalten Sie sich *im echten Leben*? Notieren Sie einfach die Symbole der Sätze, die auf Sie zutreffen.

- Sie geben Regeln vor, aber setzen diese nur ungern durch. (⬣)
- Sie geben sich viel Mühe und investieren viel Zeit, um eine positive Beziehung zu Ihrem Kind aufzubauen und zu erhalten. (❋)
- Kinder soll man sehen, nicht hören. (◆)
- Sie fragen Ihr Kind nicht, wie es in der Schule war oder was es für Hausaufgaben hat. (◣)
- Sie halten nicht viel von Strafen und Konsequenzen. (⬣)
- Wer ist denn hier der Boss? (◆)
- Sie erläutern die Gründe für Ihre Regeln. (❋)
- Sie wissen oft nicht, wo Ihr Kind sich befindet oder mit wem es unterwegs ist. (◣)
- Kinder lernen am besten, was sie gerade lernen müssen, wenn man sie in Ruhe lässt. (⬣)
- Kinder wissen sowieso noch nicht, was gut für sie ist. (◆)
- Sie bestehen darauf, dass Regeln eingehalten werden, berücksichtigen aber auch die aktuelle Situation Ihres Kindes. (❋)
- Sie verbringen recht wenig Zeit mit Ihrem Kind. (◣)

Was die Symbole bedeuten:
(⬣) steht für Aussagen, die typisch sind für den permissiven (verwöhnenden) Erziehungsstil.
(❋) steht für Aussagen, die typisch sind für den autoritativen Erziehungsstil.
(◆) steht für Aussagen, die typisch sind für den autoritären Erziehungsstil.
(◣) steht für Aussagen, die typisch sind für den zurückweisenden (vernachlässigenden) Erziehungsstil.

Selbstverständlich treten diese Stile und Typen meist in Mischformen auf!

Woher kommt der eigene Erziehungsstil?

Vermutlich stellt der eigene Erziehungsstil eine Mischung aus Verhaltensweisen dar, die wir zum einen von den eigenen Eltern übernommen oder die wir bei diesen abgelehnt haben, und zum anderen besteht der persönliche Erziehungsstil aus Elementen, die wir bewusst einfließen lassen. Beispielsweise Handlungsanweisungen, weil sie gerade im Trend sind, „man macht das so", oder weil wir entschieden haben, uns auf eine bestimmte Weise zu verhalten (zum Beispiel in einem Kurs erlernt oder nach einem Gespräch oder einer Reflexion beschlossen).

Unter den drei eher ungünstigen Erziehungsstilen leiden manche Kinder mehr, manche weniger. Für alle bedeutet allerdings großer Stress inkonsistente, also wechselnde Verhaltensweisen. Auch das kennt man von Begegnungen zwischen Erwachsenen. Ein grundsätzlich eher kritischer Chef ist einfacher zu ertragen als einer, der mit Zuckerbrot und Peitsche ankommt, also mal schmeichelt und dann wieder schimpft (ohne, dass jeweils klar würde, weshalb). Wie für uns ist es auch für Kinder vor allem dann verunsichernd, wenn das Verhalten einer Person unvorhersehbar wechselt[14] (wenn zwei Elternteile unterschiedlich auftreten, egal, ob sie getrennt oder gemeinsam erziehen, gelingt die Zuordnung[15]).

Der Erziehungsstil ist grundsätzlich veränderlich. Hinzu kommt, dass keine Person sich zu unterschiedlichen Zeitpunkten in ähnlichen Situationen stets gleich verhält. Insofern geht es also nicht um einzelne Handlungen, sondern um eine Art Gesamtbild.

Bei der Langzeitbeobachtung[16] von 500 jugendlichen Mädchen ließ sich zudem zeigen, dass sich aus dem Verhalten der Eltern keine Vorhersagen über ein problematisches Verhalten der Jugendlichen ableiten ließ. Aber je wilder und trotziger die Mädchen sich benahmen, desto weiter rückten die Eltern von ihnen ab. Je problematischer der Umgang mit den Kindern sich gestaltete, desto distanzierter wurden die Eltern *mit der Zeit*. Die Forscher schlossen daraus, dass es durchaus sein kann, dass manche Kinder schlicht „schwieriger“ sind als andere – und dass dieses Verhalten die Eltern dazu bringt, sich immer weniger zu bemühen. (Was verständlich wäre, aber nicht hilfreich ist. Stattdessen raten die Wissenschaftler*innen dazu, Beratungen für Eltern und Kinder in Anspruch zu nehmen. Das geschieht vermehrt niederschwellig bei Elterncoaches – neudeutsch für „Erziehungsberater“. Coaching ist sehr handlungsorientiert und bietet oft praktische Ratschläge. Lassen diese sich im Alltag nicht umsetzen oder wird die erhoffte Entlastung nicht erreicht, sollten der*die Kinderarzt*in beziehungsweise ein*e Therapeut*in hinzugezogen werden. Ja, das kostet Geld und Zeit. Aber Erziehungsarbeit in den ersten zehn Jahren zahlt sich in den zweiten zehn vielfach aus!)

Entwicklung der Erziehung in Deutschland

Anfang des 20. Jahrhunderts (also noch vor dem Ersten Weltkrieg) verbreitete sich in bildungsnahen Bevölkerungsschichten die sogenannte „Reformpädagogik". Zu deren Kernthesen gehört die Rücksichtnahme auf die „natürliche Entwicklung" der Kinder und die Stärkung ihrer Selbsttätigkeit und Selbstverwaltung. Mit anderen Worten: Kinder sollten sich in ihrem eigenen Tempo entfalten dürfen und möglichst viel selbst tun können.

Montessori und Pestalozzi

Vielen fallen in Bezug auf Erziehungskonzepte die Namen *Montessori* und *Pestalozzi* ein. Johann Pestalozzi (1746–1827) war ein Schweizer Pädagoge. Er gilt als Begründer der Reformpädagogik und vertrat dabei einen ganzheitlichen Ansatz, mit dessen Hilfe sich Kinder zu selbstständigen, kooperativen Mitgliedern einer demokratischen Gemeinschaft entwickeln sollten. Sein Ziel bestand darin, die natürliche Motivation der Schüler*innen zu nutzen, statt sie stur einen Lehrplan abarbeiten zu lassen. Erziehung baue, seiner Ansicht nach, gewissermaßen eine Brücke zwischen Natur und Kultur.

Maria Montessori (1870–1952) war eine italienische Ärztin und Reformpädagogin. Sie ging davon aus, dass Kinder sich gern und eigenständig Wissen aneigenen möchten, also *lernen wollen*. In Montessorischulen wird daher viel Wert auf Freiarbeit gelegt. Ihr Motto: „Hilf mir, es selbst zu tun". Montessori stellte das einzelne Kind als Individuum in den Mittelpunkt ihrer Erziehungstheorie. Vergleiche mit anderen werden daher in der Montessoripädagogik vermieden. (Andererseits war Montessori der Ansicht, Abweichungen von „Ideal des göttlichen Kindes" müssten durch passende Lernangebote ausgeglichen werden.) Laut Montessori behindern sowohl Strafen wie auch Belohnungen das Lernen.

Kritiker*innen bemängeln, dass Montessoris Position nicht wissenschaftlich begründet, sondern weltanschaulich motiviert sei.

Im Nationalsozialismus (1933–1945) sollte möglichst wenig Erziehung durch das Elternhaus geleistet werden, möglichst viel durch staatliche Institutionen wie Schule, Deutsches Jungvolk beziehungsweise Jungmädelbund (10–14 Jahre) sowie Hitler-Jugend und Bund Deutscher Mädel (14–18 Jahre).

Kinder waren aufgefordert, ihre Eltern zu denunzieren, zum Beispiel wenn diese ausländische Radiosender hörten. In Westdeutschland folgte in der Nachkriegszeit eine deutliche Gegenbewegung bis hin zur sogenannten „Antipädagogik": Kinder würden überhaupt keine Erziehung benötigen, so hieß es. Die Familienstrukturen waren meist konservativ – Vater arbeitete, Mutter blieb zu Hause.

In der DDR war es üblich, dass beide Eltern arbeiteten. Insofern gab es ein deutlich umfangreicheres Angebot der Kinderbetreuung als in der BRD. Zugleich bestand so die Möglichkeit, einen größeren Teil der Kindererziehung staatlich zu steuern.

Heute sollen beide Möglichkeiten gleichwertig nebeneinander existieren, auf der einen Seite weitgehende Betreuung durch die Eltern (oder Verwandte) und auf der anderen Seite Betreuung in Krippe oder Kita. Dabei sollen die staatlichen Betreuungsangebote möglichst wertneutral agieren. Kritisiert wird allerdings, dass ganz grundsätzlich manche „typisch deutschen“ Eigenheiten unbewusst noch aus der Nazizeit beibehalten worden seien.[17] So beispielsweise die weitverbreitete Annahme, Kinder sollten so bald wie möglich in einem eigenen Zimmer schlafen und eher früher als später abgestillt werden. Auch der Wunsch mancher Eltern, als Autorität wahrgenommen zu werden und die narzisstische Kränkung, wenn Kinder dies nicht tun, mag auf diese Zeit in der deutschen Geschichte zurückgehen. (Was vielleicht den Erfolg von abwertenden Publikationen wie „Jedes Kind kann schlafen lernen“ oder „Das Pubertier“ erklärt.)

Das Leben der anderen

In Deutschland gab es 2019 etwa 11,5 Millionen Familien mit Kindern im Haus. Davon waren rund 20 Prozent Familien mit alleinerziehenden Müttern, 4 Prozent mit alleinerziehenden Vätern.[18] In 63 Prozent der Familien mit Kindern unter sechs Jahren waren beide Eltern berufstätig.[19] 93 Prozent der Väter arbeiteten in Vollzeit, aber nur 27 Prozent der Mütter.[20]

2 Prozent der Kinder unter einem Jahr wurden regelmäßig außer Haus betreut.[21] Mit eins gingen 38 Prozent der Kinder in eine Kita, mit zwei 65 Prozent.[22]

Die wichtigsten Meilensteine der Entwicklung

Inzwischen gibt es recht gute Übersichten der körperlichen und psychischen Entwicklungsschritte von Kindern. Im Zweifel fragen Sie bitte Ihre*n Kinderarzt*in, statt sich von den folgenden Übersichten in Sorge versetzen zu lassen! Wir führen diese hier nicht deshalb auf, damit Sie überprüfen können, ob Ihr Kind „normal“ (= der Norm, also dem Durchschnitt entsprechend) ist. Sondern vor allem deswegen, damit Sie den jeweiligen Entwicklungsschritt vorausahnen und erkennen können.

Bitte bedenken Sie: Die Entwicklung jedes Kindes verläuft in jedem Bereich individuell. Manche Kinder entwickeln sich insgesamt langsamer, andere insgesamt schneller, manche nur in einigen Bereichen langsamer oder schneller. Die sogenannte „Varianz“ (der Entwicklungsunterschied zwischen den Kindern) ist außerordentlich groß!

In der Klinik oder von der Hebamme haben Sie vermutlich das sogenannte „Gelbe Heft“ erhalten, in dem Ärzt*innen sowie teilweise Hebammen und Entbindungspfleger*innen das genaue Datum und die Ergebnisse aller U-Untersuchungen eintragen. Die Unterschungen U1 bis U7 erfolgen bis zum Ende des zweiten Lebensjahres. Darauf folgen[23]:

U7a (34.–36. Lebensmonat)
U8 (46.–48. Lebensmonat)
U9 (60.–64. Lebensmonat)

Im Alter zwischen 12 und 14 Jahren hat Ihr Kind dann noch Anspruch auf die J1-Untersuchung, zwischen 16 und 17 auf die J2.

Bei diesen Untersuchungen überprüft der*die Arzt*in, ob Ihr Kind sich „normal“ entwickelt im Sinne der großen Spannweite der Realität. Zudem können Sie nachfragen, wenn nötig.

Am Ende des Gelben Heftes finden Sie sogenannte „Perzentilenkurven“ für Körpergröße und -gewicht. Dort können Sie beispielsweise sehen, dass die meisten siebenjährigen

Mädchen (94 Prozent) zwischen 110 und 130cm groß sind und zwischen 18 und 34 kg wiegen.

Die folgenden Entwicklungsschritte und -phasen fallen in den Altersbereich, mit dem wir uns in diesem Buch beschäftigen (ca. 2 bis 10 Jahre):[24]

- Kind schläft insgesamt ca. 12 Stunden pro Tag, benötigt ca. 30 Min. zum Einschlafen, wacht nachts 1–2 Mal auf: ab 2 Jahren (so eine finnische Auswertung[25] britischer Daten im Jahr 2020).
- Trotzphase (Autonomiephase): zwischen 2 und 5 Jahren[26]
- Feinmotorisch basteln (z. B. Perlen aufreihen): 3 bis 6 Jahre
- Pluralformen bilden: ca. 3 Jahre
- Dreirad fahren: ab 3 Jahre[27]
- Eifersucht auf Andere: ab 3 Jahre[28]
- Fähigkeit, kurz zu warten, bis es dran ist: ca. 3 Jahre[29]
- Sätze bilden: ca. 4 Jahre
- Kann eigenständig Hände waschen und abtrocknen: ab 4 Jahren[30]
- Blasen- und Darmkontrolle tags und nachts: ab ca. 4 Jahren[31] (ABER: die Werte sinken danach noch einmal,[32] d.h., es ist vollkommen normal, wenn das Kind auch in den nächsten Jahren erneut und/oder ab und zu, z.B. beim Spielen oder nachts in die Hose bzw. ins Bett macht!)
- Malbewegung aus dem Handgelenk (statt mit dem Unterarm): 3 bis 6 Jahre
- Magisches Denken (Kind glaubt, dass z.B. Wünsche wahr werden können oder böse Gedanken Unglücke verursachen): 3 bis 6 Jahre
- Übertreibungen und bewusstes Flunkern: ca. 5 Jahre[33]
- Erkennt sinnwidrige Aussagen („Unfug“): ab 5 Jahre[34]
- Stolz auf Bewältigung schwieriger Aufgaben: ca. 5 Jahre

- Kurze Aufträge merken und erledigen: ca. 5 Jahre (4 bis 7 Jahre)
- Fragen stellen und beantworten, Verhalten erklären: ca. 5 Jahre
- Fahrradfahren: 5 bis 6 Jahre (manche Kinder früher)
- Schuhe zubinden: ca. 6 Jahre (zwischen 3 und 7 Jahren)
- Buchstaben nachzeichnen, sauber ausmalen: ab ca. 6 Jahren[35]
- Induktive und deduktive Schlüsse (vom Besonderen auf das Allgemeine, vom Allgemeinen auf das Besondere): ab ca. 6 Jahren
- Integriert sich in Mannschaften: ab ca. 6 Jahren[36]
- Kann Geschichten nacherzählen: ca. 6 Jahre[37]
- Grundstrukturen der Muttersprache: ca. 6 bis 7 Jahre
- Beginn des Zahnwechsels: 6 bis 7 Jahre[38]
- Fremdeinschätzungen beeinflussen Selbstwertgefühl: ab ca. 8 Jahren
- Konzentrationsfähigkeit von maximal 20 Minuten: 6 bis 11 (!) Jahre
- Sprachwitz, Doppeldeutigkeiten: ab ca. 10 Jahren
- Differenzierte Emotionen (z.B. Freude auf Ferien, aber Trauer, die Freund*innen nicht zu sehen): ab ca. 11 Jahren

Entwicklungsschritte nach Erikson

Zu den meisten dieser Entwicklungsschritte werden Sie von Erzieher*innen Feedback erhalten, von Lehrer*innen, Kinderarzt*innen. Ergänzend scheint es uns hilfreich, das Stufenmodell der psychosozialen Entwicklung nach Erikson zumindest zu überfliegen. Der Psychoanalytiker Erik Erikson und seine Frau Joan beschrieben mit diesem Modell die Entwicklung von Menschen. Wie schon Sigmund

Freud vor ihnen gehen auch die Eriksons davon aus, dass manche Schritte erfolgen oder sogar abgeschlossen sein müssen, bevor die nächsten getan werden können. Die Eriksons waren der Ansicht, dass die Entwicklungsschritte jeweils durch eine *Krise* eingeleitet werden, mit der wir uns aktiv auseinandersetzen müssen.

Im ersten Lebensjahr geht es dabei um Vertrauen beziehungsweise Misstrauen: Wie belastbar (glaubwürdig) ist das Grundgefühl des „Sich-verlassen-Dürfens"? Im zweiten und dritten Lebensjahr beschäftigt uns die Autonomie, also unser Wille – im Kontrast zu Scham und Zweifel. Kinder erfahren beziehungsweise erleben, dass es ein *Ich* gibt, das etwas wollen (oder – Hallo, Trotzphase – auch nicht wollen) kann.

Es folgen:

4. bis 5. Jahr	Initiative vs. Schuldgefühl (Vorstellungen entwickeln von dem, was zukünftig sein könnte)
6. bis etwa 12. Lebensjahr	Lernen vs. Minderwertigkeitsgefühl (Kind möchte lernen; wird es dabei längere Zeit deutlich unter- oder überfordert, kann der Lernwille umschlagen in ein Gefühl der Unfähigkeit und Minderwertigkeit)
Jugend	Ausbildung und Festigung der Ich-Identität (Wer bin ich und stimmt dieser Eindruck auch?)

In den darauffolgenden Jahren folgen als Entwicklungsschritte noch die Beschäftigung mit Intimität beziehungsweise Isolation (also Nähe vs. Distanz), die Entscheidung, selbst Eltern zu werden oder nicht (also genau genommen die Frage, ob man etwas weitergeben kann und will an zukünftige Generationen oder ganz auf sich bezogen bleibt) sowie schließlich im Alter der Versuch, das faktisch gelebte

Leben (und auch das eigene Scheitern) zu integrieren, wobei es auch zu Verzweiflung darüber kommen kann, wenn diese Integration nicht gelingt.

Wie alle Modelle ist auch dieses umstritten. Es bietet aber in seiner Klarheit gute Möglichkeiten, sich Gedanken darüber zu machen, welche Schritte im Leben eigentlich wann getan werden müssen, können, sollten. Sie können mit der Hilfe dieses Modells auf das eigene Leben zurückblicken, aber auch das Leben Ihrer Kinder ein wenig vorausdenken. Anders formuliert: Wer über den Tellerrand des täglichen Machtkampfes um Anziehen, Rausgehen und Einschlafen hinausdenken kann, hat es leichter, zu entscheiden, worauf wie reagiert werden soll.

Die vier Bindungstypen

Der britische Kinderpsychiater John Bowlby, der schottische Psychoanalytiker James Robertson und die amerikanisch-kanadische Psychologin Mary Ainsworth entwickelten bis etwa 1970 eine Theorie der kindlichen Bindungsmuster. Sie beobachteten, wie Kinder auf neue Situationen reagierten, und stellten drei sich wiederholende Muster fest:

- Sichere Bindung: Das Kind ist emotional offen und verleiht seinen Gefühlen Ausdruck.
- Unsicher-vermeidende Bindung: Kinder tun so, als wäre es ihnen egal, wenn die Bezugsperson den Raum verlässt.
- Unsicher-ambivalente Bindung (auch „unsicher-verstrickt“): Kinder verhalten sich widersprüchlich-anhänglich zu ihrer Bezugsperson.

Später kam noch die „desorganisierte Bindung“ hinzu, um bisher nicht klassifizierbare Fälle zu erfassen, in denen Kinder merkwürdige Verhaltensweisen zeigten, wenn die

Bezugsperson den Raum verließ, beispielsweise drehten sie sich im Kreis, schaukelten vor sich hin oder erstarrten gänzlich.

Heute geht man davon aus, dass diese Bindungstypen in den ersten Kindheitsjahren geprägt werden und uns ein Leben lang begleiten. Das heißt nicht, dass wir entsprechenden Verhaltensmustern hilflos ausgeliefert wären. Sie stellen jedoch vermutlich so eine Art „Startpunkt" für unsere Beziehungen dar.

Mit dem Leben insgesamt kommen Leute am besten zurecht, die über ein sicheres Bindungsverhalten verfügen. Vereinfacht gesagt, trauen sie dem, was sie wahrnehmen. Wenn jemand zu ihnen sagt: „Ich liebe dich" oder „Das hast du gut gemacht", freuen sie sich darüber. Sie denken nicht: „Was für ein Trottel, der hat ja keine Ahnung" oder „Das muss gelogen sein, was will die damit erreichen?" Sie vertrauen ihrer Wahrnehmung und können unangenehme Momente „regulieren", das heißt aushalten und einordnen.

Unsicher-vermeidende Personen geben sich später eher unabhängig, ohne es wirklich zu sein, unsicher-ambivalente Typen sind eher anhänglich. Kinder, die gar kein zuverlässiges Bindungsverhalten erlernen konnten (zum Beispiel weil die Eltern schwere psychische Erkrankungen hatten oder suchtkrank waren), haben es auch später im Leben am schwersten, (inneren) Halt zu finden.

Das Modell wird als zu vereinfachend kritisiert. Aber es ermöglicht eben genau das: eine stark vereinfachte Sicht auf die Dinge. Und manchmal ist es genau das, was man braucht – eine Möglichkeit, klare Entscheidungen zu treffen. Das kann zum Beispiel bedeuten, dass Eltern doch eine halbe Stunde mit den Kindern spielen, obwohl sie selbst keine große Lust dazu haben. Oder dass sie darauf achten, Geschwister wenigstens einigermaßen gerecht zu behandeln. Oder dass sie „fünfe gerade" sein lassen, wenn das Kind weint, statt es durch Abstandhalten und Strenge abhärten zu wollen.

Umgekehrt ist es nicht so, dass Kinder schwere Störungen davontragen, wenn sie einmal weinen, allein spielen müssen oder sich ungerecht behandelt fühlen. Aber durch die Brille der Bindungstheorie lassen sich Entscheidungen „im Zweifel zugunsten der Qualität der Beziehung" fällen.

Expert*innen gehen davon aus, dass die folgenden Vorgehensweise dazu beitragen, dass Kinder ein möglichst sicheres Bindungsverhalten aufbauen:[39]

- Dem Kind gegenüber aufmerksam sein, seine Bedürnisse befriedigen (statt ihm „Ausdauer" oder „Frustrationstoleranz" beizubringen)
- Schnell reagieren, geduldig trösten, wenn das Kind schreit oder weint
- Sich viel Zeit für das Kind nehmen und mit ihm sprechen, auch wenn es noch nicht alles versteht
- Kontakt vom Kind bestimmen lassen, es also nur so lange halten, bis es deutlich macht, dass es Abstand haben möchte
- Neugier des Kindes unterstützen
- Freude über das Kind und sein Handeln deutlich zeigen

Ja, die Bildung des Bindungsverhaltens beginnt direkt nach der Geburt und in diesem Buch behandeln wir Kinder, die bereits zwei Jahre und älter sind. Aber selbst wenn Sie zum ersten Mal von dieser Theorie hören und wenn Sie bisher überhaupt nicht darauf geachtet haben, wie „sicher" die Beziehung zu Ihrem Kind ist (und das ist nicht dasselbe wie „eng", Beziehungen können sehr eng sein und trotzdem unsicher) – dann tun Sie das einfach ab jetzt. Es wirkt Wunder.[40]

Attachment Parenting (Bindungsorientierte Erziehung)

Auf „Neudeutsch" heißt eine bewusst bindungsorientierte Erziehung „attachment parenting". Sie war eine Weile ausgesprochen im Trend, mittlerweile ist sie umstritten.[41] Vor allem deshalb, weil es sagenhaft anstrengend ist, *ständig* auf *alle* Bedürfnisse eines Kindes zu achten und diese zu berücksichtigen.

Es gibt auch gar keinen Grund, das zu tun. Denn das führt bloß zu Frust und Erschöpfung. Hier scheint uns eine Verwechslung zwischen Qualität und Quantität vorzuliegen oder vielleicht auch eine Abwehr der elterlichen Versagensängste durch ein Streben nach Perfektion.

Engagiertes Attachment Parenting (kurz: AP) fordert ein „maximal responsives Verhalten der Eltern auf kindliche Bedürfnisse".[42] Die Regeln für dieses Verhalten wurden recht kategorisch vom Begründer des AP, dem Kinderarzt Williams Sears, festgelegt. Das kommt denjenigen Eltern entgegen, die in bester Absicht (aber auch zur eigenen Beruhigung) gern alles richtig machen möchten. Und löst dann doch in der Folge enormen Stress aus, weil die Messlatte so hoch liegt.

Die Erkenntnis, dass eine gute Bindung einer schlechten vorzuziehen ist, eine sichere einer unsicheren, ist trivial, zugleich sowohl abstrakt wie inhaltsleer. Was *genau* bedeutet es, das Kind dabei zu unterstützen, eine sichere Bindung aufzubauen, und woran *genau* erkenne ich, ob ich es hinbekomme? Darüber nachzudenken und sich mit anderen Eltern auszutauschen, ist sicher günstig.

Eine allgemeingültige Antwort gibt es aber auf diese Fragen nicht, weil jedes Kind, alle Eltern und die jeweiligen Umstände eben unterschiedlich sind.

Deswegen geht es in erster Linie um das Erreichen eines Gleichgewichts. Lassen Sie sich gern von den AP-Ideen inspirieren. Aber wenn Sie merken, dass Sie sich selbst damit überfordern, reduzieren Sie den eigenen Ehrgeiz etwas, denn ein dauerhaftes Gefühl eigener Unzulänglichkeit stärkt Sie nicht und nützt dem Kind ebensowenig.

Auch der gerade unter AP-Anhänger*innen beliebte Vergleich mit anderen Eltern ist wenig zielführend. Erstens (und wir betonen das gern wiederholt): Andere Kinder sind eben anders. Zweitens: Viele Eltern beschönigen die Entwicklungsschritte ihres Kindes, um es freundlich auszudrücken.

Tatsächlich besteht das Großwerdenlassen von Kindern darin, ihre anfängliche Angewiesenheit auf uns (die symbiotische Beziehung) aufzulösen. Es ist unsere Aufgabe als Eltern, so gut wie möglich vorzubereiten, dass die Kinder irgendwann das Heim verlassen können und wollen. Dafür ist eine sichere und positive Beziehung hilfreich. Es ist aber weder notwendig noch sinnvoll, sich allein um das Kind und seine Bedürfnisse zu drehen.

Es ist auch gar nicht im Sinn der AP-Vertreter*innen, dass sich Eltern (meist: Mütter) dafür kaputtschuften. Kritiker*innen bemängeln an der ursprünglichen AP-Position auch das sehr traditionelle, unemanzipierte und auf Mütter fixierte Familienbild.[43] Als könnten Väter per se keine sichere Bindung zu Kindern aufbauen. Vieles, was dem Geist des AP entspricht, deckt sich ohnehin mit den in diesem Buch vorgestellten aktuellen Forschungsergebnissen (u.a. Augenkontakt, Körperkontakt, Verzicht auf Schlaftraining, wohlwollende Deutung der kindlichen Signale). Deshalb: Wenn das Konzept Sie anspricht, prima, dann ist es eine gute Stütze. Und wenn nicht, auch völlig okay.

Eltern Vorwürfe zu machen, ist ungefähr genauso sinnvoll, wie Kindern Vorwürfe zu machen (siehe S. 107). Dennoch geschieht das gerade in engagierten Kreisen, wie beispielsweise in Internetforen zur AP-Kindererziehung, häufig: „Vielleicht solltest du mal an DIR arbeiten".

Eine narzisstische Abwehr wie aus dem Lehrbuch, mit der die Schreiber*innen versuchen, ihre eigene Panik im Zaum halten. Meiden Sie solche selbsternannten Leistungsträger*innen der Familienpolitik.

In Kindererziehung kriegt niemand eine Eins mit Sternchen – das Ziel kann realistisch betrachtet nur darin bestehen, möglichst nicht dauerhaft unter eine Vier plus zu sinken.

WINDELN UND SAUBERWERDEN

Windeln sind teuer und umweltschädlich (oder müssen gewaschen werden). Viele Kinderbetreuungsmöglichkeiten hätten gern „trockene" Kinder. Und nicht wenige Eltern wollen die Entwicklung vorantreiben, weil ihre Kinder schnell großwerden sollen.

Wie lässt sich dieses, Entschuldigung, Scheiß-Thema günstiger gestalten?

WILLKOMMEN IM PIPI-KACKA-LAND

Aus unterschiedlichen Gründen ist das „Sauberwerden" ein relevantes Entwicklungsziel für Eltern – und das ist wichtig: für *Eltern*. Erstens klingt „sauber" besser als „schmutzig". Schon begrifflich möchten Eltern also gern damit angeben, ihr Kind sei „sauber". Zweitens ist Windelnwechseln nicht für alle das Tollste, um es vorsichtig zu formulieren. Windeln sind teuer, stinken und müssen entsorgt oder gewaschen werden. Drittens müssen oder zumindest sollen Kinder, um bestimmte Betreuungsangebote in Anspruch nehmen zu können, „trocken“ sein. (Und auch hier wieder zusätzlich: „trocken“ ist positiver besetzt als „nass“.) Wer also auf Betreuung angewiesen ist, muss dem Kind die Windel abgewöhnen. Doch das kann zum brutalen Endgame eskalieren – denn Kinder haben nur in wenigen Situationen die Macht, aber diese ist eine davon. Dafür muss man nicht an tiefenanalytische Interpretationen glauben, es ist auch faktisch einfach so.

Statistisch beginnen Eltern die sogenannte „Sauberkeitserziehung“ heute etwas später als noch vor fünfzig Jahren, und sie ist auch etwas später abgeschlossen.[44] Man geht davon aus, dass das zwei Gründe hat:

- Die Eltern waren überzeugt, dass ein frühes und strenges Töpfchentraining das beste Vorgehen ist,
- und die Mütter wollten so schnell wie möglich keine Windeln mehr waschen müssen.

Der Trick bestand darin, das Kind andauernd aufs Töpfchen zu setzen. Die Kinder waren nicht etwa in der Lage, allein zu bemerken, wann sie auf die Toilette müssen, rechtzeitig dorthin zu gehen und sich allein auszuziehen. Stattdessen wurden sie einfach so oft zum Toilettengang angehalten, dass fast nie etwas „danebenging“.
Die echte, eigenständige Blasen- und Darmkontrolle trat vor fünfzig Jahren etwa zu den gleichen Zeitpunkten ein wie heute:[45]

- Nur einige wenige Kinder sind bereits zum Ende des zweitens Lebensjahres sauber und trocken.
- Die meisten Kinder werden im Lauf des dritten und vierten Lebensjahres sauber und trocken.

- Eine vollständige Darmkontrolle entwickelt die Hälfte der Kinder im dritten Lebensjahr.
- 50 Prozent aller Kinder werden im vierten Lebensjahr sauber und trocken.
- 90 Prozent sind zu Beginn des fünften Lebensjahres sauber.
- Die nächtliche Blasenkontrolle entwickelt sich später als die Darm- und Blasenkontrolle tagsüber.

Vor allem: „sauber und trocken“ im altersgerecht medizinischen Sinne heißt[46]:

- weniger als 4 Mal nasse Hose pro Monat
- Kind kann zum Beispiel vor einer besetzten Toilette notfalls ein paar Minuten warten.
- weniger als 2 Mal nasses Bett pro Monat
- Kind ist bereit und in der Lage, zum Beispiel vor einem längeren Weg „vorsichtshalber“ auf die Toilette zu gehen.

Achso. Das bedeutet also, perfekt muss gar nicht sein?! Zudem ist es nachweislich sinnlos, das Kind (und sich) unter Druck zu setzen, um schneller ans Ziel zu kommen. Dieser Prozess wird durch die individuelle Reife bestimmt[47] und ist weitgehend genetisch determiniert. Der sozioökonomische Status von Familien hat darauf keine Auswirkungen.[48] Weder ein früherer Beginn noch die Intensität der Sauberkeitserziehung beschleunigen die Entwicklung der Blasen- und Darmkontrolle.[49]

Deshalb ist es sinnvoll, auf die Eigeninitiative eines Kindes zu warten. Die meisten Kinder[50] signalisieren zwischen dem 18. und dem 36. Monat ein Interesse daran, in ein Töpfchen zu machen, auf die Toilette zu gehen oder jedenfalls nicht mehr in die Windel zu machen. Mädchen sind dabei etwas früher dran als Jungs.

Ein günstiger Zeitpunkt ist gekommen, wenn die Kinder sich plötzlich verstärkt für Töpfchen oder Toilette interessieren.

Und/oder wenn sie durch Worte oder Gesten auf eine volle Windel aufmerksam machen.[51]

Was können Sie dann tun, um dem Kind diesen Entwicklungsschritt zu erleichtern?[52]

- Sie können den Toilettengang spielerisch üben.
- Loben Sie das Kind für jeden Versuch, das Töpfchen oder die Toilette zu nutzen (mehr zur Frage, ob man mit Lob oder mit Kritik weiterkommt, auf S. 138).
- Bleiben Sie gelassen, auch wenn hin und wieder etwas schiefgeht.
- Sie können die Toilette oder das Töpfchen für das Kind angenehm gestalten, indem Sie die richtige Größe nutzen, den Raum heizen, die Tür schließen.
- Lassen Sie die Windel erst weg, wenn das Kind es wünscht. Sie wegzunehmen, beschleunigt den Entwicklungsschritt nicht.

Gut zu wissen[53]:

- Meist gelingt die Darmkontrolle vor der Blasenkontrolle.
- Viele Kinder sind tags schon trocken, tragen aber nachts noch Windeln.
- Nachts eine Windel zu benötigen (oder ab und zu ins Bett zu machen), liegt meist nicht an zu viel Flüssigkeit. Dem Kind weniger zu trinken zu geben, bringt nichts.
- Sich den Wecker zu stellen und das Kind zu wecken, damit es auf die Toilette geht, hält zwar das Bett trocken, beschleunigt aber nicht die nächtliche Blasenkontrolle.
- Praxistipp: Das Licht im Bad beziehungsweise der Toilette über Nacht anlassen, erleichtert manchen Kindern die Orientierung.

In der Praxis gelingt der Übergang besonders gut bei Kindern, die ihre Eltern oder Geschwister als Toiletten-Vorbilder erleben, ihnen also zuschauen und sie nachahmen dürfen.[54] Verpassen Eltern das Eigeninteresse oder lassen das Kind länger Windeln tragen, weil das zum Beispiel für sie selbst praktischer ist, als unterwegs eilig nach Toiletten zu suchen, gewöhnen die Kinder sich an den Windelkomfort. Es ist aufwändig, ihnen das später abzugewöhnen.[55]

Wie sag ich's meinem Kinde?

Aus psychoanalytischer Sicht ist das Sauberwerden übrigens keineswegs trivial. Es geht um Geben und Nehmen, Abgrenzung und Öffnung. Das Kleinkind „schenkt" der Welt seinen Haufen und die Eltern werfen die volle Windel einfach weg – eine frühkindliche Frustration![56]

Die lässt sich mildern durch die richtige Wortwahl. Eine viel zitierte Studie an 400 Kindern stellte fest, dass diese 2,5 Monate schneller lernten, selbstständig auf die Toilette zu gehen und dieses Ziel zudem drei Monate früher als die Kontrollgruppe erreichten, wenn die Eltern sich an die folgenden einfachen Regeln hielten:

- Bereits vor Beginn der Sauberkeitserziehung Kind loben, wenn es in die Windel gemacht hat
- Negative Bezeichnungen (im engl. Original: „stinky", „dirty") vermeiden. Sie motivieren nicht, sondern bringen die Kinder bloß dazu, die ganze peinliche Angelegenheit links liegen lassen zu wollen. Auf Deutsch wären das zum Beispiel „Stinker", „dreckige Windel", „Kacke", „Hosenscheißer", „Pfuipfui" usw. – hier scheinen sich deutlich mehr derartige Begriffe zu finden.[57]

Aber wie können Sie das „große Geschäft" dann bezeichnen? „Stuhlgang" ist für kleine Kinder vielleicht noch etwas zu sperrig, „Darmentleerung" ebenfalls. „Eine Wurst machen“ ist nicht unbedingt negativ besetzt, aber verdirbt vielleicht dem einen oder der anderen den Appetit. Neutral und praxisbewährt ist auch „Aa“, tatsächlich schon von den Brüdern Grimm in deren Wörterbuch geführt.[58] Andere Familien kommen auch mit „Häufchen“ oder „groß“ und „klein“ gut klar. Die Journalistin und Berufsberaterin Katrin Wilkens schlägt in ihrem Buch „Der alltägliche Erziehungswahn“[59] vor: *klopsen*.

Bedenken sollte man an dieser Stelle auch, dass Kinder mit Fantasiebezeichnungen („Gigi machen“) in Kindergarten und Schule nicht weiterkommen. Und dass Dinge, die anfangs scheinbar lustig sind, später manchmal weniger lustig wirken: Eine Zweijährige, die im Restaurant ruft „Kaka gemacht!“ bringt die meisten anderen Gäste zum Lächeln. Ein Zwölfjähriger, der auf Omas Beerdigung verkündet, „Ich geh kacken!“ nicht unbedingt.

Wie so vieles wird auch die Sauberkeitserziehung anderswo auf der Welt anders gehandhabt. Schlafen Babys und Eltern in einem Bett, so reagieren die Eltern teilweise auf kindliche Unruhe und setzen das Baby im Halbschlaf aufs Töpfchen[60] (das am besten auch neben dem Bett steht). Funktioniert auch. Eine „kontinuierliche Kommunikation zwischen Eltern und Kind“ lasse so ein „Töpfchentraining mit guten Ergebnissen“ auch schon im ersten Lebensjahr zu.[61]

Was bedeutet das für den Alltag?

- Frühes Sauberkeitstraining beschleunigt die Dinge nicht.
- Eine enge, kontinuierliche Kommunikation erleichtert das Sauberwerden.
- Entweder Eltern müssen viel Zeit und Aufmerksamkeit investieren – oder den richtigen Zeitpunkt (meist etwa um

den zweiten und dann wieder um den dritten Geburtstag herum) ergreifen.

- Je weniger Stress, desto größer die Erfolgschance. Setzen Sie sich und Ihr Kind also möglichst nicht durch die Wahl der Kinderbetreuung unter Druck.
- Vermeiden Sie negative Bezeichnungen und demonstrativen Ekel!
- Loben Sie das Kind für alle Bemühungen!

ESSEN

Wir alle müssen essen, dauernd. Du bist, was du isst. Logisch daher, dass Familienkrach oft und gern am Esstisch ausbricht. Weil man oft dran sitzt und weil die Meinungen darüber, wie die „richtige" Ernährung aussieht, weit auseinandergehen.

Gut, dass die neuesten Studien ergeben: Die meisten Esstischärgernisse können wir uns schenken.

GUTEN APPETIT!

In manchen Familien ist „Essen" überhaupt kein großes Thema. Sollte das bei Ihnen so sein: Herzlichen Glückwunsch, lesen Sie woanders weiter.

In anderen Familien ist Essen ein Riesenproblem. Mit den verschiedensten Facetten. Machen Eltern fragen sich, was die Kinder (ab) wann essen sollten. Wie lange soll man stillen, welche Beikost ab wann dazugeben und warum mag mein Kind eigentlich kein Trüffelrisotto? Andere Eltern sind mit Kindern konfrontiert, die nur bestimmte Lebensmittel essen, nur bestimmte Farben, nur unter bestimmten Bedingungen. Sie wollen fast immer essen oder fast nie, nur Nudeln, nur Süßigkeiten, Ketchup zu jeder Mahlzeit. Sie sitzen nicht still, fangen Streit mit den Geschwistern an, schubsen den Teller vom Tisch.

Das Essen scheint auch deshalb ein besonders großes Problemthema zu sein, weil hier viele unterschiedliche Faktoren zusammenkommen:

- Wir Eltern wollen, dass unsere Kinder ein gutes, gesundes Essverhalten erlernen – von vorzeigbaren Manieren bis zur vitaminreichen Lebensmittelwahl.
- Die Mahlzeiten sind häufig ein wichtiger Treffpunkt. Aus gutem Grund wird regelmäßig empfohlen[62], Familien sollten mindestens eine Mahlzeit pro Tag gemeinsam einnehmen.
- Etwas in den Mund zu nehmen und herunterzuschlucken, ist ein sehr persönlicher Akt. Nicht allen Menschen sind alle Texturen, Temperaturen und Geschmacksrichtungen angenehm.
- Kinder haben im Alltag oft wenig zu sagen. Sie lernen schnell, dass sie bei (manchen) Eltern große Macht ausüben können, wenn sie beim Essen die Kooperation verweigern. Das Interesse ist dann zwar negativ, aber in manchen Fällen ist das besser als nichts – und das „Spiel“ mit Macht und Gehorsam, Geben und Nehmen gehört zu den wichtigsten Lernschritten der Kinder.
- Nahrungsaufnahme lässt sich als ein Teil des Kontakt- und Kommunikationsverhaltens ansehen[63] (u.a. auch, weil Menschenbabys ohne das Nahrungsangebot durch die Eltern nicht überlebensfähig wären).

- Mahlzeiten sind für Eltern häufig emotional besetzt, ohne dass man sich dies im Alltag vergegenwärtigt. Entweder die Eltern (oder ein Elternteil) kochen und/oder essen gern. Oder sie finden kochen und/oder essen eher anstrengend. Kaum jemand steht der Nahrungsaufnahme gänzlich neutral gegenüber. Unsere eigene Position färbt also oft unbemerkt die Interaktion.

Ärger am Esstisch

Zu den von Eltern am häufigsten beklagten Essproblemen gehören:

- Das Kind isst lange Zeit, manchmal über Jahre, nur wenige Lebensmittel.
- Das Kind isst sehr langsam, wird dabei zuzeiten schnell abgelenkt.
- Das Kind isst nur bei starker Ablenkung (zum Beispiel durch Fernsehen).
- Das Kind verweigert Nahrungsveränderung (zum Beispiel von Milch zu Beikost, von Brei zu Familienkost).
- Das Kind zeigt selten oder nie Hunger, hat kaum Appetit, isst wenig.
- Das Kind ekelt sich vor üblichen und seinem Alter gerechten Lebensmitteln (also nicht unbedingt vor Hummer oder Schnecken, sondern zum Beispiel vor Huhn oder Erbsen).[64]
- Das Kind isst den Teller nicht leer.
- Das Kind spielt mit dem Essen, schmiert damit herum.

Wir werden uns auf den folgenden Seiten mit den wichtigsten wissenschaftlichen Erkenntnissen zur kindlichen Ernährung befassen und im Anschluss Lösungsmöglichkeiten für die oben genannten Fragen formulieren.

Vorweg eine gute Nachricht, jedenfalls die Kinder im Altersfokus dieses Buches betreffend: Klassische Essstörungen wie Magersucht (Anorexie), Bulimie oder Binge-Eating (Fressattacken) kommen bis zum Beginn der Grundschulzeit praktisch nicht vor.[65] Ausgeprägte Essstörungen treten sogar erst im Jugendalter auf.[66]

Gute Ernährung von Anfang an

Grundsätzlich ist es erfreulich, dass Eltern einen positiven Einfluss auf die Essgewohnheiten ihrer Kinder ausüben wollen. Wir alle kennen Gerichte, die nach „zu Hause" schmecken. Die meisten von uns können auch Snacks benennen, die ein Gefühl von Geborgenheit vermitteln. In beiden Fällen sind es nur selten gesunde Optionen, sondern Aufläufe, reichhaltige Desserts oder Currywurst mit Pommes.

Die (früh)kindliche Ernährung hat also lebenslange Konsequenzen. Das lässt sich auch in Experimenten an Mäusen zeigen: An der Universität Riverside in Kalifornien verabreichten Forscher*innen[67] der einen Mausgruppe drei Wochen lang artgerechtes Futter, die andere bekam das Äquivalent der üblichen „westlichen" Ernährung, also zu viel Fett und zu viel Zucker. Je die Hälfte der Gruppen hatte Zugang zu einem Laufrad (machte also regelmäßig Sport) oder eben nicht. Ergebnis: Das Makrobiom (die Darmbakterien) derjenigen Mäuse, die so aßen wie die meisten von uns, war noch elf Wochen später deutlich schlechter und zwar sogar dann, wenn diese das Laufrad nutzen konnten. Vor allem war bei den Mäusen ein Bakterium deutlich seltener vorhanden, welches die Verdauung von Kohlehydraten unterstützt. Umgerechnet in Menschenjahre heißt das: Wer als Kind ungesund isst, hat als junge*r Erwachsene*r die schlechtere Darmflora. Das hat weitreichende Auswirkungen, denn die Darmbesiedlung beeinflusst die gesamte Gesundheit sowie das Immunsystem. Wer also später seine Ernährung gesünder gestalten will, hat es trotzdem schwer.

Auch eine weitere Langzeitstudie[68] zeigte, dass der Aufwand in Sachen Essverhalten sich in frühen Jahren auszahlt: Je mehr unterschiedliche Lebensmittel Kindern vor dem vierten Geburtstag angeboten wurden, desto abwechslungsreicher aßen sie später im Leben (und zwar in allen Testperioden: 8–12, 13–16 und sogar 17–22).

Wissenschaftlich gesicherte Ernährungsempfehlungen für Kinder

Die Weltgesundheitsorganisation (WHO) rät dazu, folgende Faktoren bei der Zusammenstellung der Ernährung zu berücksichtigen[69]:

- Gleichgewicht zwischen nötiger Energiezufuhr und gesundem Gewicht
- Gesamtaufnahme von Fett begrenzen
- Ungesättigte Fettsäuren bevorzugen[1]
- Gesättigte Fette und Transfette meiden
- Mehr Obst und Gemüse, Hülsenfrüchte, Nüsse und vollwertiges Getreide essen
- Zucker meiden
- Salzkonsum verringern
- Die Harvard School of Public Health[70] sowie die Mayo Clinic[71] empfehlen:

---

1 (von der Deutschen Gesellschaft für Ernährung empfohlen werden 7-10 Prozent der Gesamtkalorienzufuhr. Enthalten sind ungesättigte Fettsäuren u. a. in Fleisch und Getreide, in Fisch, Pflanzenölen, Nüssen und Avocados. Auch Kartoffeln enthalten ungesättigte Fettsäuren, sind aber insgesamt eher nachteilig für die Ernährung.)

- Je mehr Gemüse und je mehr unterschiedliches, desto besser. Ausnahme: Kartoffeln und Pommes, weil diese negativ in die Ernährungsbilanz eingehen
- Viel und möglichst buntes frisches Obst
- Obst essen ist besser, als Obstsaft zu trinken.
- Getreide sollte möglichst wenig verarbeitet sein, möglichst nah am Vollkorn.
- Zucker und stark zuckerhaltige Speisen meiden
- Proteine (Eiweiße) sind nicht nur in Eiern und Fleisch, sondern auch in vielen anderen Lebensmitteln enthalten, zum Beispiel in Erbsen, Bohnen, ungesalzenen Nüssen und Samen.
- Rotes Fleisch (Rind, Schwein, Lamm) sollte nur in Maßen gegessen werden.
- Fleischprodukte (Hot Dogs, Bratwurst, Döner, Wurstprodukte usw.) möglichst meiden
- Wasser trinken statt Saft oder Limos
- Kinder und Jugendliche sollten zudem mindestens eine Stunde täglich körperlich aktiv sein.

Zudem ist inzwischen gesichert[72], dass bei einer ausreichenden Vielfalt der Nahrungsmittel der Unterschied der Nährstoffversorgung auch für Kinder und Jugendliche zwischen Mischkost, vegetarischer und veganer Ernährung sehr gering ausfällt. Das heißt, auch Kinder können problemlos zumindest fleisch- und milchproduktarm essen.

Das Bundeszentrum für Ernährung und Die Deutsche Gesellschaft für Ernährung raten:[73]

- Ausreichend Wasser trinken (750 ml pro Tag zwischen 4 und 6; 850 ml zwischen 7 und 9; 950 ml zwischen 10 und 12; 1 bis 1,2 l ab 12)

- Milch und Säfte zählen nicht als Getränke, sondern als Lebensmittel.
- 5 Portionen (= je 2 Kinderhände voll) möglichst unterschiedliches Obst und Gemüse pro Tag
- Portionsgrößen wachsen mit den Kindern. Kleine Kinder = kleine Portionen, größere Kinder = größere Portionen
- Obst und Gemüse in mundgerechte Stücke schneiden
- Viele Kinder mögen rohes Gemüse lieber als gekochtes.
- Sätze vermeiden wie „erst das Gemüse, dann etwas Süßes", denn das wertet Gemüse ab und Süßigkeiten auf.
- Süßigkeiten und Snacks in Ruhe genießen

Vermeidbare Probleme

Eine über fünf Jahre geführte Langzeitstudie[74] in den USA kam zu dem Ergebnis, dass in vielen Fällen das ungeschickte oder unbedachte Verhalten der Eltern zu Essproblemen bei den Kindern führt. Sogenannte „picky eaters", die zum Beispiel nur bestimmte Lebensmittel zu sich nehmen, trügen „Tausende negativer Erinnerungen an Essen in sich", so die Forscher*innen. Solche Erinnerungen seien beispielsweise Streit bei den Mahlzeiten sowie unerwartete und unangenehme Geschmacksrichtungen. Es sei „ganz eindeutig notwendig", so das Ergebnis, „dass die Eltern aufhören, die Kinder zu zwingen, irgendetwas zu probieren. Stattdessen sollten sie sich darauf konzentrieren, Essenszeiten angenehm zu gestalten". Dazu gehöre vor allem:

- Kinder nicht zwingen, den Teller leer zu essen

- Kinder nicht am Tisch sitzen lassen, bis sie eine bestimmte Menge gegessen haben; stattdessen Kinder selbst bestimmen lassen, wie viel sie essen
- Essen (auch Süßigkeiten) sollte nicht als Belohnung eingesetzt werden (auch nicht beim Essen, also: „Wenn du den Brokkoli isst, bekommst du Nachtisch").

Ein schwieriges Essverhalten zeigte sich in der Studie um das vierte Lebensjahr herum – und hielt dann fünf Jahre an. Dies ließ sich nur vermeiden, indem Eltern *vorher*, also zwischen der Einführung von Beikost bis zum dritten Lebensjahr,

- viele unterschiedliche Lebensmittel anboten[75] (unbekanntest Obst oder Gemüse muss von Kindern bis zu 12-mal probiert werden, bevor sie den neuen Geschmack akzeptieren[76]), und
- das Kind nicht zum Probieren oder gar Essen dieser angebotenen Lebensmittel zwangen, sondern es frei der eigenen Neugier folgen ließen, wenn es wollte.

Zeigte ein Kind im Studienverlauf ein schwieriges Essverhalten, so war dies für die Eltern (und das Kind) anstrengend, hatte aber keine gesundheitlichen Langzeitfolgen.[77] Weder waren die Kinder letztlich über- noch deutlich untergewichtig und auch ihre Blutwerte waren in Ordnung, sie bekamen also alle nötigen Nährstoffe. In vielen Fällen ließ sich zudem eine Besserung des Essverhaltens feststellen, sobald die Eltern ihre angespannt-besorgte Haltung dem Thema gegenüber lockerten.[78]

Das Bundeszentrum für Ernährung und Die Deutsche Gesellschaft für Ernährung raten:[79]

- Nehmen Sie Vorlieben und Abneigungen Ihres Kindes für bestimmte Lebensmittel und Speisen ernst. Versuchen Sie den Grund für die Ablehnung herauszufinden. Schmeckt das Essen Ihrem Kind nicht oder verträgt es möglicherweise bestimmte Lebensmittel nicht?

- Tragen Sie möglichst keine Konflikte am Esstisch aus (zum Beispiel kritische Fragen zur Schulleistung).
- Legen Sie das Handy beiseite und schalten Sie ebenso Fernseher und Spielkonsole aus.
- Bleiben Sie gelassen, wenn Ihr Kind vorübergehend wenig oder nur seine Lieblingsspeisen essen möchte. Das ist normal.

Dass Kinder gerade um den zweiten Geburtstag herum allerlei Lebensmittel ablehnen, ist übrigens evolutionsbiologisch sogar sinnvoll. Denn sie können jetzt laufen und sich alles Mögliche in den Mund stecken. Damit sie sich nicht versehentlich vergiften, hat die Natur sie also mit einem wortwörtlich gesunden Misstrauen all dem gegenüber ausgestattet, was sie nicht kennen.[80] Der Fachbegriff dafür heißt „Neophobie“ (Furcht vor Neuem).

Hinzu kommt, dass angeblich bis zu 25 Prozent aller Menschen sogenannte „Supertaster“ sind und daher vor allem Fette und Bitterstoffe besonders intensiv wahrnehmen.[81] Sie sind also nicht etwa „schwierige Esser“, sondern schlicht empfindlicher – ein weiterer Grund, nicht zu erwarten und nicht darauf zu bestehen, dass alles (auf)gegessen wird.

Den Kindern möglichst viele unterschiedliche Angebote zu machen und sie selbst entscheiden zu lassen[82], was und wie viel sie essen, hat noch einen Vorteil: Mädchen, deren Mütter ihr Essen streng regulierten, aßen noch Jahre später, wenn sie die Gelegenheit bekamen, wesentlich mehr.[83] Je mehr die Mütter die Nahrungsaufnahme ihrer immer übergewichtigeren Töchter begrenzen wollten, desto mehr nahmen diese zu.[84] Es gibt keinen Grund anzunehmen, dass das für Väter und Söhne nicht auch gilt, aber in den Studien wurden schlicht nur Mädchen untersucht. Überhaupt gibt es deutlich weniger Studien über den Einfluss von Vätern auf das Essverhalten der Kinder (aber große Hoffnung wecken diese Erhebungen nicht, denn die Väter üben eher Druck aus aufzuessen, und achten seltener darauf, was und wie viel die Kinder essen, ergab sich in einer Metastudie[85] aus dem Jahr 2014).

Spieltrieb

Vielleicht machen wir Eltern uns das Leben auch unnötig schwer. Möglicherweise ist es nämlich gar nicht so ungeheuer problematisch, wenn Kinder mit dem Essen spielen. Oder anders formuliert: Sie holen dann vielleicht etwas nach, was sie sonst nicht angeboten bekommen. Eine britisch-malayische Studie[86] zeigte, dass Kinder viel eher bereit sind, neue Lebensmittel zu probieren, wenn sie zuvor mit diesen spielen durften. Hatten sie in einer Spielgruppe die Möglichkeit, bislang unbekanntes Gemüse oder Obst zu berühren, anzufassen oder daran zu riechen, so probierten sie diese deutlich häufiger beim Essen, wenn sie einige Zeit später auf ihrem Teller lagen. Insbesondere beschäftigten sie sich im Zweifel stets zuerst mit denen auf diese Weise bereits bekannten Bestandteilen der Mahlzeit, erst danach mit den unbekannten.

Eine weitere Studie[87] aus Australien bestätigt diese Annahme. Dort gehören Essprobleme mit 20–40 Prozent zu den häufigsten Themen bei dem*der Kinderarzt*in, und mit 35 Prozent Überweisungen an Facharzt*innen zu den am meisten nachverfolgten Diagnosen. Nahmen nun die *Eltern*

(!) an einem einmaligen, zweieinhalbstündigen Ernährungskurs teil („Fun Not Fuss with Food“, in etwa: Freude statt Ärger beim Essen), bei dem ihnen gezeigt wurde, wie sie die Kinder frühstmöglich auf spielerische Weise außerhalb der Mahlzeiten an verschiedene Nahrungsmittel heranführen können, verliefen die Mahlzeiten danach „erheblich“ problemloser. Der Aufwand für den Kurs wurde als eindeutig „angemessen“ für den erzielten Effekt bewertet.

Zu den Anregungen des Kurses gehören[88]:

- gemeinsam Obstsalat machen; Kinder die Farben der Früchte nennen und die Anzahl der Stücke zählen lassen; Obstsalat als gesunden Snack genießen
- auch kleine Kinder zum Einkaufen mitnehmen und sie zum Beispiel zählen lassen, wie viele Äpfel die Eltern in die Tüte legen
- Kinder so früh wie möglich an der Herstellung der Mahlzeiten beteiligen; sie können zum Beispiel Salat waschen und trocknen oder Dressing anrühren.
- Pizza für jedes Familienmitglied nach Wunsch belegen
- mit Lebensmitteln basteln, zum Beispiel Köpfe aus Kartoffeln schnitzen und bunt anmalen
- Behälter mit Reis, Linsen etc. füllen, verschließen und schütteln, um gemeinsam Musik zu machen

Eindeutig also: Je spielerischer und unterhaltsamer die Herangehensweise, desto entspannter die Essenszeit!

Selber essen macht schlank

Dass Kinder uns nachahmen, ist offensichtlich. Das betrifft natürlich auch das Essverhalten. Insofern ist logisch, dass Kinder nicht gesund und ausgewogen essen wollen, wenn die Eltern es nicht tun. Spannend war jedoch das

Ergebnis einer Untersuchung[89] der Essgewohnheiten finnischer Familien mit Kindergartenkindern. Wie viel rohes und gekochtes Gemüse und wie viel Obst und Beeren die Mütter aßen, beeinflusste das Verhalten der Kinder. Alles klar. Aber: Der Einfluss der Väter war am größten bei gekochtem Gemüse! Dazu passt, dass das Abendessen sich als die prägendste Mahlzeit herausstellte. Also, Väter: Ran an den Brokkoli!

Ein weiteres kurioses Ergebnis derselben Studie war, dass die Kinder an den Tagen, in denen sie den Kindergarten besuchten, zu Hause weniger Obst und Beeren aßen. Warum das so war, wurde leider nicht ermittelt. Vielleicht gab es im Kindergarten zum Nachtisch schon Obst. Spannend ist auf alle Fälle, wie variabel und beeinflussbar das Essverhalten zu sein scheint.

Sicher ist es richtig, wenn Eltern versuchen, Kindern gesundes Essen anzugewöhnen. Bei einer Untersuchung[90] von über 7500 Kindern aus acht EU-Ländern stellte sich heraus, dass ein gesundes Essverhalten und das Selbstwertgefühl einander positiv beeinflussten. Einerseits hatten Kinder, die sich gesund ernährten, *zwei Jahre später* weniger emotionale Probleme und ein höheres Selbstwertgefühl. Andererseits ernährten sich Kinder, die zu Anfang der Studie über ein gesundes Selbstwertgefühl verfügten, zwei Jahre später besser als die übrigen Testkandidat*innen. Dies ließ sich sowohl für normal- als auch für übergewichtige Kinder sowie unabhängig von der sozialen Schicht zeigen. Konkret bedeutet das: Es ist richtig und wichtig, Kindern eine gesunde Ernährung nahezubringen. Und es ist ebenso wichtig, ihr Selbstwertgefühl und ihre sozialen Fähigkeiten zu stärken, weil diese positiv auf das Essverhalten einwirken. Als gesund wurde eine Ernährung im Rahmen dieser Studie angesehen, wenn sie den folgenden Richtlinien entsprach:

- wenig raffinierter Zucker (Industriezucker)
- wenig Fett, vor allem gesättigte Fettsäuren
- 400–500g Obst und Gemüse pro Tag
- 2–3 Portionen Fisch pro Woche

Vorschreiben schadet, Vormachen nützt

Eine andere Untersuchung[91] aus den USA ermittelte, dass die Vorbildfunktion auch bei Snacks und Zwischenmahlzeiten greift. Die Angaben von Eltern und Kindern über das jeweils eigene Snackverhalten, die Motivation, etwas zu essen, und die Zufriedenheit mit dem eigenen Körper wiesen deutliche Übereinstimmungen auf. Außerdem stellte sich heraus: Je mehr Regeln die Eltern aufstellten, desto mehr (gesunde wie ungesunde) Snacks aßen die Kinder. Und wenn Eltern Essen nutzten, um das Verhalten ihrer Kinder zu manipulieren (zum Beispiel Süßigkeiten als Belohnung anboten), fühlten sich die Kinder am Ende unzufriedener mit dem eigenen Körper.

Das muss man sich auf der Zunge zergehen lassen (ist ja fett- und kalorienfrei und Erkenntnis zudem gesund): Kinder essen nicht, wie die Eltern es wollen, sondern wie die Eltern es vormachen. Und wer zur Belohnung isst, fühlt sich im daraus entstehenden Körper nicht wohl.

Das ist schwerer Tobak. Aber andersherum wird eben auch ein Schuh daraus. Wir müssen den Kindern nichts vorschreiben, sondern selbst so essen, wie es uns – und ihnen – guttut. Falls Sie dafür also noch eine Extraportion Motivation brauchten, das war sie!

Gestützt wird diese Sichtweise u.a. durch eine umfangreiche Meta-Studie[92], in der 120 Einzelstudien zusammengefasst worden sind. Geklärt werden sollte, welche der folgenden Einflussnahmen auf das kindliche Essverhalten positive Auswirkungen hatten: elterliche Vorschriften, Belohnungen, soziale Aktivierung (Vorbilder), Kochprogramme, Schulgärten, Sinnesübungen, Einfachheit des Zugriffs, Nudging (ein „Schubs" in die gewünschte Richtung, zum Beispiel durch gesunde Vorgaben, die aktiv verändert werden müssen), Marken und Verpackung, Zubereitung und Präsentation, Wahlmöglichkeiten. Ergebnis: Elterliche Vorschriften zeigten einen *Negativ*effekt, das heißt, die Kinder ernährten sich ungesünder. Zu diesen Vorschriften gehörten u.a. die Aufforderung, den Teller leer zu essen, das Bestehen darauf, ein neues Lebensmittel zu probieren, Verbote bestimmter Nahrungsmittel sowie der Einsatz von Essen als Belohnung. Über mehrere Einzelstudien hinweg ließ sich eindeutig zeigen, dass Kinder später im Leben weniger gesund aßen, wenn Eltern früher energisch darauf bestanden, dass Neues gegessen oder aufgegessen werden musste.

Eltern als Vorbilder konnten einen wichtigen Beitrag zur Entwicklung eines gesunden Essverhaltens leisten – allerdings nur dann, wenn das Vorbildverhalten beobachtet und freiwillig nachgeahmt werden konnte. Bestanden Eltern darauf, dass die Kinder aßen wie sie, schlug der Effekt ins Gegenteil um.

Kinder, die an Praxisprogrammen wie Schulgärten oder Kochkursen teilnahmen, aßen mehr Gemüse. Ebenso erfolgreich war es, Kindern kostenlos Obst und Gemüse zur Verfügung zu stellen. Diese beiden Vorgehensweisen zeigten nicht nur kurz-, sondern auch langfristige Auswirkungen. Und zwar auch dann, wenn keinerlei weitergehende Informationen vermittelt wurden. Offenbar war die kindliche Neugier völlig ausreichend als Motivation.

Bemängelt wurde von den Autor*innen, dass die überwiegende Mehrheit der untersuchten Studien sich mit Möglichkeiten der Steigerung des Konsums von Obst und Gemüse beschäftige. Zu einer abwechslungsreichen, gesunden Ernährung gehöre aber mehr.

Eine weitere aktuelle Meta-Studie[93] kam erstens zu dem Schluss, dass der Begriff „schwierige*r Esser*in" sehr unterschiedliche Bedeutungen haben kann. Gemeint sein können Kinder, die keinen besonders großen Appetit haben, die nur bestimmte Gerichte mögen, die ungern Neues probieren, die den Familienfrieden bei der Mahlzeit stören. Was gemeint ist – und was vorfällt – hängt u.a. auch von den Erwartungen und Vorstellungen der Eltern ab. Erwähnenswert sind in dieser Hinsicht besonders die Annahmen über die Hunger-Regulation, also darüber, in welchem Umfang einem Kind zugetraut werden kann, selbst zu entscheiden, was und wie viel es isst. Mit anderen Worten: Je weniger die Eltern dem Kind zutrauen, genug zu essen, wenn es hungrig ist, desto eher wird das Kind zum*zur „schwierige*n Esser*in". Je mehr Vertrauen die Eltern haben, dass ihr Kind schon nicht verhungern wird, desto entspannter verlaufen die Mahlzeiten.

Auch die Stimmung während der Mahlzeiten (Stress, Konflikte, Spannungen, aber ggf. auch eine eigene grundsätzliche Unlust der Eltern am Essen und/oder der Zubereitung) beeinflusst das Essverhalten deutlich.

Der dritte relevante Faktor waren persönliche Eigenschaften der jeweiligen Kinder. Denn tatsächlich haben Kinder eben auch schlicht bestimmte Vorlieben und eigene Rhythmen (essen also zum Beispiel vielleicht lieber früher oder später am Tag als erwartet).

Knapp zusammengefasst kann man zum Ergebnis kommen: Je besorgter die Eltern, desto angespannter und manipulativer agieren sie (sei es auch unbewusst). Und je weniger Bedeutung die Eltern dem Thema Essen geben, desto problemloser bilden sich die Essgewohnheiten der Kinder (gemäß dem Vorbild der Eltern).

Konzentration auf das Wesentliche

Darüber hinaus haben vor allem Smartphone, Streaming und Fernsehen negative Auswirkungen auf das Essverhalten. Eine litauische Studie[94] an Kindergarten- und Vorschulkindern stellte eindeutig fest:

- Je länger die tägliche Gesamt-Bildschirmzeit, desto wahrscheinlicher, dass auch beim Essen auf das Handy, den Laptop oder den Fernseher geschaut wurde.
- Je höher die Gesamt-Bildschirmzeit in der Familie, desto größer die Wahrscheinlichkeit, dass schon Babys vor dem Fernseher gefüttert werden.
- Essen Kinder vor einem Bildschirm, steigt die Wahrscheinlichkeit, dass sie Junkfood zu sich nehmen (sowie auch die Wahrscheinlichkeit von Verhaltensauffälligkeiten).

Zudem steigert Bildschirmnutzung beim Essen die Nahrungsmenge, die wir zu uns nehmen um 30 bis 60 Prozent.[95]

Die tägliche Bildschirmzeit hat außerdem auch langfristige Auswirkungen auf das Essverhalten, was man besonders gut an amerikanischen Teenagern nachweisen kann. Bei einer Studie[96] an Neun- bis Elfjährigen kam es zwar zu den erwartbaren Ergebnissen (mehr Bildschirmzeit = schlechtere Essgewohnheiten). Das Ausmaß der Problematik überrascht aber doch. Insbesondere auch im Hinblick auf Gewohnheiten, die sich in vielen Haushalten im

Corona-Schuljahr 2020/21 eingeschlichen haben. Schätzen Sie mal – eine Stunde Nutzung sozialer Medien mehr am Tag erhöht das Risiko auf eine künftige Essstörung um wie viel?

Die Antwort lautet: Um fast zwei Drittel! Die Wahrscheinlichkeit, ein Jahr später an Binge-Eating (landläufig: Ess-Attacken bis hin zur Ess-Brech-Sucht) zu leiden, steigt mit einer Stunde *social media* mehr am Tag um 62 Prozent! Fernsehkonsum erwies sich als nicht ganz so problematisch, eine Stunde mehr vor der Glotze erhöhte das Risiko „nur" um 39 Prozent. Die Forscher*innen vermuteten, dass der uferlose Konsum von Fernsehen und sozialen Nachrichten zu einer Art genereller Grenzenlosigkeit führe, eben auch dem Essen gegenüber. Der Aufenthalt in sozialen Netzwerken könnte die Essstörung insofern ermöglichen, als die Informationen dort das eigene Körpergefühl schädigten. Nicht ganz auszuschließen sei allerdings, dass eine weitere Ursache, beispielsweise eine undiagnostizierte Depression, *beide* Entgrenzungen (mit)verursache.

Was bedeutet das für den Alltag?

- Je entspannter die Eltern sind, desto entspannter die Mahlzeiten.
- Kinder sollten (gern außerhalb der Mahlzeiten) spielerisch mit Lebensmitteln in Kontakt kommen können.
- Kinder sollten nie gezwungen werden, etwas zu probieren oder aufzuessen.
- Die benötigten Nahrungsmengen unterscheiden sich von Kind zu Kind (und auch von Zeit zu Zeit) erheblich.
- Essen sollte nicht als Belohnung eingesetzt werden.

- Größter Einflussfaktor ist, positiv wie negativ: das Vorbild der Eltern. Daher: Je gesünder Sie essen, desto besser für Ihr Kind.
- Nehmen Sie Ihr Kind zum Einkaufen mit und kochen Sie gemeinsam mit Ihrem Kind.
- Versuchen Sie, regelmäßig neue Nahrungsmittel anzubieten, nicht gleich aufzugeben.
- Kochen Sie nicht extra für Ihr Kind (es sei denn, Sie essen komplett Kinder-inkompatibel, also nur Blauschimmelkäse mit Weinbergschnecken).
- Sofern es möglich ist, sorgen Sie für eine angenehme Stimmung bei gemeinsamen Mahlzeiten.
- Kein Handy oder Fernsehen beim Essen!
- Bildschirmzeit, besonders soziale Medien, beeinflusst Essgewohnheiten negativ – begrenzen Sie die Zeit altersgerecht (siehe S. 175).

SCHLAFEN

Ruhe. Ich will Ruhe. Ich liebe dich, mein Kind, aber wenn du nicht endlich einschläfst, drehe ich durch!

Für derartige Gedanken schämen Eltern sich und sie gestehen sie allerhöchstens hinter vorgehaltener Hand ein.

So wird der Schlaf des Kindes zu einem immer größeren Problem. Weil die Eltern müde sind und selbst schlafen wollen. Weil sie noch ein paar Stunden konzentriert im Homeoffice arbeiten müssen. Oder weil sie glauben, Ihr Kind würde später im Leben schrecklich leiden, wenn es jetzt nicht optimal schläft.

GUTEN ABEND, GUTE NACHT

Eltern sehen mehrere sehr unterschiedliche Dinge als „Schlafprobleme" an:

- Das Kind schläft (mittags und/oder abends) nicht, wenn es soll, beziehungsweise braucht aus Elternsicht zu lange zum Einschlafen.

- Das Kind schläft insgesamt nicht lange genug. (Eltern hätten gern, dass ihr Kind mehr schläft, sowie: Kind ist ständig müde.)
- Das Kind schläft nicht durch, weckt Eltern häufig.
- Das Kind soll im eigenen Bett beziehungsweise eigenen Zimmer (ein)schlafen, will das aber nicht.

Wir werden uns diesen Themen der Reihe nach widmen.

Wie lange sollten Kinder in welchem Alter schlafen?

1–2 Jahre	11–14 Stunden täglich
3–5 Jahre	10–13 Stunden täglich
6–13 Jahre	9–11 Stunden täglich

Das ist die Empfehlung der amerikanischen National Sleep Foundation[97] sowie des britischen National Health Service (NHS)[98] unter Berufung auf zahlreiche aktuelle Studien sowie Untersuchungen an über 300 000 Kindern in Nordamerika, Europa und Asien.[99] Ältere Kinder und Jugendliche sollten immer noch mindestens zehn Stunden pro Tag (beziehungsweise Nacht) schlafen.[100]

Die Deutsche Gesellschaft für Kinder- und Jugendmedizin (DGKJ) rät zu:[101]

Ab 2 Jahren	13 +/- 3 Stunden täglich
Ab 5 Jahren	11 +/- 2 Stunden täglich
Ab 10 Jahren	10 +/- 2 Stunden täglich

Das sind solide, belastbare Daten. Und andererseits sollten wir nicht vergessen (wie auch die Autor*innen einer kritischen

Untersuchung[102] der Schlafmengenstudien geltend machen): Jeder Mensch ist anders, also ist auch jedes Kind anders. Es gibt schlicht keine eindeutigen Zahlen, an die wir uns halten müssten. Die gängigen Empfehlungen, so ein weiteres kritisches Paper, scheinen nicht viel mehr als Bauchmeinungen von angeblichen Expert*innen darzustellen.[103] Eltern sollten sich also keine Sorgen machen, wenn ihr Kind deutlich weniger oder deutlich mehr schläft als in der Tabelle vorgeschlagen. Sie sollten stattdessen lieber im Auge behalten, ob es dem Kind damit gut geht. Wenn ja, ist alles in bester Ordnung.

Wie lange Kinder schlafen *sollten* – und wie lange sie *tatsächlich* schlafen – verändert sich übrigens auch im Lauf der Zeit.[104] In den wissenschaftlichen Empfehlungen von 1897 (ja, über hundert Jahre her) bis 2009 nahmen sowohl die empfohlene wie auch die tatsächliche Schlafdauer im Durchschnitt jährlich um knapp eine Minute ab. Unverändert blieb der Unterschied zwischen Soll und Ist: Die empfohlene Schlafdauer lag demzufolge all die Jahre über 37 Minuten höher als die tatsächlich geschlafene Zeit. Egal, wie lange Kinder schlafen, es ist also aus Expert*innensicht immer zu wenig.

Manche Kinder machen auch in der Kindergarten- und Vorschulzeit noch gern ein Nickerchen zwischendrin oder werden sogar unausstehlich, wenn sie keinen Mittagsschlaf bekommen. Andere machen den ganzen Tag kein Auge zu. Beides ist okay.

Egal ist dafür allerdings (leider) die Frage, ob die *Eltern* mittags organisatorisch ein Päuschen brauchen oder sogar bitter nötig haben.

Um welche Uhrzeit sollte das Kind ins Bett gehen?
Die anzustrebende Bettzeit richtet sich sinnvollerweise natürlich einerseits nach dem Kind. Ist es eher eine Eule (Langschläfer*in) oder eine Lerche (Frühaufsteher*in)? Aber sie richtet sich eben auch nach den Tatsachen des Lebens. Müssen die Eltern zu einer bestimmten Zeit aus dem Haus, lärmen frühmorgens Geschwister durch den Flur, wann beginnt Kita oder Schule? Ausgehend von einer angenommenen Aufstehzeit von 6:30 Uhr (viel zu früh, aber uns fragt ja keiner) ergeben[105] sich dann in etwa die folgenden, zum Teil für viele Eltern erstaunlich frühen Bettzeiten:

Alter	Schlafzeit (gesamt) pro 24 h	Aufstehzeit	Bettzeit
1–2 Jahre	11–14 h	6:30	19:30 Uhr (bei 2–3 h Mittagsschlaf)
3–5 Jahre	10–13 h	6:30	Zwischen 17:30 und 20:30 Uhr (mit 0–1 h Mittagsschlaf)
6–12 Jahre	9–12 h	6:30	Zwischen 18:30 und 21:30 Uhr
> 12 Jahre	8–10 h	6:30	Zwischen 20:30 und 22:30 Uhr

Wichtig an der Tabelle sind aber nicht nur die absoluten Zeiten, sondern auch die mögliche Varianz. Wächst Ihr Kind gerade, bekommt es Zähne? Schläft es generell eher mehr oder weniger? Hat es tagsüber schlechte Laune und wirkt matt? Dies könnten Hinweise darauf sein, die Bettzeit versuchsweise zu verschieben. Das kann auch sinnvoll sein, weil es sogenannte „Schlaffenster“ gibt. Das kennen Sie von sich selbst: Erwachsene können etwa alle 90 Minuten[106] besonders gut einschlafen. Tun wir das nicht – weil Instagram oder der Krimi gerade so spannend ist – liegen wir danach noch lange wach, obwohl wir müde sind. Eineinhalb Stunden später driften wir dann endlich weg. Bei Kindern ist das genauso, allerdings sind die „Schlaffenster“ kürzer, das heißt die potenziellen Einschlafphasen folgen dichter aufeinander. Auch das kennen Sie aus dem Alltag: Schläft das Kind mittags nicht rechtzeitig ein, verschiebt sich der Mittagsschlaf nicht um die Verzögerung, sondern um etwa 50 Minuten bis eine Stunde.[107]

Das ist deshalb wichtig, weil die abendliche Taktung in berufstätigen Familien, vielleicht noch mit Geschwistern, den Einschlafmöglichkeiten einzelner Kinder zuwiderlaufen kann. Vielleicht gibt es zum Beispiel Abendessen zu einem Zeitpunkt, an dem das Kind eigentlich müde ist. Dann schiebt es desinteressiert sein Essen über den Teller. Eine halbe Stunde später aber, wenn es ins Bett gehen soll, steppt plötzlich der Bär. Dann folgt wieder eine mögliche Einschlafphase, aber da kommt vielleicht der andere Elternteil von der Arbeit, ein älteres Geschwisterkind radaut durch den Flur oder ein jüngeres plärrt (wieder einmal) vor Hunger. Also wird das nächste Einschlaffenster auch verpasst. Und so geht es weiter …

Nun ist es praktisch oft nicht möglich, den Alltag optimal auf die idealen Einschlafzeiten eines Kindes auszurichten. Das muss auch nicht sein. Das Wissen allein hilft schon, mehr Geduld aufzubringen und nicht gleich nach Fehlern zu suchen. Zugleich kann es uns motivieren, (kleinen) Kindern ein langsames „Runterkommen“ vom späten Nachmittag an zu ermöglichen.

Jedes Kind schläft anders

Was tun, wenn das Kind nach einem tollen Abendritual trotzdem nicht einschläft, oft aufwacht oder nicht genug schläft? Dazu später mehr, an dieser Stelle sei nur erwähnt, dass manche Eltern extrem schnell auf jedes Kindessignal reagieren.[108] Obwohl „schreien lassen“ mittlerweile zum Glück überholt ist, sollten Sie auch nicht sofort aufspringen, sobald Ihr Kind im Halbschlaf seufzt. Auch leises Jammern ist noch nicht unbedingt Ihr Einsatzzeichen. Denn wie wir Erwachsenen auch (jedenfalls in der Zeit v. K. = vor Kind) haben auch Kinder tiefere und leichtere Schlafphasen. Manchmal wachen sie nur beinahe auf oder sie wachen tatsächlich auf, sie drehen sich und strampeln, dann beruhigen sie sich wieder und schlafen ein. Diese sogenannte „Selbstregulation“ kann man aber leider verhindern, indem man das Kind bei jedem Geräusch und jeder Bewegung aus dem Bett reißt – und es damit im Grunde erst richtig weckt.

Ja, verständlich, Sie hätten jetzt gern eine ganz genaue Angabe, wie lange das Kind sich selbst beruhigen soll, wie viel Dezibel Lautstärke seine Geräusche haben dürfen, bevor elterliches Eingreifen notwendig wird. Nur leider lässt sich das so genau nicht sagen, weil eben (wir werden es nicht müde zu betonen) jedes Kind *anders* ist. Aber: Schläft das Kind in der Kindergartenzeit noch im Elternschlafzimmer, begünstigt das die Gewöhnung aneinander und damit auch die Angemessenheit der Reaktion.

Schadet Schlafmangel dem Konzentrationsvermögen oder der Gesundheit?

Wer zu wenig schläft, kann in der Schule nicht gut aufpassen. Und wer nicht früh im Leben „lernt“, „richtig“ zu schlafen (was immer das heißen mag), wird es später schwerer haben – mit dem Schlafen und mit der Schule.

Dieser akademisch ambitionierte Gedankengang begründet das intensive Bemühen darum, dass die Kinder „schlafen lernen müssen". Aber ist das wirklich so?

Eine amerikanische Studie[109] untersuchte den Sachverhalt an Vorschüler*innen und Erstklässler*innen. Das Schlafverhalten der Kinder wurde elektronisch aufgezeichnet. Die Lehrer*innen machten Angaben darüber, ob die Kinder konzentriert mitarbeiteten. Zudem wurde deren Konzentrationsfähigkeit mit einem computergestützten Test überprüft. Grundsätzlich ließ sich dabei die elterliche Annahme bestätigen: Mehr und besserer Schlaf führte zu besseren schulischen Leistungen. Weniger Schlaf führte aber nur bei denjenigen Kindern zu nennenswerten Schwierigkeiten, die über eine „besonders niedrige Emotionsregulation" verfügten. Emotionsregulation ist eine nicht ganz unumstrittene (weil schwer erfassbare[110]) Angabe – grob vereinfacht geht es um die Fähigkeit, mit den eigenen Gefühlen klarzukommen.[111] Eine „gute" Emotionsregulation besteht nun allerdings nicht darin, einfach alles in sich hineinzufressen und störungsfrei zu funktionieren. Das Ziel ist vielmehr, schwierige eigene Gefühle (wie Wut oder Trauer) zu erkennen, auszuhalten und zu integrieren, also mit ihnen weiterzuleben, statt auszurasten oder zusammenzubrechen.

Das Thema, wie kontrolliert und sozialverträglich Kinder sein sollten (und sein können), wird uns im weiteren Verlauf des Buches noch beschäftigen. Vor allem, wenn es um Fragen wie Durchhaltevermögen oder Frustrationstoleranz geht (siehe S. 165f.). In Bezug auf ein angemessenes Schlafverhalten als Grundlage für ein gutes Lernverhalten, lässt sich daraus jedenfalls ableiten: Wenn Ihr Kind sozial einigermaßen zurechtkommt, dann sind die Auswirkungen von mehr oder weniger Schlaf, besserem oder schlechterem Schlaf und auch der früheren oder späteren Bettzeit zu vernachlässigen – und also den Stress und Streit nicht wert. Eine chinesische Studie[112] kam allerdings zu einem etwas anderen Ergebnis: Die Forscher*innen stellten fest, dass erheblich übermüdete Kinder in der Schule weniger gut aufpassen konnten. Wurde der Beginn der ersten Stunde nach hinten verlegt, verbesserte sich die Mitarbeit. Die Emotionsregulation wurde dabei nicht berücksichtigt. Da die wenigsten Eltern Schuldirektor*innen sind und den Unterrichtsbeginn verschieben können, und da manche Kinder lieber morgens länger schlafen als abends früher, bleibt es Aufgabe der Eltern, einen gesunden Mittelweg zu finden. Zumal auch die zuvor genannte Studie keine „erhebliche Übermüdung" propagierte.

So oder so gibt es einen anderen gewichtigen Grund für regelmäßigen und ausreichenden Schlaf. Erfasst[113] wurde die Regelmäßigkeit der Bettzeit von Fünf- und Neunjährigen. Diejenigen Kinder, die mal zu dieser und mal zu jener Zeit zu Bett gingen beziehungsweise ins Bett geschickt oder gebracht wurden, schliefen insgesamt deutlich kürzer (und das betraf – festhalten! – fast *ein Drittel* der Kinder). Außerdem waren sie Jahre später, nämlich mit 15, deutlich dicker (ja, deswegen die Formulierung, dass es ein „gewichtiger" Grund sei). Insbesondere ließ sich auch ihre Schlafhistorie ermitteln. Davon betroffen waren nämlich Kinder, die mit fünf Jahren noch einigermaßen regelmäßig zu Bett gingen und dies dann mit neun aber nicht mehr taten, bei denen sich die Schlafroutine also verschlechtert hatte. Nicht davon betroffen waren diejenigen, die mit fünf unregelmäßige Bettzeiten zu verzeichnen hatten, mit neun aber regelmäßiger schlafen gingen. Möglich, dass die Regellosigkeit beim Schlafen auf einen zweiten Bereich, die Nahrungsaufnahme, abfärbte. Denkbar auch, dass der Schlafmangel und die Unstrukturiertheit des Alltags den Stoffwechsel durcheinanderbrachten. Wie auch immer: Aus gesundheitlichen Gründen sind regelmäßige Bettzeiten und damit auch eine ausreichende Schlafdauer zu bevorzugen.

Ab wann sollten Kinder im eigenen Bett und/ oder in einem eigenen Zimmer schlafen?

Viele Eltern möchten das Elternschlafzimmer so bald wie möglich wieder für sich haben. Manche von ihnen wollen im Bett fernsehen oder das Internet nutzen. Andere wurden gewarnt, es sei gefährlich, das Kind im Elternbett schlafen zu lassen – es könne herausfallen, erdrückt werden oder unter der Decke ersticken.

In vielen Ländern schlafen Eltern und Kinder ganz selbstverständlich in einem Raum oder sogar in einem Bett und es funktioniert ausgezeichnet. Für die sogenannte „westliche Welt“ mit ihrer strengen Teilung von Lebensbereichen hat sich mittlerweile immerhin auch die Empfehlung durchgesetzt, dass Kinder mindestens die ersten sechs bis zwölf Monate im Zimmer der Eltern schlafen sollten.[114] Aber wie geht es danach weiter?

In einer Studie zeigte sich[115] zwar, dass Babys insgesamt zwischen 45 und 100 Minuten länger schlafen, wenn sie allein in einem Raum sind. Kritiker wenden jedoch ein, dass sie Angst bekommen könnten, wenn sie aufwachen. Daher scheint folgende Vorgehensweise sinnvoll:

- Wenn Sie gern und gut mit Ihrem Kind in einem Bett oder einem Raum schlafen, tun Sie das so lange, bis Ihr Kind es nicht mehr möchte.
- Wenn Sie Ihr Kind lieber in einem eigenen Raum schlafen lassen wollen, achten Sie darauf, dass es sich dabei erkennbar wohlfühlt. „Schreien lassen" ist weder zum Einschlafen noch zum Durchschlafen sinnvoll! (Es „funktioniert" zwar, aber nur, weil die Kinder nach einiger Zeit lernen, dass trotz ihrer Not niemand kommt. Sie resignieren schlichtweg. Das ist traurig und nicht gewollt. Die entsprechenden Ratschläge sind heutzutage überholt.)
- Schaffen Sie einen Ort, an dem Sie bei Bedarf mit Ihrem Kind gemeinsam liegen und notfalls auch einige Zeit schlafen können.
- Beobachten Sie die Entwicklung. Manchen Kindern macht es nichts aus, nach dem Einschlafen umgelegt zu werden und woanders aufzuwachen, als sie eingeschlafen sind. Andere scheint dies zu verängstigen. Richten Sie das Einschlafritual entsprechend aus.
- Ja, an manchen Tagen dauert es furchtbar lange, bis ein Kind zur Ruhe kommt. Es will noch dies und das und jenes, und es sind natürlich immer die Abende, an denen Sie „eigentlich" noch zwei Stunden Homeoffice machen müssten oder sich auf einen Abend vor dem Fernseher gefreut haben. Investieren Sie die Zeit *geduldig und freundlich*, so gut Sie können – in diesen ersten Jahren wird das Bindungsverhalten Ihres Kindes maßgeblich geprägt. Den Einsatz machen Sie später in gegenseitigem Vertrauen spielend wieder wett.

Tatsächlich ist ganz einfach von Kind zu Kind, von Familie zu Familie und von Situation zu Situation unterschiedlich, was sich empfiehlt. Geht es um das erste/einzige Kind, so wird dieses nicht freiwillig mit sechzehn noch in der Besucherritze im Elternbett schlafen wollen. Die meisten Kinder, deren Bett im Elternschlafzimmer steht, machen zwischen zwei und vier Jahren deutlich, dass sie gern in ihrem eigenen Zimmer schlafen wollen. In der Praxis erleichtern Sie allen Beteiligten das Leben, wenn Sie für eine Übergangszeit noch eine Matratze im Elternschlafzimmer auf den Boden legen, auf die das Kind bei Bedarf umziehen kann. Wenn nötig, kann sich auch ein Elternteil dazulegen, zumindest für eine Weile.

Es ist hilfreich zu wissen, dass rund 20 Prozent aller Kinder um das zweite Lebensjahr Schlafen Probleme bereitet – und dass diese, wie sich in einer vier Jahre andauernden Langzeitstudie[116] zeigte, mit der Zeit von alleine zurückgehen. Bis zu 35 Prozent aller Kinder hatten irgendwann im Verlauf der ersten fünf Lebensjahre Schlafprobleme. Zu jedem Zeitpunkt der Datenerhebung schlief etwa ein Viertel der Kinder bei den Eltern (was nicht heißt, dass es über die gesamte Studiendauer dieselben Kinder waren). Nur ein Drittel der Eltern fand es überhaupt problematisch, dass Kinder im Bett der Eltern schlafen könnten. Offen blieb bei der Studie leider, ob Mehrfachantworten möglich waren – also ob Kinder in erster Linie in den Betten von Eltern schliefen, die das auch okay fanden, oder ob Kinder auch bei Eltern die Nacht verbrachten, die das eigentlich nicht wollten.

Nur in wenigen Fällen hielten die Schlafprobleme über längere Zeit an. Zurückführen ließen sich diese dennoch auf mindestens einen der folgenden Faktoren: Temperament der Kinder, Psychopathologie (gestörte Wahrnehmung) der Eltern und äußerliche Stressfaktoren.

Grundsätzlich ließ sich aus den Berichten der Eltern und aus Videoaufzeichnungen schließen, dass manche Kinder tatsächlich die ersten Lebensjahre lang unruhiger oder auch „leichter“ schliefen als andere. Dagegen halfen weder irgendwelche „Maßnahmen“ noch elterlicher Frust. Es blieb nichts anderes übrig, als damit so gut und gelassen wie möglich umzugehen. Sie konnten diese Gelassenheit in dem Wissen an den Tag legen: Je älter die Kinder wurden, desto besser und fester schliefen sie.

Wie sieht die ideale Bettzeit aus?

Bei diesem Thema ist die Einigkeit unter den Expert*innen glücklicherweise wieder größer: Eindeutig ist, dass es Kindern leichter fällt einzuschlafen, wenn die Abende ähnlich ablaufen. Faustregel: Je jünger das Kind, desto hilfreicher ist eine erkennbare, wiederkehrende Tagesstruktur.

Während es früher zahlreiche Vorschläge für die unterschiedlichsten Abendgestaltungen gab, betonen Expert*innen in den letzten Jahren nur noch eines: Eltern sollten die Bildschirmzeit der Kinder (siehe S. 175) über den Tag hinweg begrenzen (jede Stunde Bildschirmzeit kostet zwischen drei und acht Minuten Schlaf, ermittelten Forscher*innen[117]). Vor allem sollten Sie dafür sorgen, dass Ihre Kinder spätestens 60 Minuten vor der Bettzeit gar keinen Bildschirm mehr zu Gesicht bekommen. Ja, das heißt tatsächlich[118]: kein Fernseher, kein Handy, kein Laptop, kein Computer, kein Tablet, keine Videospiele.[119] Wie in allen anderen Bereichen wird auch hier natürlich ebenfalls empfohlen, gute Gewohnheiten vorzuleben, also selbst möglichst keinen Fernseher im Schlafzimmer stehen zu haben und das Handy nicht mit ins Bett zu nehmen.[120] Verrückt, oder?

Außerdem gilt: Wenn Kinder tagsüber wach und aktiv sind, also (draußen) spielen können, dann sind sie abends auch müde(r).[121] Ist das nicht möglich, sei es aus organisatorischen Gründen oder zum Beispiel aufgrund eines Unwetters, sind sie zwar auch müde, aber nicht erschöpft und, genau wie wir, eher quengelig. Wer das mitdenken und dafür Verständnis aufbringen kann, erleichtert allen das Leben.

Kleinkinder sollten zum Einschlafen weder eine Milch- noch eine Saftflasche bekommen[122], denn das schadet der Zahngesundheit. Die Kinder gewöhnen sich daran und betrachten das Getränk als Teil des Abendrituals. Ist das bei Ihnen der Fall, verdünnen Sie das Getränk Tag für Tag mit ein wenig mehr Wasser, bis es nur noch Wasser gegen Durst gibt.

Kinder, die tagsüber zu viele unterschiedliche Aktivitäten absolvieren (Betreuung, Schule, Hobbies, Verabredungen), kommen abends schwerer zur Ruhe.[123] An solchen Tagen ist es wichtig, Extrazeit einzuplanen. Besser noch: Das Tagesprogramm in Zukunft entschlacken, wenn möglich.

Gerade kleinere Kinder können Dunkelheit nicht ausstehen. Experimentieren Sie daher mit sanften Lichtquellen – Schlaflichtern, einer offen stehenden Tür. Andererseits wachen manche Kinder durch Laternenlicht, Sonnenlicht oder Geräusche von draußen regelmäßig auf. Falls das bei Ihnen der Fall ist, investieren Sie in einen Rollladen oder in lichtdichte Vorhänge.[124]

In einer Übersichtsstudie[125] mit mehreren 100 000 untersuchten Kindern erwiesen sich als besonders effektiv:

- regelmäßige Bettzeiten
- (vor)lesen vor dem Einschlafen
- ruhiges Zimmer

- Möglichkeit lassen, dass das Kind selbst (wieder) in den Schlaf findet
- keine oder möglichst wenig koffeinhaltige Getränke über den Tag hinweg (es erwies sich als irrelevant, wann das Koffein konsumiert wurde – ja, das meint nicht nur Kaffee, sondern auch Cola, Red Bull und all die anderen Energy-Drinks)

Ganz grundsätzlich gilt:[126] *Jede* Form der gleichbleibenden, allabendlich wiederkehrenden Routine hilft Kleinkindern, besser ein- und durchzuschlafen. Das gilt quer über alle Kontinente und Traditionen hinweg.[127] Die Regelmäßigkeit des Zubettgehens bessert zudem auch nachweislich die Laune der Mütter[128] (man darf vermuten, dass dieser Effekt für beide Elternteile gilt, faktisch werden meist nur Mütter befragt). Je früher die Abendrituale eingeführt und je häufiger sie in die Tat umgesetzt werden, desto größer der positive Effekt.[129]

Bei manchen Familien ist das Zubettbringen eine stundenlange Elternbeschäftigung. Das ist nicht nötig. Wichtig sind nicht der Umfang oder die Dauer des Rituals.[130] Es muss nur immer gleich sein.

Wenn es noch zu selten klappt mit der Nachtruhe und das Kind schon etwas älter ist, kann es hilfreich sein, gemeinsam nach einer Lösung zu suchen. In einer kanadischen Schule[131] erarbeiteten im Rahmen eines Modellversuchs Lehrer*innen, Direktion, Eltern, Elternrat und die Kinder selbst gemeinsam Vorschläge, die für einen besseren Schlaf sorgen sollten. Das Projekt war ein voller Erfolg – weil alle Beteiligten von Anfang an ein Mitspracherecht hatten.

Bettnässen und Problemverhalten

Die meisten Kinder machen mehr oder weniger häufig ins Bett. Kinder haben im (Tief)Schlaf keine Blasenkontrolle. Es ist also völlig sinnlos, ihnen Vorträge zu halten oder ärgerlich mit ihnen zu werden. Wenn es Sie wirklich furchtbar stört, dass Ihr Kind ins Bett nässt, lassen Sie es noch eine Weile eine Windel tragen.

Zu dem*der Kinderarzt*in müssen sie wegen des Bettnässens nur dann gehen, wenn Ihr Kind mit sieben bis acht Jahren[132] immer noch *regelmäßig* ins Bett macht.

Es wurde auch untersucht[133], ob schlechter beziehungsweise zu wenig Schlaf ein problematisches Sozialverhalten tagsüber begünstigt. Die Ergebnisse lassen allerdings viel Interpretationsspielraum: 4,9 Prozent der untersuchten Kinder hatten laut Elternaussagen Schlafprobleme. 36 Prozent von ihnen zeigten Verhaltensauffälligkeiten. Umgekehrt hatten 15 Prozent der Kinder mit Verhaltensauffälligkeiten auch Schlafprobleme. Ermittelt wurden die folgenden möglichen Zusammenhänge: Hyperaktive Kinder schliefen auch unruhig (drehten und wälzten sich oft), trotzige Kinder wollten abends nicht ins Bett gehen, eher ängstliche Kinder hatten häufiger Albträume und schliefen weniger leicht ein. Je kürzer die Schlafdauer, desto schlechter das soziale Verhältnis zu anderen Kindern. Insgesamt waren die Unterschiede der Schlafqualität oder -dauer zur Kontrollgruppe aber eher gering. Ob nun die sozialen Probleme für den schlechteren Schlaf sorgten oder umgekehrt, blieb ebenfalls ungeklärt. Das bedeutet, dass Eltern, die Ihre Kinder gern in ihrem Schlafverhalten unterstützen würden, immer noch nicht wissen, wo sie damit anfangen sollen. Die Autor*innen selbst kommen einzig zu dem Schluss, dass Arzt*innen bei Kindern, die wegen Schlafproblemen mit ihren Eltern zu ihnen in die Praxis kommen, auch nach sozialen Verhaltensauffälligkeiten suchen sollten.

Was bedeutet das für den Alltag?[134]

- Planen Sie abends ausreichend Zeit ein. Je entspannter Sie sind, desto eher entspannt sich auch Ihr Kind.
- Fügen Sie von Anfang an die Zahnhygiene in das Abendritual ein. Trägt das Kind keine Windeln mehr (oder soll es bald keine mehr tragen), gehen Sie danach mit ihm*ihr auf die Toilette (oder das Töpfchen).
- Zubettgehen ist keine Zirkusaufführung. 15 Minuten inklusive Zähneputzen, Vorlesen und Gutenachtkuss sind ausreichend.
- Das Zimmer, in dem das Kind schläft, sollte eher dunkel und eher kühl sein, aber auch nicht stockdunkel und eiskalt. Experimentieren Sie ein wenig und achten Sie darauf, was Ihr Kind (un)angenehm zu finden scheint.
- Es gibt keinen Grund für die Annahme, dass Kinder allein schlafen oder allein einschlafen können sollten. Bleiben Sie bei Ihrem Kind oder lassen Sie es bei sich im Zimmer schlafen, bis es signalisiert, dass es mehr Abstand sucht.
- Stellen Sie keine Milch, keine Säfte in Nuckelflaschen zur Beruhigung bereit. Das ist schlecht für die Zähne, schlecht für die Essgewohnheiten.
- Mindestens eine Stunde vor dem Schlafengehen sollten Sie keinen Fernseher, kein Handy, kein Tablet, keine Videospiele in der Reichweite Ihres Kindes lassen (und begrenzen Sie die Bildschirmzeit insgesamt, siehe S. 175).

GEGENEINANDER UND MITEINANDER

Familie ist wie eine Zwangs-WG. Weil man eben nicht einfach ausziehen und sich eine neue suchen möchte, nur weil es unterschiedliche Auffassungen über Tischmanieren, die optimale Musiklautstärke oder Ordentlichkeit gibt. Die meisten Eltern haben ein großes Interesse daran, miteinander und mit den Kindern (egal ob eigene oder Patchwork) gut auszukommen. Doch damit das Miteinander funktioniert, muss auch ein Gegeneinander gelingen.

Wie also sollen wir Konflikte möglichst konstruktiv austragen?

WIE VIEL STREIT MUSS SEIN?

Bastian will nicht aufräumen. „Blöde Mama!", schreit er. Zack, bekommt er eine geklatscht.

Lea wirft sich im Kaufhaus auf den Boden, weil sie das Glitzershirt nicht bekommt. Ihr Vater nimmt sie fest am Arm und zerrt sie hinter sich her zum Auto. Dort lässt er sie zurück, während er den Rest des Wochenendeinkaufs erledigt.

Oma soll Sven aus dem Kindergarten abholen. Aber der will noch mit seinen Freunden weiterspielen und versteckt sich. „Früher hätte es das nicht gegeben!“, schimpft Oma genervt.

Viele Eltern (und Großeltern) glauben immer noch, dass körperliche Strafen in der Erziehung nützen. Warum glauben sie das? Weil es vordergründig stimmt. Die meisten Kinder, die geohrfeigt oder vertrimmt werden, tun danach, wie ihnen geheißen. Warum? Aus Angst.

Auch in vielen anderen Lebensbereichen können wir beobachten, dass „Führung durch Gewalt“ Erfolg hat. Wer Mitarbeiter*innen mit der Kündigung droht, wird oft mit mehr erbrachter Leistung derselben belohnt. Zahllose „Liebesgeschichten“ in Film und Fernsehen handeln davon, dass eine Frau gegen ihren erklärten Willen erkennen muss, wen sie wirklich liebt. Die internationale Politik ist über weite Teile immer noch ein „Gleichgewicht des Schreckens“.

Was gegen Gewalt und Strafen spricht

Aber „funktioniert“ (körperliche) Gewalt wirklich so gut, wie es scheint? Im Management setzen sich derzeit vermehrt kooperative Techniken durch. Auch sie dienen vielfach der trickreichen Ausbeutung, aber in jedem Fall zeigen sie, dass drakonisches Festhalten an klassischen Machtverhältnissen nicht der einzige Weg zum Ziel ist.

Auch in Liebesbeziehungen haben wir hoffentlich so langsam sowohl die körperliche wie die psychische Gewalt als Quasi-Standard hinter uns gelassen. Seit 1997 ist die Vergewaltigung in der Ehe nicht mehr straffrei.[135]

1998 erhielten Kinder das Recht auf gewaltfreie Erziehung.[136] Letzeres finden viele Eltern auch heute noch schlicht unpraktisch. Weil sie manchmal am Ende ihres Lateins sind. Klar *soll* man Kinder weder anschreien noch hart anfassen oder gar schlagen. Aber was *kann* man dann tun, wenn sie nicht tun, was sie sollen?

Schläge und Strafen sind schädlich und unproduktiv

Es ist Zeit für eine grundlegende Veränderung unserer Sichtweise. Lange Zeit war das Ziel von Erziehung vor allem, dass die Eltern in Ruhe ihr Ding machen können. Die Kinder sollten möglichst nicht stören. Davon abgesehen galt: „Groß werden sie alle." Daher ging es Eltern um kurzfristige Erfolge. Mein Kind nervt *jetzt* und es soll damit aufhören. Die Langzeitschäden durch Prügelstrafen tauchten in solchen Abwägungen als Faktor gar nicht auf.

Heute haben Eltern andere Ziele. Sie wünschen sich, zu einem glücklichen Leben ihrer Kinder in zehn, zwanzig oder noch mehr Jahren einen Beitrag leisten zu können. Daher sind Spätschäden auf einmal unerwünscht. So weit sind wir schon. Was oft noch fehlt, ist die Korrektur des Erziehungsziels in der Gegenwart. Tatsächlich ist die Frage, ob sich ein Kind *jetzt sofort* brav, gehorsam, vernünftig, wie gewünscht verhält, weit unwichtiger, als wir sie oft behandeln. Wenn wir mit langem Atem und einem Zeithorizont von Jahrzehnten an die Erziehung herangehen, ist eigentlich völlig egal, ob heute noch das Kinderzimmer aufgeräumt wird oder nicht. Die kurzfristige Durchsetzung von Positionen ist nicht nötig, um das gewünschte Ziel zu erreichen. Hat man sich das erst einmal klargemacht, weicht viel Druck aus dem Kessel. Denn dann kann man den Fokus vom *Gegeneinander* auf das *Miteinander* richten.

Zahlreiche Untersuchungen und Meta-Untersuchungen[137] weltweit, zum Teil sogar an unterschiedlich erzogenen eineiigen Zwillingen und quer durch alle Kontexte, Länder, Hautfarben und sozialen Schichten, zeigen, dass körperliche Strafen langfristig zu negativen Ergebnissen wie Aggression, Unaufmerksamkeit und Ungehorsam, Angststörungen, Depressionsanfälligkeit sowie einem geringeren IQ führen. Eine umfangreiche Studie an über 200 000 Familien aus 62 Ländern ergab[138], dass auch strenge oder laute Zurechtweisungen ebenso wie klassische Strafen[139] (zum Beispiel kein Nachtisch, Zimmerarrest, keine Computerzeit) nicht zum gewünschten Erfolg führten. Was hingegen gut funktionierte, war eine ausdauernde, freundliche Zugewandtheit.[140] Diese Eltern erklärten ihren Kindern regelmäßig, *warum* sie bestimmte Forderungen stellten, und sie gingen selbst als Vorbild voran.

Das klingt simpel, ist es aber nicht unbedingt. Wenn Sie zum Beispiel möchten, dass Ihr Kind gesund bleibt oder zuverlässig seine Aufgaben erledigt, dann ist es natürlich augenscheinlich viel leichter zu schimpfen, Vorschriften zu erlassen und Strafen zu verhängen, als selbst abzunehmen, nicht mehr zu rauchen oder zu trinken, oder hinter sich aufzuräumen, auch wenn man wirklich keine Lust dazu hat. Damit wäre nämlich der Sonderstatus der Eltern, im Gegensatz zu den Kindern alles zu dürfen, über weite Strecken dahin.

Der Unterschied zwischen Strafen und Konsequenzen

Auch Erziehungsratgeber, die von körperlicher Gewalt abraten, empfehlen häufig „Konsequenzen“ oder auch

„natürliche Konsequenzen" (also strafende Folgen, die in einem organischen Zusammenhang mit dem Vorgang stehen, wie etwa „wenn du nicht mitkommst, gehe ich ohne dich los"). Nun ist es im konstruktiven Miteinander natürlich logisch, dass jedes Verhalten Konsequenzen hat. Wenn ich auf der WG-Couch immer leise vor mich hinpupse, will keine*r neben mir sitzen. Wenn ich meine Schokolade mit den anderen teile, geben sie mir vermutlich von ihren Chips auch etwas ab.

In der Erziehung sind drohende Wenn-dann-Sätze aber zumindest ein Hinweis darauf, dass man sich gerade verrennt.[141] „Wenn du nicht aufhörst, mit Sand zu werfen, gehen wir nach Hause"; „wenn du den Brokkoli nicht isst, kriegst du keinen Nachtisch" – das klingt erst mal gar nicht verkehrt, sondern nach logischer Konsequenz. Es verlagert aber ganz subtil die Macht vom Elternteil zum Kind. Und was möchte ein Kind? Genau: Einfach mal ausprobieren, was passiert, wenn es nicht tut, was es soll. Das ist richtig und gesund. Aber man muss ihm diese Gelegenheit nicht unbedingt auf dem Silbertablett servieren.

Besser funktioniert: „Ich möchte, dass du aufhörst, mit Sand zu werfen. Das stört mich – das ist für die anderen Kinder unangenehm, weil sie ihn in die Augen bekommen." Oder: „Ich möchte, dass du den Brokkoli wenigstens probierst. Du kannst ja mal dran schnuppern."

Dennoch ist es wichtig, zwischen Strafen und Konsequenzen zu unterscheiden. Wenn Ihr Kind mit Sand wirft und Sie deshalb mit ihm nach Hause gehen (weil es Sie nervt), ist das völlig okay. Aber dann sitzen Sie möglicherweise entnervt mit einem schlecht gelaunten Kind zu Hause. Im Gegensatz dazu kann die Kraft, dem Kind ebenso ernsthaft wie freundlich zu sagen, es möchte bitte mit dem Sandwerfen aufhören, gut angelegt sein.

Faustregel: Je wütender und ratloser wir Eltern uns fühlen, desto weniger hilfreich wird der nächste Eskalationsschritt des Konflikts ausfallen. Deshalb ist es oft besser, tief durchzuatmen und sich einen Moment zu besinnen. Ja, das ist leichter gesagt als getan, aber wenn es auch nur in der Hälfte aller Fälle gelingt, erziehen Sie aufgrund einer einzigen Entscheidung auf einmal 50 Prozent besser! Bitte bedenken Sie auch, ein Kind hat sich nur dann „schlecht" verhalten,[142] wenn

- ein Problem auftritt (und Sie nicht einfach nur müde oder gestresst sind),
- Ihre Erwartungen realistisch sind (und nicht etwas vom Kind erwarten, was es noch nicht können kann), und
- das Kind zum Zeitpunkt der Handlung wusste, wie es sich hätte verhalten sollen (andernfalls erklären Sie so ruhig wie möglich, was Sie erwartet hätten und warum).

Nur wenn alle drei Kriterien erfüllt sind, ist es überhaupt angemessen, das Kind zurechtzuweisen oder gar Konsequenzen („Wir gehen jetzt sofort nach Hause!") zu ergreifen.

Die Verantwortung liegt immer bei den Eltern

Wenn das Kind sich oder andere in Gefahr bringt, müssen und dürfen Sie eingreifen. Das ist aber auch unter Erwachsenen der Fall, hat also mit der Elternrolle nichts zu tun.

Wenn Ihr Kind aber „nur" nicht macht, was Sie wollen, wenn es die Bausteine liegen lässt, keine Mütze aufsetzen will oder Sie anfaucht ... dann ist keine Gefahr im Verzug.[143] Genauso gut können Sie eine Weile warten. Später, wenn der Affekt verklungen ist, können Sie immer noch erklären[144], warum Sie möchten, was Sie möchten. In den allermeisten Fällen wird das Kind dann dazu bereit sein, und in den meisten anderen Fällen kann es eine akzeptable Alternative vorschlagen (okay, dann geht es eben mit zwei unterschiedlichen Socken in die Schule, davon wird es dreißig Jahre später auch nicht weniger Ministerpräsident*in).

Diese Denkweise verlagert die Verantwortung für das Geschehen – und die Reaktion darauf – von den Kindern auf die Eltern. Es ist unsere Aufgabe, die Kinder bestmöglich zu erziehen. Wenn wir dabei wenig Schaden anrichten wollen, müssen wir Erwachsene umlernen und ab jetzt die (wissenschaftlich nachweislich) besseren Entscheidungen treffen. Es ist nicht sinnvoll, die Verantwortung bei den Kindern zu suchen. „Du hast Papa wütend gemacht, als du getrödelt hast, und damit du ein besserer Mensch wirst, schreie ich dich jetzt an, schließlich hast du die ganze Sache losgetreten." Echt jetzt? Das können wir doch besser! In erster Instanz haben wir Erwachsene das Problem ausgelöst, weil wir irgendwelche Ansprüche stellen, die den Kindern gerade schnuppe sind. Und vor allem sind sie eben kognitiv (noch) nicht in der Lage, die Situation zu überblicken – wir sollten das aber sein! Das heißt wir Eltern müssen uns Zeit und Raum schaffen, um das Kind nicht mit letzter Kraft in den Kindergarten oder ins Bett zu brüllen. Wo soll diese Kraft herkommen? Indem wir unseren Einsatz anderswo reduzieren (das ist nicht nur, aber auch eine politische Frage: Die Vereinbarkeit von Familie und Beruf muss erleichtert werden![145]); indem wir nicht jeden Mist so wichtig nehmen (dann hat die Hose eben jetzt Grasstreifen auf dem Hintern, davon kommt auch keiner um); indem wir gut zu uns selbst sind, stolz auf Leistungen und die eigenen Batterien bestmöglich wieder aufladen!

Um das umzusetzen, kann es helfen, sich die Selbstbestimmungstheorie von Edward Deci und Richard Ryan zu vergegenwärtigen.[146] Sie gehen davon aus, dass alle Menschen, also auch Kinder, drei angeborene psychologische Bedürfnisse haben: Autonomie, Kompetenz und soziale Eingebundenheit. Kindern fällt es schwerer als Erwachsenen, das jeweils unmittelbare Bedürfnis mit den anderen in Ausgleich zu bringen – so kann zum Beispiel der Wunsch nach Autonomie im Gegensatz stehen zu sozialer Eingebundenheit. Aufgabe der Eltern wäre es demnach nicht, den Einzelfall zu managen, sondern die grundsätzliche Balance dieser drei Bedürfnisse im Blick zu behalten. Die Kinder sollen lernen, *warum es richtig* und *wichtig* ist, etwas zu tun. So können sie eine intrinische (innere) Motivation entwickeln. Zudem sollten sie möglichst viele Entscheidungen selbst treffen. In Experimenten[147] beteiligten sich diejenigen Kinder besonders motiviert an Spielen, deren Mütter sie in ihren eigenen Entscheidungen bestärkten.

Für diese Sichtweise spricht auch ein weiteres Experiment[148], bei dem einige Kinder unterschiedlichen Alters systematisch belogen wurden. Ein Erwachsener versprach ihnen eine Süßigkeit im anderen Zimmer, wo es dann aber für manche Mitglieder der Testgruppe gar keine Süßigkeit gab. Anschließend sollten die Kinder ein verstecktes Spielzeug erraten. „Überraschend" wurde der Testleiter aus dem Zimmer gerufen. Er ließ das Spielzeug verdeckt liegen und kündigte an, gleich zurückzukehren. „Aber nicht luschern!", mahnte er die Kinder. Und, was geschah? Kinder unter fünf, die keine Süßigkeit erhalten hatten (also belogen worden waren), warteten brav. Aber viele der Kinder über fünf, die keine Süßigkeit erhalten hatten, sahen nach, was für ein Spielzeug es war – und bestritten das später dem Versuchsleiter gegenüber. Logen also ebenfalls.

Das war das direkte Ergebnis einer einzigen Lüge. Es lässt sich folgern, dass Kinder, die manipuliert werden, selbst lernen zu manipulieren. Im Gegensatz dazu orientieren sich die, die mit Offenheit und Ehrlichkeit aufwachsen, an ebendiesen Werten.

Wünsche äußern, statt zu motzen

Für viele von uns ungewöhnlich, aber konkret nützlich[149] (auch auf den Job und Beziehungen anwendbar) ist es, vom Nörgel-Modus auf klare Ansagen umzuschalten. Statt „nie hilft mir jemand", „schon wieder bist du mit deinen dreckigen Schuhen durch die Wohnung gelaufen" oder „klecker nicht", könnten Sie deutlich Ihren Wunsch vermitteln:

- Bitte stelle für jeden von uns einen Teller und ein Glas auf den Tisch. Hier ist das Besteck zum Verteilen.
- Bitte hol den Staubsauger und sauge deine Krümel aus dem Flur.
- Bitte iss über dem Teller, damit die Soße nicht auf deine Hose tropft.

Ebenso hilfreich:[150]

- möglichst ein erwünschtes Verhalten fördern oder darauf hinsteuern, anstatt ein unerwünschtes versuchen zu unterbinden
- Kind grundsätzlich erst einmal als zuverlässig und kooperativ ansehen, behandeln und ansprechen
- Kind ausreden lassen[151]

- eindeutige Ansagen machen, aber nicht zu viele auf einmal
- erlauben, was gefahrlos erlaubt werden kann
- erwünschtes Verhalten lobend erwähnen
- aufmerksam bleiben und rechtzeitig eingreifen, wenn sich Probleme abzeichnen
- Empathie fördern und Kindern erklären, welche Folgen ihr Verhalten für andere hat

Eingreifen oder laufen lassen?

Oft verspüren wir die Versuchung einzugreifen, wenn Kinder untereinander streiten. Das kann angemessen, sinnvoll oder gar notwendig sein – und zwar dann, wenn eines der Kinder in Gefahr gerät oder geraten könnte. Ist das nicht der Fall, sollten sie die Sache erst einmal eine Weile laufen lassen und beobachten. Es geht dabei auf keinen Fall darum, Gewalt zuzulassen. Aber Kinder müssen lernen, Konflikte eigenständig auszutragen. Wir sehen Streit oft nur als etwas Negatives an. Doch in Auseinandersetzungen lernen wir uns selbst besser kennen, sprechen Probleme an und bemühen uns um eine Lösung. Dabei erhalten wir außerdem Feedback zu unseren Positionen und zu unserem Auftreten.

Auch aufgrund der anhaltenden Romantisierung von Beziehungen[152] versuchen viele Erwachsene derzeit, jede Form von Krise oder Streit zu vermeiden und dies auch ihren Kindern beizubringen. Doch das ist nicht hilfreich. Wir und sie müssen uns eine höhere Konfliktkompetenz erarbeiten. Wir müssen lernen, den Mut aufzubringen, einen Standpunkt einzunehmen und diesen argumentativ zu vertreten. Wir müssen aber auch die Empathie schulen[153], zuhören und gegebenenfalls Fehler eingestehen. All das ist keine akademische Fingerübung, sondern gelingt nur in der Praxis. Daher sind Konflikte sowohl unter Gleichaltrigen wie auch mit den Eltern wichtig und sollten zugelassen werden[154], solange sie nicht aus dem Ruder laufen (also zu Unflätigkeiten, Bosheiten oder körperlicher Gewalt führen). Das bedeutet, dass wir im Zweifel versuchen, uns zurückzuhalten und das Problem nicht gleich supereffizient zu lösen, den Konflikt zu vermeiden oder zu verhindern.[155] Wenn ein Kind beispielsweise seine Kekse oder Weintrauben (oder schlimmstenfalls auch Nudeln, dann aber bitte ohne Soße) vom Teller auf den Boden fallen lässt, hat es nach einer Weile keine Kekse oder Weintrauben mehr, die es essen könnte. Für diese Erkenntnis sind dann keine großen Worte mehr nötig. Das zeigen auch diverse Langzeitbeobachtungen.[156]

Nur wenn Kinder mit uns oder untereinander in einen destruktiven Konflikt geraten, sollten wir ihnen helfen, indem wir

- versuchen, ihre Bedürfnisse zu erkennen und für sie zu formulieren,
- ihnen Fragen stellen
- ihnen Impulse geben (zum Beispiel Vorschläge liefern).

Ja, das geht sehr wohl auch, wenn die Kinder *mit uns* streiten.

Weltsicht prägt Erziehung

Wäre das Miteinander nicht viel einfacher, wenn Eltern mehr erlauben würden? So lange aufbleiben, wie Kind will, nur noch Schokolade essen und Computerspiele bis zum Endboss – was spricht dagegen?

Erstens scheinen speziell wir Deutschen eine große Angst davor zu haben, unsere Kinder zu „verweichlichen". „Nur die Harten kommen in den Garten", heißt es oft pauschal.

Und manche Eltern haben wohl insgeheim doch noch den Anspruch, ihre Kinder sollten „hart wie Kruppstahl, zäh wie Leder und flink wie Windhunde“ sein.

Dazu kommt, dass viele von uns eher der Ansicht anhängen, der Mensch sei „von Natur aus schlecht“, der Mensch sei „dem Menschen ein Wolf“. Kommt Ihnen das bekannt vor? Vielleicht mussten auch Sie in der Schule die sogenannten „Naturzustände“ von Jean-Jacques Rousseau, John Locke und Thomas Hobbes vergleichen. Grob vereinfacht bezeichnet der „Naturzustand“ eine Welt, in der die Menschen einfach so vor sich hinleben, ohne bereits eine Gesellschaft gegründet zu haben. Wie würden sie sich dann verhalten – ohne Gesetze, einfach aus sich selbst heraus? Feindselig, kooperativ, abwehrend, furchtsam, offen? Hobbes ging davon aus, dass die Menschen einen „Krieg aller gegen alle“ führen würden, wenn sie nicht Institutionen ins Leben riefen, die ihre Rechte sicherten. Locke hielt die Menschen immerhin für kooperativ und gutwillig. Allerdings wäre ein Staatsgebilde zum Schutz der Rechte und Pflichten trotzdem wünschenswert. Rousseau war sogar der Ansicht, der Mensch sei von Natur aus gut. Konflikte entstünden nur durch äußere Umstände. Zuletzt vertrat der niederländische Historiker Rutger Bregman in seinem Buch „Im Grunde gut: Eine neue Geschichte der Menschheit“ ebenfalls Rousseaus Position.

Das ist aber sehr „undeutsch“. Die meisten von uns gehen, gesamtgesellschaftlich, mit einem gewissen Misstrauen durchs Leben. Eine solche Weltsicht – „Vertrauen ist gut, Kontrolle ist besser“, „Vorsicht ist besser als Nachsicht“ usw. – prägt natürlich auch die Erziehung. Zu behaupten wir wüssten, ob Menschen nun von Natur aus gut oder eher kompetitiv seien oder ob sich das überhaupt für alle sagen ließe, wäre vermessen. Dennoch bleibt die Frage: Können wir den eigenen Kindern nicht mit viel Liebe, Wärme und Zuneigung begegnen, ohne dass wir befürchten müssen, sie zu „verweichlichen"? Expert*innen und Studien sagen eindeutig: Ja, das geht![157] (Kindern Liebe zu zeigen, ist nicht dasselbe wie das berüchtigte Überbehüten der sogenannten Helikoptereltern. Ein solcher Erziehungsstil führt zu nichts Gutem, weil die Kinder dann nicht selbst erfahren können, was ihnen gelingt. Aber sie großartig zu finden, ihnen viel zuzutrauen und sie zu unterstützen – dagegen spricht überhaupt nichts.)

Auch im Geschäftsleben ist man mittlerweile davon abgekommen[158], Schwächen ausbessern zu wollen, und konzentriert sich stattdessen eher darauf, Stärken zu fördern. So ist es doch zumindest wert, sich die Frage zu stellen: Könnte es zu weniger „Gegeneinander" führen, das „Miteinander" zu verbessern, statt sich im „Gegeneinander" durchzusetzen? Anders gesagt: Wenn wir uns darauf konzentrieren würden, selbst so zu leben, wie wir es uns von unseren Kindern wünschen, ist das vielleicht ein stärkerer pädagogischer Impuls, als manche bislang glaubten. In der Beziehungstheorie ist diese Sichtweise inzwischen anerkannt: Wer für mehr positive Momente mit Partner*innen oder Kolleg*innen sorgt, fährt damit besser als diejenigen, die entweder jedem Konflikt ausweichen oder aber sich so oft wie möglich durchsetzen wollen.

Kinder entwickeln Strategien zur Strafvermeidung, ohne ihr Verhalten zu reflektieren. Zugespitzt bringen wir ihnen damit eigentlich nur bei: Lass dich nicht noch einmal erwischen. Überlegen Sie mal, welche Erwachsenen sich ebenso verhalten. Das sind die bauernschlauen Steueroptimierer*innen und dreisten Ellenbogenausfahrer*innen vom Typ „Das wird man doch wohl noch sagen dürfen", die für jede Grenzauslotung eine Ausrede parat haben. Genau die Leute, die uns in Politik und Wirtschaft so oft auf die Nerven gehen.

Ist das noch Trotz oder schon Aggression?

Wie lässt sich unterscheiden zwischen gesundem (im Sinne von normalem) Trotz beziehungsweise angemessener Wut und übermäßiger Aggression, die Eltern nicht hinnehmen sollten? In der sogenannten „Trotzphase" (meist zwischen zwei und drei Jahren) beginnt sich das Selbstkonzept der Kinder zu bilden. Zuvor konnten sie nicht oder nur unzureichend zwischen sich und den Eltern unterscheiden. Nun erkennen sie, wo ihre Grenzen sind – wortwörtlich, aber auch im übertragenen Sinne.

Aggressives Verhalten hingegen wird dadurch definiert,[159] dass es darauf ausgerichtet ist, anderen Personen Schaden zuzufügen. Kinder jedoch wollen in den allermeisten Fällen einfach ihren Willen durchsetzen – auch dann, wenn sie zum Beispiel treten, kratzen, beißen oder mit Gegenständen werfen. Sie haben noch nicht gelernt, dass dieses Verhalten anderen Schaden zufügen kann. In vielen Fällen ist noch nicht einmal das Ziel so wichtig, sondern die Kinder wünschen sich vor allem Aufmerksamkeit.[160] Das nervt zwar manchmal, ist aber wichtig. Bei einer Langzeitbeobachtung[161] von 700 Kindern vom neunten Lebensjahr bis zum 40., stellte sich heraus, dass die widerspenstigsten Kinder später im Leben finanziell am erfolgreichsten waren. Untersuchungen[162] an Massaikindern sprechen ebenfalls dafür, dass oft als schwierig angesehenes Verhalten von Kindern einen evolutionären Vorteil darstellt, weil diese Kinder „in freier Wildbahn“ nicht vergessen werden, sondern dazu in der Lage sind, auf ihre Bedürfnisse aufmerksam zu machen.

Allerspätestens mit Beginn der Vorschulzeit sollte die Trotzphase aber beendet sein. Eine umfassende Längsschnittstudie an fast 10000 Kindern ergab,[163] dass körperliche Aggressionen zwischen zwei und elf Jahren immer weiter abnehmen. Nur ein Sechstel der Kinder zeigte ein dauerhaft überdurchschnittliches Aggressionsniveau. Dieser Anteil bestand in erster Linie aus Kindern, die in einkommensschwächeren Familien aufgewachsen waren und in denen die Eltern über eine geringere Bildung verfügten – beides bekannte Risikofaktoren für eine erhöhte Aggressivität. Zudem ließ sich zeigen, dass die Mütter der Kinder, die als besonders agressiv auffielen, diesen eher ablehnend gegenüberstanden. Zudem beobachteten diese Kinder in ihren Familien auch häufiger körperliche Gewalt.

Wie können Sie also aus dem Teufelskreis der Aggression aussteigen? Selbst keine Gewalt anwenden, weder den Kindern noch dem*der Partner*in gegenüber. Dem Kind so viel Zuneigung geben wie möglich. Das bedeutet nicht, sie zu verwöhnen, sondern ihnen wohlwollend, positiv und freundlich zu begegnen.

Eine behandlungsbedürftige Störung des Sozialverhaltens kann vorliegen, wenn Kinder ab dem Grundschulalter über einen Zeitraum von mehr als sechs Monaten hinweg häufig vor Wut schreien, andere zu verletzen versuchen (oder verletzen) und viel streiten und lügen. Ist das der Fall, sollten Sie so bald wie möglich therapeutische Hilfe in Anspruch nehmen. Denn später im Leben wird aggressives Verhalten nur sehr schwer wieder abzulegen sein.[164]

Allein gegen die Welt?

Gilt all das Gesagte auch für Alleinerziehende und Patchworkfamilien? Grundsätzlich: ja.
Die Studien wurden, wenn nicht anders angegeben, an Kindern aus allen denkbaren Familienkonstellationen durchgeführt. Insofern sind auch die Ergebnisse allgemeingültig.

Dass Alleinerziehende in den meisten Fällen mehr leisten müssen und daher im Alltag vielleicht schneller an ihre Grenzen kommen, liegt auf der Hand. Um so wichtiger und hilfreicher kann es sein, praktische Schlüsse aus den in diesem Buch zusammengefassten Studienergebnissen zu ziehen, um möglichst kraftsparend möglichst viel zu erreichen.

Empfohlen wird ganz eindeutig ein möglichst gutes (Arbeits)Verhältnis zum anderen Elternteil[165]. Dieses sollte so früh wie möglich und ggf. mithilfe einer Mediatorin oder eines Mediators und/oder einer Therapeutin oder eines Therapeuten ausgehandelt werden. Darüber hinaus sollten alleinerziehende Eltern unbedingt fachkundige Unterstützung in Anspruch nehmen (also eine *gute* Kita- oder Hortbetreuung). Sie müssen dafür kein schlechtes Gewissen haben – im Gegenteil: Kindern ist langfristig viel mehr damit gedient, wenn die Eltern gesund und leistungsfähig bleiben. So behalten sie die Fähigkeit und Möglichkeit, zugewandt auch auf unerwartete Situationen zu reagieren. Ein übergroßer Ehrgeiz oder Perfektionismus hingegen erschöpft die eigenen Ressourcen früher oder später. Und genau das ist das größte Risiko für Alleinerziehende, an den eigenen überhöhten Ambitionen zu scheitern[166]. Also: Nett und gut zu sich selbst zu sein ist das Beste, was Sie für Ihr Kind oder Ihre Kinder tun können!

Obwohl es gut und richtig ist, dass Eltern unglückliche Beziehungen beenden können, ist diese Veränderung sowohl für die Kinder wie auch für die Eltern selbst oft einschneidender als erwartet. Es lohnt sich daher, nicht nur zu Anfang, sondern bei Bedarf auch viele Jahre nach der Trennung noch Supportgruppen oder therapeutische Hilfe in Anspruch zu nehmen[167]. Eine Trennung ist ein Trauerprozess, und diese Trauer kann immer wieder einmal, auch nach langer Zeit, hochkommen. Sie sollte dann nicht unterdrückt, sondern bearbeitet werden.

Zum Abschluss noch eine besonders gute Nachricht: Eine mögliche Einschränkung der kindlichen Entwicklung durch eine Trennung der Eltern ließ sich in mehreren aktuellen Langzeit- und Kohorten-Studien nicht nachweisen[168].

„Du bist nicht meine Mama!"

Etwa zehn Prozent[169] aller Familien in Deutschland sind Patchworkfamilien. Hier sollte Beachtung finden, dass die „Schwingungen“ des Alltags anders ausgeprägt sein können. Manchmal pendeln Kinder zwischen zwei Elternteilen. Dadurch ändert sich zum Teil der Fluss der Kommunikation, beispielsweise kann Zeitdruck entstehen, weil es notwendig erscheint, einen Konflikt abschließend zu klären, bevor das Kind zum anderen Elternteil wechselt.

Meist hat einer der Erwachsenen eine „unverbindlichere“ und schlicht jüngere Beziehung zum Kind. Es ist zudem möglich, dass er oder sie keine leiblichen Kinder hat, also bestimmte Entwicklungsphasen nicht selbst erlebt hat. In solchen Fällen kann es helfen zu versuchen, sich in das Kind hineinzuversetzen.[170] Sehr wahrscheinlich möchte es eine gute „Arbeitsbeziehung“ zu dem*der neuen Partner*in des

Elternteils haben. Aber sucht es wirklich eine neue Mama oder einen neuen Papa? Und ist die Beziehung zum leiblichen Elternteil derart auf Dauer angelegt, dass Sie die Rolle eines dritten oder vierten Elternteils übernehmen wollen und auch sollten? Die neu dazugekommenen Patchworkeltern werden faktisch nicht drum herumkommen, erzieherisch tätig zu sein. Aber es ist meist eine schwierige Gemengelage und wenn Sie sich und/oder dem Kind zu viel abverlagen, schafft das bloß Stress. Deshalb gilt hier erst recht: Ein gutes, gelingendes *Miteinander* zwischen allen Familienmitgliedern hilft, ein schwieriges *Gegeneinander* zu minimieren. Stabile Freundschaften älterer Kinder zu unterstützen, ist ebenfalls hilfreich.[171]

Eine Zusammenfassung von drei umfangreichen Interview-Studien an Patchworkfamilien ergab die folgenden Empfehlungen:[172]

- Lassen Sie die Beziehung langsam und in Ruhe wachsen.
- Geben und gönnen Sie dem leiblichen Elternteil Zeit allein mit dem Kind beziehungsweise den Kindern.
- Tauschen Sie sich mit dem leiblichen Elternteil über Erziehungsziele und -stile aus (siehe S. 19) – und einigen Sie sich, wenn möglich[173], auf bestimmte Grundsätze (zumindest für die Anfangsphase).
- Je konfliktärmer die Beziehung zwischen den getrennten Elternteilen,[174] desto besser für das Kind. Auch dazu können Sie einen Beitrag leisten oder jedenfalls kein Öl ins Feuer gießen.

Was bedeutet das für den Alltag?

- Körperliche und psychische Gewalt ist nicht nur verboten und schädlich, sondern auch nicht zielführend.

- Nehmen Sie den Druck aus dem Elternsein! Je weniger Stress Sie haben, desto mehr wird ein bewusster Umgang miteinander möglich. Ja, dafür muss vielleicht der (Arbeits-) Alltag umgeplant werden – es lohnt sich!
- Konflikte der Kinder mit Dritten müssen nicht vermieden werden; greifen Sie nur ein, wenn es gefährlich wird.
- Dauerhaft aggressives Verhalten von Kindern ist selten, sollte dann aber therapeutisch behandelt werden.
- Stärken Sie lieber das Miteinander, als sich ewig mit den Konflikten zu beschäftigen.
- Kooperation bringt mehr als Konfrontation.[175]

KOMMUNIKATION

Je älter Kinder werden, desto weniger erzählen sie uns – und desto weniger hören sie uns zu. Aber viele Eltern sind der Ansicht, Erziehung würde vor allem verbal erfolgen: Wir sagen, was die Kinder machen sollen, und sie halten sich treuherzig daran.

Doch erstens erfolgt ein Großteil der pädagogischen Kommunikation nonverbal. Und zweitens lassen sich in den ersten zehn gemeinsamen Jahren sehr wohl die Weichen stellen für eine erfolgreiche und respektvolle Kommunikation im darauffolgenden Jahrzehnt!

SPRICH! MIT! MIR!

Mia hat ein tolles Bild gemalt: „Mama! Mama! Guck mal!" Aber Mama kann gerade nicht, das Baby schreit, die Nudeln kochen über. „Jetzt nicht", sagt sie ungeduldig, „gleich!" Unbemerkt sinkt Mia in sich zusammen und schlurft davon.

Jonas zappelt am Tisch und wirft seine Milch um. „Bist du ungeschickt!“, stöhnt sein Vater. „Warum kannst du nicht *einmal* stillsitzen?“

Ryan will unbedingt ein Überraschungsei. Heulend wirft er sich im Supermarkt auf den Boden. „Wenn du nicht gleich aufhörst mit dem blöden Geschrei, lass ich dich hier!“, zischt seine Oma.

Wir nehmen an dieser Stelle Folgendes an: Die Eltern oder Erzieher*innen wollen und lieben das Kind, und keine*r der Beteiligten leidet an behandlungsbedürftigen psychischen Störungen. Ist das der Fall, würden Sie vermutlich zustimmen, dass Sie dem Kind oder den Kindern gegenüber *eigentlich* freundlich und zugewandt auftreten wollen. Aber Kinder nerven eben manchmal, sie können noch nicht einschätzen, wann die Eltern ausgebrannt sind oder sich schlicht noch um etwas anderes kümmern müssen. Und sie müssen auch lernen, Grenzen zu respektieren. Schreien, schlagen, schimpfen, beißen – das geht nicht. Ja, Kinder müssen nicht nur lernen, zwischenmenschliche Grenzen zu akzeptieren, um später im Leben klarzukommen. Sondern, wir haben es tausend Mal gelesen, sie *wollen* und *brauchen* solche Grenzen sogar. Was also ist das Problem?

Mehr ist besser

Meist verstehen wir Kommunikation als beidseitig. Zumindest erwarten wir, verstanden zu werden. Doch die Kommunikation mit unseren Kindern beginnt anders: Das Baby gibt mehr oder weniger amüsante Laute von sich und wir sprechen mit ihm, oder eben auch nicht. Bereits in den Neunzigerjahren des vergangenen Jahrhunderts ermittelten Forscher*innen,[176] dass finanzschwache Eltern auch weniger mit ihren Babys sprechen als wohlhabende Eltern. Vielleicht, weil sie nicht wussten, was sie sagen sollen, vielleicht, weil sie der Alltag zu sehr erschöpfte. Die Ursache ist noch unbekannt. Jedenfalls bekamen die Kinder der ärmeren Eltern ein Drittel weniger Worte pro Stunde zu hören – das summiert sich bis zum vierten Lebensjahr auf immerhin 30 Millionen (!) Wörter weniger. Die Studie ist durchaus umstritten, obwohl die Kernaussage sich eindeutig bestätigen lässt.[177] Vor allem verdeutlicht sie, dass Kinder nicht „einfach so" sprechen lernen. Die Verantwortung für das Erlernen einer erfolgreichen Kommunikation liegt (natürlich) bei den Eltern.

Das lässt sich mittlerweile[178] auch neurologisch nachweisen. Kinder, deren Eltern häufiger mit ihnen sprechen, und die zudem auch selbst am Hin und Her des Gesprächs teilnehmen, schneiden in Verständnistests besser ab. Auch die Hirnmasse dieser Kinder ist im Verbindungsstrang zwischen den beiden für die Sprachverarbeitung zuständigen Bereichen dichter, sodass Sprache schneller verarbeitet werden kann. Das heißt: Wer mehr mit Kindern spricht und sie aktiver einbezieht, wird mit besseren Gesprächen belohnt! Eine Möglichkeit, derartige Kommunikation zu beginnen, ist das Vorlesen von Büchern. Denn fast automatisch erzählt man dabei noch etwas um die Geschichte herum, bald stellt das Kind erste Fragen, schon beginnt der Dialog.

In Versuchen ließ sich zeigen[179], dass beim interaktiven Miteinander (wie beim Lesen oder Singen) die Hirnaktivität von Kind und Gegenüber „konvergieren", sich also einander angleichen. Als in einem Supermarkt in Philadelphia probeweise Plakate aufgehängt wurden[180], auf denen Fragen standen wie „Wo kommt die Milch her?" oder „Was ist dein Lieblingsgemüse?", nahmen die gewinnbringenden Gespräche zwischen Eltern und Kindern um ein Drittel zu! Ebenso erwies sich die spielerische gemeinsame Nutzung und Erforschung der Alltagsumgebung als hilfreich. Etwas, das alle Kinder mögen (wir Eltern müssen nur mitmachen): auf der Bordsteinkante balancieren, im Park Verstecken spielen, auf einem Bein den Gehsteig entlanghopsen ... All das erleichtert und beschleunigt die Lernvorgänge.[181]

Eine weitere Metastudie ergab, dass gerade Kinder aus einkommensschwachen Familien schulisch von einer intensiven Kommunikation mit den Eltern profitieren. Bei Kindern aus einkommensstärkeren Haushalten ließ sich kein signifikanter akademischer Unterschied feststellen.[182] Eine Erklärung dafür könnte sein, dass ein kommunikationsschwaches Elternhaus bei ausreichender Finanzstärke durch ergänzende kulturelle Angebote ausgeglichen wird.

Altersgerechte Gesprächsstarter
Eine Auswahl empfehlenswerter Kommunikationsanregungen[183]

Kleinkind

Formulieren des möglichen Wunsches des Kindes („Du zeigst auf den Kühlschrank, hast du Durst?")

Ein-Wort-Aussagen in ganzen Sätzen wiederholen („Genau, der Hund macht Wau-wau.", „Noch einmal? Gut, dann gebe ich dir noch einmal Schwung auf der Schaukel.")

Verbal vorwarnen („In fünf Minuten wollen wir los zum Einkaufen.")

Emotionen benennen („Dein blauer Fleck tut dir weh.",

„Mit dem Hund zu spielen, macht Spaß!")
Erklärungen geben („Wir räumen die Spielsteine jetzt weg, weil ich staubsaugen möchte.", „Ich ziehe dir die Handschuhe an, weil es draußen kalt ist.")
Kurze Sätze bilden, nicht zu abstrakt oder verkopft, aber keine Babysprache.[184]

Kindergartenkinder

Einfach zu beantwortende Fragen stellen („Mit wem hast du heute gespielt?", „Was habt ihr miteinander gespielt?")
Zu Fantasiespielen ermutigen oder selbst mitspielen (Vater-Mutter-Kind, Astronautin, Einhornzüchter ...)
Selbstgespräche zulassen – das ist in diesem Alter völlig normal, machen Sie sich keine Sorgen!

Grundschulkinder

Einfach zu beantwortende Fragen stellen („Welches Fach hat dir heute am besten gefallen?", „Was habt ihr in der Pause gespielt?")
Dabei helfen, Zeitpläne zu erstellen und Ziele zu setzen („Wenn du am Nachmittag zum Fußballtraining willst, wann machst du dann am besten deine Hausaufgaben?")
Regeln und Ermahnungen begründen („Ich finde es nicht nett, wenn du das Kind hänselst, weil es eine Brille trägt. Es braucht seine Brille, um besser sehen zu können.", „Bitte zieh deine Schuhe im Flur aus, sonst wird der Boden in der Wohnung schmutzig.")
In diesem Alter lernen Kinder, Konflikte mit Gleichaltrigen auszutragen. Fragen Sie nach und lassen Sie

sich davon erzählen, ohne sofort Lösungsvorschläge anzubieten.

Alle Altersgruppen
Für einen konzentrierten Austausch sollten Sie sich wortwörtlich „auf Augenhöhe" mit dem Kind begeben, also zum Beispiel in die Knie gehen oder es auf Ihren Schoß nehmen.[185]

Papa, predige nicht

Ganz allgemein lässt sich feststellen[186], dass Eltern, deren Kommunikation mit den Kindern von Forscher*innen positiv bewertet wird, den folgenden einfachen Regeln folgen:

- nicht „predigen", sondern mit dem Kind auf Augenhöhe sprechen
- keine verletzenden Aussagen treffen
- aufmerksam zuhören, wenn das Kind spricht
- Kinder ermutigen, ihre Gefühle und Sichtweisen zum Ausdruck zu bringen
- nicht schreien

Klingt gar nicht so schwierig, aber wie sieht das in der Realität aus? Eine britische Studie ergab, dass Eltern pro Woche nur noch insgesamt fünf Stunden mit ihren Kindern sprechen.[187] In Deutschland erscheint die Lage auf den ersten Blick noch schlimmer[188], Väter reden täglich nur zwei Minuten mit ihren Kindern, Mütter vier.[189] Allerdings wird diese Dauer anders gemessen – gemeint sind nur konzentrierte direkte Gespräche, die Unterhaltung beim gemeinsamen Essen oder Hausaufgabenhilfe hingegen nicht.

Dennoch – das machen auch die Untersuchungen über die Mediennutzung (ab S. 175) klar – viel Zeit wird mit mehr oder weniger passivem Entertainment (Computer, Fernsehen, Internet, Smartphone) verbracht und in dieser Zeit wird eben nicht interagiert.

Erfolgreiche Kommunikation ist eine Schlüsselkompetenz für das Leben. Einerseits, weil Kommunikation in Wort und Schrift bei der Verständigung hilft. Andererseits, weil beim Erlernen von Kommunikation viele Bereiche des Hirns trainiert und gestärkt werden. So wird also auch das *Verständnis* vergrößert.

Mit Kindern zu kommunizieren, kostet Zeit und ist selten unmittelbar bereichernd für die Eltern. Tatsächlich aber bringen wir ihnen dabei nicht nur Wörter bei, sondern stärken auch ihr Selbstbewusstsein. Kaum etwas ist psychologisch so förderlich wie das Gefühl, (gern) gehört zu werden.

Klare Sache?

Kinder (und, ehrlich gesagt, Erwachsene auch) mögen[190] klare und korrekte Ansagen. Ziellose Drohungen wie „Du wirst schon sehen, was du davon hast!" helfen weder einem*einer Grundschüler*in noch bei einem Ehekrach. Diese Aussage lässt sich in zweierlei Hinsicht nur schwer dekodieren. Erstens inhaltlich: Was soll das konkret heißen, worauf muss sich das Kind einstellen? Zweitens der passiv-aggressive Anteil, der Schuld auslösen soll. Ähnlich ungünstig: „Mach ruhig", „Geh nur", mit diesem „Ja, aber eigentlich nein"-Unterton.

Kennen wir alle, versteht keine*r.

Besser klingt und wirkt eine eindeutige Ansage mitsamt Begründung: „Ich möchte, dass du um 17 Uhr wieder zu Hause bist, damit du vor dem Essen noch deine Hausaufgaben erledigen kannst."

Das heißt nicht, dass Ihr Kind sich an die Vorgabe halten wird. Vieles werden Sie tausendmal sagen müssen: „Bitte leg dein Handy weg. Wir essen jetzt gemeinsam Abendbrot. Dabei legen wir alle unsere Handys weg. Dann können wir uns auf das Gespräch miteinander konzentrieren und haben mal eine Pause von den vielen Nachrichten." (Ach, und haben wir schon erwähnt: Das funktioniert leider nur, wenn Sie selbst auch bereit sind, das Handy wegzulegen.)

Solche Ansagen lösen vielleicht Protest oder Widerstand aus, aber wie heißt es noch? Steter Tropfen höhlt den Stein.

Vier Schnäbel, vier Ohren

Der Kommunikationswissenschaftler Friedemann Schulz von Thun entwickelte die Theorie[191], dass jede Botschaft vier Ebenen enthält: die Sachebene, den Appell, die Beziehungsebene und die Gefühlsebene. Vereinfacht gesagt: Worum geht es, was will ich, wie stehen wir zueinander und wie geht es mir damit?

Wir sprechen also mit „vier Schnäbeln" (geben diese vier Botschaften gleichzeitig von uns) und hören mit „vier Ohren" (nehmen also die vier Ebenen simultan wahr). Manche Ebenen sind dabei stärker ausgeprägt oder bereits geübter als andere. Zum Beispiel hat ein Elternteil vielleicht guten Zugriff auf die Appellebene, also was gewünscht wird. Das Kind aber hört vielleicht eher auf der Gefühlsebene und reagiert verängstigt – auch wenn das gar nicht intendiert war.

Das sogenannte „Kommunikationsquadrat"[192] ist ein scheinbar einfaches Modell. Für die schwierigen Anwendungsfälle braucht man jedoch eine Menge Übung. Manche Alltagsmissverständnisse ließen sich schon aufklären, wenn wir verstehen würden, dass jeder Satz eben unterschiedliche Elemente in sich trägt – die man hinterfragen und auch (gemeinsam) klären kann. In der Praxis ist es gar nicht unbedingt nötig, tief in die Kommunikationstheorie einzusteigen. Sondern schon hilfreich, im Hinterkopf zu behalten, dass jede*r von uns immer wieder auch unbemerkte Botschaften „mitsendet", die für Verwirrung sorgen können. Kommt es in ähnlichen Situationen wiederholt zu Problemen, kann die Methode helfen, sich die Ebenen bewusst zu machen und die mitschwingenden Aussagen zu erkennen.

In jeder Familie gibt es diese kritischen Momente, in denen Müdigkeit, Sorgen oder Überforderung die Kommunikation bestimmen (wie in den Beispielen am Anfang des Kapitels). Vielleicht braucht ein Elternteil (oder ein Kind) gerade einfach eine Pause, bemerkt es aber selbst nicht oder schämt sich dafür und will es verbergen. Schon sagt man: „Geh jetzt endlich in dein Zimmer und räum auf!" Und das klingt abwehrend, ohne dass klar würde, warum.

Was bedeutet das für den Alltag?

- Initiieren Sie immer wieder altersgerechte Gespräche.
- Vorlesen und beschreiben, was gerade geschieht, sind wichtige Startpunkte.
- Nehmen Sie sich Zeit, Ihrem Kind zuzuhören. Wenn nicht jetzt (weil es gerade ungünstig ist), dann später!
- Sprechen Sie auf Augenhöhe mit Kindern, statt von oben herab.
- So wenig wie möglich laut schimpfen, so viele Dialoge wie möglich!
- Achten Sie auf unbewusste Botschaften – vor allem, wenn Problemsituationen sich ähneln.

FREIZEIT UND FREMDBETREUUNG

Sollten Eltern ihre Kinder so viel selbst betreuen wie nur möglich? Oder ist es besser, diesen möglichst viele unterschiedliche Kontakte zu ermöglichen?

Wenige Fragen sind so umstritten wie diese. Dabei ist die Antwort erstaunlich einfach.

WER FÖRDERT DIE ENTWICKLUNG AM BESTEN?

Ab wann ein Babysitter, ab wann in die Kita, und wenn ja, wie lange? Und „dürfen" Eltern ihre Kinder nur abgeben, wenn es beruflich notwendig ist, oder auch zur eigenen Entlastung? Oder gar, weil sie es für entwicklungsfördernd halten?

Zählt es als wichtige *quality time*, die Kinder auf den Spielplatz zu begleiten und ihnen im Sandkasten zuzusehen? Oder kann diese Aufgabe auch eine beliebige andere verantwortungsbewusste Person übernehmen?

Mit dem Schulanfang nehmen die Fragen nicht ab, Ganztagsschule oder nicht, Nachmittagsbetreuung oder nicht, Freund*innen treffen oder nicht, Vereinsaktivitäten oder nicht? Was tut Kindern und vielleicht sogar Eltern gut, was schadet möglicherweise?

Zumindest auf das Bewertungskriterium werden sich vermutlich die meisten Eltern einigen können: Gut ist, was der kindlichen Entwicklung im Idealfall nützt, zumindest nicht schadet. Schlecht ist, was Potenziale dauerhaft vernachlässigt oder sogar die Entwicklung blockiert. Einverstanden?

„Fremdbetreuung" ist das falsche Wort

Vielleicht müssen wir vorher auch noch mit einem Begriff aufräumen: „Fremdbetreuung" ist richtig und falsch zugleich.[193] Ja, die Betreuung erfolgt durch Personen, die nicht blutsverwandt sind. Aber „fremd" sind sie weder dem Kind noch den Eltern. Die Personen, die sich um das Kind kümmern, kennen wir sehr wohl. Ebenso sind uns die Institutionen, für die sie im Regelfall tätig sind, nicht fremd und daher können wir auch ein gewisses Vorschussvertrauen für neue Kolleg*innen oder Vertretungen aufbringen.

Ebenso ist es völlig normal, dass unsere Kinder sich anfangs erst einmal eingewöhnen müssen. Aber nach einer Weile mögen sie sehr wohl eine*n Erzieher*in, haben eine*n Lieblingslehrer*in, eine*n Lieblingsbetreuer*in.

Auch sind uns die Weltsicht und die Erziehungsgrundsätze der Personen und des Anbieters bekannt, sei es durch ein ausdrückliches Explizieren (wie in Waldkindergärten, Montessori-Einrichtungen etc.) oder aus den Alltagserfahrungen heraus. Klar ist daher auch: Wird regelmäßig gegen Ihre

Erziehungsauffassungen verstoßen, sollten Sie über einen Wechsel der Einrichtung nachdenken, wenn möglich. Der Normalfall ist aber doch, dass Eltern und Erzieher*innen mehr oder weniger „an einem Strang" ziehen, insbesondere auch in der Art des Umgangs miteinander. Das muss für alle weiteren Betrachtungen die Voraussetzung sein, denn, wie gesagt, wird das Kind von Personen betreut, deren Umgang wir als bedrohlich, besorgniserregend oder auch als nachlässig empfinden, geht es nicht mehr um die Grundsatzfrage der außerhäuslichen Betreuung, sondern um die Abwendung von Gefahr.

*Am besten: kleine Gruppen, viele Betreuer*innen*

Schaut man sich die Diskussionsbeiträge genauer an[194], so lässt sich fundiert nur sagen: Schlechte Kinderbetreuung (zum Beispiel in extrem großen Einrichtungen) ist schlechter als gute Kinderbetreuung (in kleineren Einrichtungen oder durch die Eltern). Ungesundes Essen ist ja auch ungesünder als gesundes Essen.

Man kann aus den Angaben aber noch einen weiteren Schluss ziehen, der oft übersehen wird: Zwischen Kindern, die eine gute aushäusige frühkindliche Betreuung genießen, und Kindern, die in allererster Linie von den eigenen Eltern betreut werden, lässt sich kein Entwicklungsunterschied feststellen.[195] Das ist im Grunde auch schon die ganze Antwort auf die Frage: Betreuung ja oder nein?

Gute Betreuung: kann man machen. Ist nicht zwingend notwendig, muss aber auch nicht vermieden werden.

Schlechte Betreuung: besser lassen.

Ideal[196] sind im Krippenalter Gruppen unter 20 Kindern sowie ein Betreuungsschlüssel von maximal 1 zu 10. Im

Zweifel sind zwei Gruppen von je zehn Kindern mit je einem*einer Erzieher*in günstiger als eine Gruppe von 20 Kindern mit zwei Erzieher*innen. Wichtig ist zudem die Ausstattung mit Spielzeug: je unterschiedlicher das Angebot, desto besser.

Die Freiheit zur individuellen Entscheidung

Die Wiener Kinderkrippenstudie[197] zeigte, dass manche Kinder in der Kita-Eingewöhnungsphase einen leicht erhöhten Cortisolpegel aufwiesen, also mehr Stress empfanden. Die Werte blieben jedoch eindeutig im unproblematischen Bereich. Was kann man daraus folgern?[198] Für besonders empfindliche Kinder sind der Trubel und die Lautstärke in einer Kita schwieriger. Man würde sie nicht ohne Not so früh wie möglich dazu zwingen wollen. Hat die Familie aber einen deutlichen Vorteil von der Betreuung (zum Beispiel ein zweites Einkommen oder auch nur eine substanzielle Entlastung der Elternteile), ist es absolut zumutbar.

In derselben Untersuchung ließ sich außerdem zeigen, dass eine Kitabetreuung keinen Verlust elterlicher Aufmerksamkeit für die Kinder darstellte. Blieben sie den ganzen Tag zu Hause, verteilten sich die ausgiebigen Interaktionen zwischen Eltern und Kindern auch über den ganzen Tag. Wurden die Kinder tagsüber außer Haus betreut, fielen die Interaktionen am Morgen und am Abend deutlich intensiver aus. Zudem waren Rituale, wie etwa der Ablauf der Bettzeit, in jenen Familien stärker ausgeprägt, in denen die Kinder außer Haus betreut wurden. Die Bindung zu den Eltern kann somit in beiden Situationen im gleichen Maße aufgebaut werden, nur eben auf unterschiedliche Weise.[199]

Die „richtige“ Entscheidung ist somit jene, die zu Ihrer Lebenswirklichkeit, Ihrem Alltag und auch Ihren Vorstellungen und Wünschen passt. Tatsächlich sehen die meisten Eltern das auch genau so: Der positive Einfluss auf die Entwicklung des Kindes ist, noch vor der eigenen Berufstätigkeit, der wichtigste Grund, Kinder außer Haus betreuen zu lassen.[200]

Wichtig ist auch, was man wie deutet

Regelmäßig in Tageseinrichtungen betreute Kinder sind später im Leben[201] oft sozial kompetenter, selbstbewusster, durchsetzungskräftiger und offener. Unbekannte Situationen verunsichern sie in geringerem Ausmaß und sie verhalten sich weniger abwartend. Zusätzlich sind sie kooperativer und hilfsbereiter. Andererseits erscheinen diese Kinder auch unhöflicher, ungehorsamer, ungestümer, gereizter und aggressiver. Es sind vermutlich zwei Seiten derselben Medaille – wer im Umgang mit anderen geübt ist, wird dadurch einerseits sozialverträglicher, lernt andererseits aber auch, deutlich Grenzen zu ziehen. Ist das nun gut oder schlecht? Das kann man so oder so bewerten. Wirklich relevant ist es ohnehin nicht, weil sich die Unterschiede in den folgenden Jahren ausgleichen und im Erwachsenenalter nicht mehr nachzuweisen sind.[202]

Lange Zeit wurden aushäusige Betreuungen insbesondere in den ersten zwei bis drei Lebensjahren als kritisch angesehen, vor allem von Anhänger*innen der Bindungstheorie nach Bowlby (siehe S. 33). Nun ist auf alle Fälle wünschenswert, dass Kleinkinder sichere Bindungen eingehen können. Heutzutage allerdings geht man davon aus,[203] dass Bowlby einerseits die enge Bindung zur Mutter für richtig und wichtig hielt – und andererseits mit seinen

Versuchen eben auch nur genau diese überprüfte. Mittlerweile weiß man, dass ein stabiles Bindungsverhalten auch mit dem Vater oder mit unterschiedlichen Bezugspersonen verinnerlicht werden kann. Wichtig ist nur, dass *überhaupt irgendjemand* verlässlich zur Verfügung steht.[204]

Die Eltern bleiben Hauptbezugspersonen und wichtigster Einfluss

Manche Eltern haben die Sorge, für ihre Kinder „unwichtig" zu werden und deren Entwicklung nicht ausreichend prägen zu können, wenn dieses häufig außer Haus betreut werden. Doch das ist nicht der Fall. Die Eltern bleiben, vor Kita und auch Schule, der größte Einfluss.[205] Dabei hat nicht nur das Verhalten der Eltern Auswirkungen, sondern auch ihre sozioökonomische Situation (also der finanzielle und akademische Stand des Haushalts). Tendenziell hat die Familie eine stärkere Wirkung auf die kognitive Entwicklung, hingegen hat die externe Betreuung einen größeren Einfluss auf die soziale Entwicklung.[206] Zudem sind auch positive Wechselwirkungen zwischen Haushalt und ergänzender Betreuung möglich. Wenn beispielsweise die Eltern nicht gern vorlesen, ein*e Erzieher*in dies aber mag, erhält das Kind ein zusätzliches Entwicklungsangebot. Insofern empfiehlt[207] sich ein Paradigmenwechsel: Die Kita- oder Nachmittagsbetreuung sollte nicht (mehr) als Konkurrenz verstanden, sondern als Ergänzung gezielt ausgewählt werden.

Darüber hinaus ließ sich zeigen:[208] je ungünstiger die familiären Bedingungen, desto positiver der Kompensationseffekt einer aushäusigen Betreuung.[209] Spätestens ab Ende des ersten Lebensjahres wird eine stabile Bindung zu mindestens einem Elternteil durch weitere Betreuungspersonen nicht mehr negativ beeinflusst.[210]

Und:[211] Kinder finden es nicht problematisch, von Dritten betreut zu werden. Sie wollen ganz einfach zuverlässige Zuwendung. Wichtig ist nicht die Menge der Zeit mit der jeweiligen Betreuungsperson, sondern die Berechenbarkeit der Beziehung zu dieser.

Eine typisch deutsche Problematik

Im internationalen Vergleich erfolgt die Diskussion in Deutschland „besonders ideologisch und kontrovers", so die Bundeskonferenz für Erziehungsberatung (BKE). Dies sei nicht gerechtfertigt, sondern kulturhistorisch geprägt. Anders gesagt: Die narzisstische Annahme, niemand könne sich um dieses Kind so gut kümmern wie man selbst und deshalb müsse man das auch 24/7 ohne jede Entlastung tun, ist ebenso deutsch wie ungerechtfertigt. Wählen Sie eine gute Einrichtung, geben Sie dem Kind ausreichend Zeit, sich einzugewöhnen, und stecken Sie auch weiterhin dann und wann echte Aufmerksamkeit ins Elternsein, dann ist alles okay.

Freizeit konstruktiv nutzen

Neben der Zeit, die wir aktiv unseren Kindern widmen, und der, die sie in der Kita, Schule oder Nachmittagsbetreuung verbringen, bleibt mehr oder weniger viel freie Zeit. Es lohnt, darüber nachzudenken, wie sie genutzt werden sollte und warum. Denn es scheint wenig sinnvoll, absichtlich auf aushäusige Betreuung zu verzichten, nur um das Kind dann stundenlang vor Fernseher oder iPad zu parken, um den Haushalt zu erledigen oder im Homeoffice zu arbeiten.

Doch genau das ist es, was passiert:

Welche der folgenden medialen Freizeitaktivitäten führt Ihr Kind, bzw. führst du, mindestens mehrmals pro Woche durch?[579]

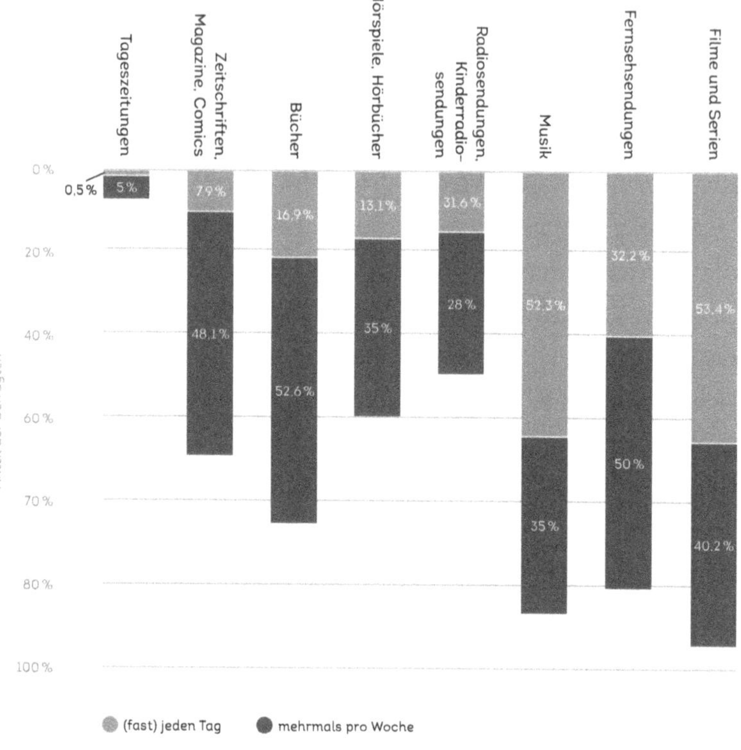

In jeder dritten Familie findet Freizeit ohne jede körperliche Aktivität statt.[212] 40 Prozent aller Familien verzichten auf regelmäßigen Sport.[213] Nur jedes zehnte Kind erreicht das von der Weltgesundheitsorganisation empfohlene tägliche Bewegungsminimum.[214]

Da können externe Angebote – von Kita über schulische Nachmittagsbetreuung bis zu Vereinen und Verbänden –

eine gute Alternative sein. Ebenso entsprechende Verabredungen mit Gleichaltrigen. Klar, manchmal sitzen die auch nur herum und vertrödeln die Zeit am Computer. Aber eben nicht immer.

Nicht jedes Elternteil muss höchstpersönlich mit den Kindern im Garten oder im Park kicken oder Fangen spielen. Dennoch sollten alle Eltern ihren Kindern die Möglichkeit geben, zu kicken oder Fangen zu spielen.

Warum ist aktive außerschulische Freizeit so wichtig? Weil Kinder hier die Möglichkeit erhalten, Identitätsentwürfe zu proben, eigenen Interessen nachzugehen, individuelle Fähigkeiten auszubilden.[215] Die Interaktion mit Gleichaltrigen außerhalb vorgegebener und meist beaufsichtigter Aktivitäten ist ein Übungsfeld, auf dem soziale Verhaltensweisen getestet und gelernt werden.[216] Doch die Gelegenheiten dazu nehmen ab. 2016 trafen[217] sich noch knapp drei Viertel aller Sechs- bis Neunjährigen mindestens einmal pro Woche zum Spielen mit Gleichaltrigen. Drei Jahre später, 2019, waren es nur noch 64 Prozent – ein Rückgang um rund zehn Prozent. Entsprechend nahm das Spielen der Kinder im Freien ab, von 76 Prozent auf 65 Prozent. Statt 34 Prozent machten zudem drei Jahre später nur noch 23 Prozent der Kinder Sport im Verein. Warum? Sehr wahrscheinlich liegt diese Entwicklung an der Umstellung vieler Grundschulen auf Ganztagsunterricht. Nicht abgefragt wurde leider, ob die kindlichen Bedürfnisse nach Bewegung, Spiel im Freien und der Begegnung mit Freund*innen nun anderweitig abgedeckt wurden, zum Beispiel in der Nachmittagsbetreuung oder durch schulische AG-Angebote.

In den USA ist diese Entwicklung besonders problematisch. Dort verbringen Kinder im Durchschnitt pro Tag vier bis sieben Minuten beim Spiel im Freien – und über sieben Stunden (!) pro Tag am Bildschirm (Lernzeiten inklusive)![218] Forscher*innen betonen, dass Kinder nicht nur Spiel, sondern auch den Aufenthalt an der frischen Luft dringend brauchen. Er sei gut für die Entwicklung des Selbstbewusstseins, fördere Kreativität und Vorstellungskraft sowie das Verantwortungsgefühl. Die Natur würde gänzlich andere Stimuli bieten als alle anderen Freizeitbeschäftigungen, rege zum Nachdenken und zur Reflexion an und helfe gegen Stress und Erschöpfung.[219]

Eine umfassende Betreuung kann diese Zeit im Freien beinhalten, muss aber nicht. Es lohnt sich daher, diese Aspekte im Hinterkopf zu behalten und gegebenenfalls ergänzende Angebote zu machen, notfalls am Wochenende.

Genutzt werden die Möglichkeiten der Ganztagsbetreuung teilweise zum Schließen von fachlichen Lücken bei schulisch schwachen Schüler*innen.[220] Manche Schüler*innen möchten so wenig Zeit wie möglich auf dem Schulgelände verbringen, für sie ist Freizeit sozusagen der Gegenentwurf zur Pflicht.[221] Andere fühlen sich dort wohl und nehmen die Angebote gern an. Eltern müssen diese Entwicklung beobachten. Wie auch bei den übrigen Betreuungsfragen gibt es keine „richtige“ oder „falsche“ Option. Im Zweifel stärken Gruppenangebote das Sozialverhalten[222], auch wenn sie anstrengend sind. Ist ein Kind aber von den anhaltenden Reizen dauerhaft überfordert, kann es die bessere Möglichkeit sein, auf eine individuelle Planung der nicht-schulischen Zeit umzustellen.

Was bedeutet das für den Alltag?

- Gute Kinderbetreuung für Kinder ab einem Jahr schadet nachweislich *nicht* der Entwicklung und schwächt auch nicht die Bindung zu den Eltern.

- Eine gute Kinderbetreuung hat kleine Gruppen, viele Betreuer*innen und unterschiedliche Spielangebote.
- Faustregel: Eine gute Kinderbetreuung richtet sich nach den altersgerechten Bedürfnissen von Kindern und ist erst in zweiter Linie eine Dienstleistung für (arbeitende) Eltern.
- Die Ablehnung der außerfamiliären Betreuung ist kulturhistorisch typisch deutsch, aber nicht haltbar.
- Besonders empfindsame Kinder benötigen gegebenenfalls mehr Zeit zur Eingewöhnung oder kürzere Betreuungszeiten.
- Gute Betreuungsangebote komplementieren die Stärken der Eltern.
- Nachschulische Freizeit sollte die Möglichkeit zu aktiven Treffen mit Spielkamerad*innen bieten, entweder im Rahmen einer Betreuung oder privat.
- Wird in der Freizeit nur passiv konsumiert, sollten Sie die Betreuungsangebote überprüfen (vielleicht sind sie zu anstrengend) und ergänzende Angebote machen (zum Beispiel am Wochenende).

LERNEN

Die aktuelle Elterngeneration kennt keine sicheren Jobs auf Lebenszeit mehr und gibt den Druck an die Kinder weiter.[223] So früh wie möglich sollen die Kinder so viel wie möglich lernen, um dann so sicher und gut bezahlt wie möglich arbeiten zu können. Aber macht es Kinder wirklich klüger, ihnen schon im Mutterleib Mozart vorzuspielen?

FÜR DAS LEBEN

Künstliche Intelligenz kann nicht „verstehen", dass man mit einem Seil ziehen, aber nicht schieben kann, denn sie hat kein umfassendes Verständnis von einem „Seil". An diesem einfachen Beispiel lässt sich zeigen, wie tiefgreifend ernstzunehmende Lernprozesse sind. Für ein Kind ist das ganz einfach, für einen Computer eben nicht.

Mittlerweile wissen wir zudem, dass Lernen – zumindest faktisch – bei verschiedenen Menschen auch in sehr unterschiedlichem Tempo abläuft: Julian kann vielleicht in der Vorschule schon gut lesen, Alina mit zehn immer noch nicht. Die meisten Kinder, das ergab eine britische Studie[224], holen solche Lernrückstände später auf und in einigen Fällen erfassten Kinder, die später mit dem Lesen begannen, Jahre darauf sogar den Sinn eines Textes besser.

Neurowissenschaftler*innen haben herausgefunden, dass sich die Hirnstruktur in den ersten Lebensjahren stark verändert. Viel genutzte Verbindungen werden gestärkt, wenig genutzte abgebaut. Diese Entwicklungsmöglichkeit („Plastizität" genannt) bleibt bis zum Tod bestehen.

Wissen kann am besten verankert werden, wenn es in unterschiedlichen Zusammenhängen aufgenommen und wiederholt wird. So berechnet sich zum Beispiel das Volumen eines Quaders (wie eines Swimmingpools) als Breite mal Länge mal Höhe. In einen schmaleren Pool passt also weniger Wasser. Kinder gehen jedoch anfangs davon aus, je niedriger der Wasserpegel steht, desto weniger Wasser sei im Pool. Denselben Effekt machen sich zum Beispiel Kosmetik- oder Lebensmittelhersteller zunutze, wenn sie Packungen schmaler oder dünner gestalten, um bei reduziertem Inhalt den gleichen Preis zu verlangen. Man muss immer wieder Wasser umfüllen, Murmeln in Dosen schütten, mit großen und kleinen Schaufeln Sand schippen, um irgendwann die drei Dimensionen des Volumens tatsächlich verstehen zu können. Erst dann können wir etwas mit den zugehörigen mathematischen Formeln anfangen.

Das bedeutet ganz praktisch: Es kommt auf die Qualität von Lernprozessen an und darauf, dass sie bei dem jeweiligen Kind „andocken" können. Der Mensch lässt sich eben nicht, obwohl man das noch vor ein paar Jahren glaubte, auf biochemische Prozesse reduzieren.[225] Wir wissen aktuell nicht, *wieso* jedes Gerhirn und jeder Denkvorgang ein wenig anders funktionieren, aber es ist so.

Gesichert ist mittlerweile, dass Menschen über Spiegelneuronen verfügen, die es schon Kleinstkindern ermöglichen, eine emotionale Bindung zu Personen aufzunehmen. Das hängt wohl damit zusammen, dass Begeisterung als ansteckend empfunden wird und dass das Lernen in einer positiven, vertrauensvollen Atmosphäre besser gelingt.[226] (Und damit ist eigentlich auch schon alles zur möglichen Motivationskraft von Angst, Druck und Drohungen gesagt: Wir lernen, bestenfalls, nicht *wegen* dieser Stressfaktoren, sondern *trotz*.)

Andererseits sollten Eltern auch nicht dem ewigen Wunsch der Kinder entsprechen: „Ach, lass mich doch einfach in Ruhe!“ Eine Umfrage[227] unter deutschen Kindern und Jugendlichen ergab eindeutig: Kinder schätzen es, wenn die Eltern ihre Hausaufgaben durchsehen und sich nach schulischen Angelegenheiten erkundigen. Es signalisiert, dass die Eltern sich interessieren und Maßstäbe setzen. In sogenannten „bildungsfernen“ Familien ist das oft nicht der Fall, aber Kinder empfinden das nicht als positive Freiheit, sondern als Haltlosigkeit.

Grenzen des Lernpotenzials erkennen

Bildung ist der Schlüssel zu einem erfolgreichen Leben. Oder jedenfalls ist Bildung häufig ein wichtiger Baustein für eine erfolgreiche Erwerbsbiografie.

Deswegen wollen nahezu alle Eltern, dass ihre Kinder gut und möglichst viel lernen.

In Bezug darauf, wie das am besten gelingt, gibt es im Wesentlichen zwei einander ausschließende Ansichten:

• Kinder wollen gern lernen, sie sind also intrinsisch (aus sich selbst heraus) dazu motiviert. Die Lernvorgänge gelingen allerdings nur, wenn das Kind sie zum individuell richtigen Zeitpunkt im eigenen Tempo absolvieren kann und dabei weder durch dauerhafte Unter- noch durch stetige Überforderung frustriert wird.

• Kinder sind faul und wollen immer nur spielen. Man muss sie also mehr oder weniger durch extrinsische (von außen kommende) Motivation zum Lernen drängen, etwa durch Anerkennung, Lob, Aussicht auf ein gutes Gehalt usw. Der Lernvorgang gelingt, wenn er möglichst früh beginnt und wenn der Anspruch an das Kind möglichst hoch ist. Denn nur dann lernt jedes Kind so viel wie möglich und die besonders klugen und begabten können sich nicht einfach unauffällig wegducken.

Bisher gibt es keine zuverlässige Möglichkeit vorauszusagen, wie hoch das Lernpotenzial eines einzelnen Kindes ist. Insofern können wir auch nicht im Voraus wissen, wie viel Anregung oder Förderung ein Kind benötigt, wie viel es lernen könnte, wenn alles gut läuft. Wir können nur begleitend auf die folgenden Zeichen[228] achten:

• Der Lernfortschritt beschleunigt sich zuerst, dann verlangsamt er stetig.

• Der Lernfortschritt nimmt trotz immer höheren Aufwands immer weiter ab, bis er schließlich ausbleibt.

• Das Kind zeigt immer weniger spontane Lernbereitschaft und wirkt lustlos.

• Wird das Thema gewechselt oder der Anspruch deutlich reduziert, kehrt die Lernbereitschaft zurück.

Den Matthäus-Effekt vermeiden

Aus einer Zitrone kann man nicht mehr Saft pressen, als sie enthält. Das leuchtet einerseits ein, andererseits ist es vielleicht nicht ganz unproblematisch, Kinder als Zitronen anzusehen, aus denen man (Wissens)Leistung presst. Trotzdem hilft das Bild vielleicht manchen dabei anzuerkennen, dass Kinder – wie Zitronen – unterschiedlich sind.

Aber soll man deshalb auf jede Förderung verzichten? Sicher auch nicht,[229] denn die angeborenen Fähigkeiten reichen nicht unbedingt aus, um den eigenen Möglichkeiten gerecht zu werden. Lese-Forscher Keith Stanovich wies bereits 1986 auf diesen sogenannten „Matthäus-Effekt" hin,[230] benannt nach dem Bibelvers aus dem Matthäus-Evangelium: „Denn wer da hat, dem wird gegeben, dass er die Fülle habe; wer aber nicht hat, dem wird auch das genommen, was er hat." Heißt: Lesen ist eine Form der Dekodierung. Wer diese – warum auch immer – nicht gut beherrscht, wenig Gelegenheit zum Üben bekommt und dann vielleicht auch noch durch zu schwierige Texte frustriert wird, neigt dazu, in Zukunft das Lesen zu vermeiden. Also widmet sich eine solche Person immer weniger der Übung und kann so diese Fähigkeit nicht aufbauen. In einem solchen Fall können anfängliche Defizite nicht aufgeholt werden. Die Betroffenen sind mit dem Dekodierungsvorgang beschäftigt, also mit der Übersetzung von Buchstaben in einzelne Wörter und mit dem Zusammensetzen von einzelnen Wörtern zu Sätzen. Ihnen stehen daher keine weiteren geistigen Kapazitäten zur Verfügung, den *Sinn* des Textes zu erfassen. Lesen bringt ihnen daher keine Freude und wenn sie etwas lesen müssen, tun sie es eher aus einer ablehnenden Haltung heraus.[231] Derselbe Effekt lässt sich in vielen anderen Bereichen beobachten, zum Beispiel in der Mathematik. Wer die grundlegenden Fähigkeiten nicht gut beherrscht, kann komplexeren Überlegungen nur schwer folgen, weil parallel eine hohe Geistesleistung für das „Handwerkszeug" draufgeht. Wahrscheinlich haben Sie es auch schon einmal erlebt oder bei Ihrem Kind beobachtet: Ein Fach – oder Thema – das bisher keine große Gegenliebe fand, wird plötzlich interessant, wenn der*die Lehrer*in wechselt. Und umgekehrt natürlich: Begeisterung schlägt mit einem Lehrer*innenwechsel in Desinteresse um. Was zeigt:[232] Es sind nicht *nur* dem Kind innewohnende Fähigkeiten, die sich zur rechten Zeit entfalten wollen, nötig ist *auch* die Möglichkeit dazu.

Deshalb müssen wir Eltern auf dem schmalen Grat wandeln, den Kindern möglichst viel zuzutrauen, ihnen dabei möglichst wenig Druck zu machen, ihre Entwicklung geduldig zu begleiten, und dennoch ergänzende Angebote (Spiele, Nachhilfe, kritisch-herausfordernde Erwartungen) bereitzustellen, wenn wir den Eindruck haben, das Kind bleibt langfristig hinter seinen Möglichkeiten zurück. Dabei gilt zu bedenken: Die individuellen Fähigkeiten eines Kindes mögen u.a. auch genetisch bedingt sein, trotzdem ist das Kind nicht unser Klon. Was uns interessiert und/oder leichtfällt, kann eine Stärke des Kindes sein, muss es aber nicht.

Vorlesen ist immer noch ein Pädagogik-Hit

Seit Jahrzehnten wird darüber gestritten, auf welche Weise Kinder am besten Lesen und Schreiben lernen – Buchstabe für Buchstabe oder Wort für Wort? Sollen sie gleich lernen, wie Wörter richtig geschrieben werden (was anfangs frustrierend sein kann) oder erst mal schreiben dürfen, wie sie es für richtig halten?

Es gibt noch immer keinen klaren Sieger. Gesichtert[233] ist jedoch schon lange, dass es beim Spracherwerb hilft, wenn Kindern regelmäßig vorgelesen wird. Aus mehreren Gründen:

- Kinder können auf diese Weise „mitlesen" lernen.
- Kinder erfahren, dass die Mühe des Lesens sich lohnt, weil hinter den rätselhaften Buchstaben eine spannende Geschichte versteckt ist.
- Kinder erweitern ihren Wortschatz. Das ist wichtig, denn wenn sie ein geschriebenes Wort dekodieren, es ihnen aber nicht bekannt ist, können sie damit nichts anfangen.[234]
- Geschichten fördern die Empathie, also das Vermögen, sich in andere Personen oder Lebewesen hineinzuversetzen.
- Darüber hinaus ist das Vorlesen eine Möglichkeit, im Laufe des Tages oder am Abend zur Ruhe zu kommen (Stichwort: Erlernen von Selbstregulierung) und eine Zeit der Vertrauensbildung zur Bezugsperson zu widmen.

Dasselbe kann auch für das Erlernen von und den Umgang mit Grundrechenarten gelten. Kommen diese auf kindgerechte Weise im Alltag vor, zum Beispiel weil das Kind einen Einkauf bar bezahlt und das Wechselgeld nachzählt oder weil ein älteres Kind die Gesamtkosten für einen Einkauf schätzt, dann bleiben Zahlen nicht ganz so abstrakt und fremd, sondern werden zu Bausteinen des Lebens.

In der Tendenz scheinen übrigens Printausgaben von Büchern zum Lesenlernen besser geeignet zu sein als eBooks[235]: Eine Aufzeichnung der Augenbewegungen beim Lesen zeigte, dass Leser*innen digitaler Texte eher dazu neigten, nach Schlüsselwörtern zu suchen oder zum Textende zu springen, um die Bedeutung zu erschließen. Vor allem bei längeren Texten konnten sie sich auch nach der Lektüre einer gedruckten Version erheblich besser an die Geschichte beziehungsweise den Inhalt sowie die Reihenfolge der Ereignisse erinnern. Sie können das vielleicht auch im eigenen Leseerleben wiederfinden, sofern Sie auf einem E-Reader oder dem Smartphone lesen. Schon aufgrund der reduzierten Darstellung ist manchmal gar nicht mehr klar, welches Buch wir eigentlich konsumieren und wie weit die Handlung schon vorangeschritten ist.

Früh übt nicht, wer ein Meister werden will

Leider kann man es mit dem Anbieten möglicher Lerninhalte auch übertreiben. Einige Jahre lang war die sogenannte „Frühförderung“ der große Hit: Bereits im Mutterleib wurde den Kindern Klassik vorgespielt, im ersten Jahr folgen Lern-DVDs und schon im Kindergarten sollten die Kleinen drei Sportarten und zwei Instrumente lernen. Dazu natürlich eine Handvoll Fremdsprachen. Das klappt aber nicht, wie man heute weiß. Denn echtes Lernen in dieser Lebensphase gelingt nur „immersiv“, also durch umfangreiches Eintauchen.[236] In der Kita zwei Stunden englische Lieder zu singen und Mittwochnachmittag zu lernen, was „Hallo“ auf Chinesisch heißt, ist einfach etwas ganz anderes, als bi- oder auch trilingual aufzuwachsen und in den unterschiedlichsten Momenten und Zusammenhängen immer wieder organisch mit einer Sprache und ihren Eigenheiten konfrontiert zu werden. Mit anderen Worten: Wenn Sie nicht selbst mit einer anderen (zweiten) Muttersprache als Deutsch aufgewachsen sind, lassen Sie die Kirche im Dorf.[237] Ihr Kind hat trotzdem beruflich keine geringeren Chancen.

Was die übrigen Angebote betrifft, so möchten Eltern damit das Kind zwar oft beschäftigt wissen, ohne selbst mit ihm etwas unternehmen zu müssen, aber auf die stimulierendste mögliche Weise. Doch Expert*innen[238] wenden dagegen ein, die permanente „Förderung" könne den Weg ins Leben erschweren, statt ihn zu erleichtern. Denn all die Kurse und Programme geben Inhalte und Beschäftigungen vor und behindern damit eine freie geistige Entwicklung. Die Folge: Betroffenen fällt es später im Leben schwerer, sich ein eigenes Weltbild, frei von den Vorgaben anderer, zu bilden.

Was ist besser, um Kreativität und Fantasie zu stärken und die Neugier zu befriedigen? Es scheint fast wie ein Schritt zurück: Freies Spiel gilt als die beste Option. Unterschiedliche Spiele ermöglichen[239] ein umfangreiches, lustbetontes Lernen mit sogenanntem „geringen Überwindungs- und Anstrengungsempfinden". Das bedeutet ganz einfach: Die Kinder merken nicht, dass sie lernen, weil sie ja spielen *wollen*, und sie lernen auch nur, weil sie dadurch im Spiel besser werden. Bewegungs-, Funktions-, Rollen-, Regel- und Konstruktionsspiele helfen dabei, sich soziale, sprachliche, geistige und emotionale Fähigkeiten anzueignen. Von Eltern und Erzieher*innen wird Spielzeit oft als „unproduktiv" angesehen, aber das ist sie nicht, im Gegenteil.[240] Fähigkeiten werden hier ganzheitlich eingeübt, bis sie gut genug beherrscht werden – dann wird das Spiel langweilig.

Wir werden uns später noch ausführlicher mit der Medien- und Handynutzung beschäftigen, aber es ist nicht von der Hand zu weisen, dass Kinder, die viel Fernsehen oder Streamingdienste schauen und/oder am Handy spielen, jedenfalls in dieser Zeit nicht frei oder mit anderen interagieren. Eltern überlassen den Kindern das eigene Handy oder Tablet oft, damit sie selbst etwas in Ruhe erledigen können. Damit bietet sich hier zugleich eine große pädagogische

Chance: Wenn wir Erwachsene es schaffen, diesem Entlastungs-Impuls zu widerstehen[241] und etwas mit den Kindern zu unternehmen oder ihr Quengeln eine Weile auszuhalten, fördern wir ihre Entwicklung weit mehr als mit jeder Lern-App oder einem internationalen Gymnastikkurs.

Lernen hat viele Facetten

Es ist ganz einfach so, dass „Lernen" keine einfache Tätigkeit ist, sondern komplex und vielschichtig:[242]

- Lernen ist ein physiologischer (ganzkörperlicher) Vorgang. Wir lernen besser, wenn möglichst viele Sinne auf unterschiedliche Weise angesprochen werden. Daher sind umfangreichere Projekte, die von ersten Überlegungen und der Planung bis zur Recherche und Realisation reichen, bei Pädagog*innen so beliebt (wogegen nur wenig hängen bleibt, wenn man ausrechnet, was es kostet, wenn ein Mann 400 Wassermelonen für 1,35 Euro pro Stück kauft).
- Lernen ist ein sozialer Vorgang. Wir lernen besser in Gemeinschaften beziehungsweise in Bezug zu und in Verbindung mit anderen.
- Eine gute Lernbeziehung zwischen Kind und Erzieher*in oder Lehrer*in hilft. Diese wiederum wird begünstigt durch ein Ernstnehmen des Kindes und seiner Fragen und Einwände.
- Je besser eine neue Information an bereits vorhandene anschließt, desto leichter kann sie im Gehirn neuronal verankert werden. Das heißt, man kann nicht einfach wild „durcheinanderlernen", sondern die Inhalte müssen aufeinander aufbauen (beziehungsweise sucht sich das Kind aus den möglichen Inhalten heraus, was es gerade gut einordnen kann).

- Negative Emotionen (Angst, Stress, Druck) hemmen den Lernvorgang. Positive Emotionen (Zuneigung, Vertrauen, beim Vorlesen auf dem elterlichen Schoß zu sitzen) unterstützt Lernvorgänge.
- Das Gehirn verabeitet die Informationen zugleich in Teilen und als Ganzes. Daher ist es wichtig, zuerst den Zusammenhang beziehungsweise das Ziel zu vermitteln, dann die Einzelfertigkeiten. (Genau das geschieht zum Beispiel im naturwissenschaftlichen Unterricht nur selten. Kinder sollen jede Menge Details lernen und am Ende dann zusammenbauen. Klappt nicht gut. Sie können hier aushelfen, wenn es Ihnen auffällt, indem Sie, wenn bekannt, den Kontext liefern.)
- Gelernte Inhalte müssen sowohl bewusst wie unbewusst verarbeitet werden. Das heißt, die Kinder benötigen Zeit zur Reflexion (zum Beispiel kann man ein neues Spiel heute erklären und probeweise spielen, und dann morgen wiederholen, statt es heute noch einmal zu spielen). Unbewusste Festigung ist in diesem Beispiel das mehrfache Spielen (das heißt die Anwendung des Gelernten) in den nächsten Tagen. Das ist der Grund oder jedenfalls einer der Gründe, warum Kinder, wenn sie etwas Neues gelernt haben, dieses Neue endlos wiederholen, bis sie abrupt damit aufhören.
- Lernen ist ein individueller, entwicklungsabhängiger Prozess. Der Vergleich mit Geschwistern, Nachbarkindern oder Statistiken ist a) ungerechtfertigt, b) demotivierend und daher störend.
- Angst, wie gesagt, stört beim Lernen. *Anspruch* oder *Herausforderung* hingegen motiviert. Wie lässt sich der Unterschied erkennen? Anspruch ist, wenn Sie innerlich denken: „Das schaffst du!“ Der Versuch von Motivation durch Druck

und Angst ist es, wenn Sie innerlich denken: „Bist du denn doof?“ Eine geschickte Möglichkeit, gesundes Anspruchsdenken einzuführen,[243] sind sogenannte „lustvoll-kreative hohe Erwartungen (Challenges)“ im gemeinsamen Spiel.

Lernen zu spielen, um spielend zu lernen

Nicht nur im Kindergarten, auch in der Schulzeit ist Zeit zum Spielen wichtig. Sogenanntes „Freispiel“ hilft nachweislich[244] dabei, Muster und Formen besser zu unterscheiden, Größen und Mengen einzuschätzen, Zahlen und ihre Abfolge zu verinnerlichen, Zahl und Anzahl in Beziehung zu setzen, mit Geld umzugehen, räumliche Beziehungen (Höhe, Länge, Verortung) zu verstehen und Objekte zu klassifizieren. Andererseits leisten[245] stärker regelbasierte Spiele wie Kreis-, Fantasie- oder Rollenspiele sowie Puzzeln und Memory einen größeren Beitrag zur Entwicklung von kognitiven Kompetenzen und Selbstregulation (also der Fähigkeit, eine frustrierende Emotion auszuhalten und abklingen zu lassen).

Okay, mögen Sie jetzt denken, sollen sich doch Erzieher*innen, Lehrer*innen und Betreuer*innen darum kümmern – die haben das gelernt und werden dafür bezahlt. Doch so einfach ist es nicht. Das von den Kindern erlebte Verhalten der Eltern im Spiel entscheidet nämlich darüber, wie erfolgreich sie die Lernmöglichkeiten in Spielsituationen nutzen können: Die beobachteten „Spielskripte“[246] der Eltern werden internalisiert (als ein Teil des eigenen Selbst verinnerlicht[247]) und bestimmen das Ausmaß, bis zu dem ein Kind bereit ist, an sich selbst Leistungserwartungen zu stellen. Mit anderen Worten: Spielen Sie nicht oder sind Sie ein*e schlechte*r Verlierer*in, dann rauben Sie Ihrem Kind viele Lernchancen!

Wogegen Disziplin und eine hohe Arbeitsmoral – sozusagen der Gegenpol – in der Schulzeit wenig nützen. Auch wenn es kontraintuitiv sein mag, die gründliche Erledigung von Hausaufgaben hat keine (!) Auswirkungen auf den Lernerfolg[248] und kann ihn sogar behindern.[249]

Der Motivationsmix macht's

Das alles soll aber nicht heißen, dass Hobbys oder andere organisierte Freizeitbeschäftigungen grundsätzlich schlecht wären. Nur im Übermaß ist das der Fall. Grundsätzlich können solche Aktivitäten den Lernfähigkeiten sogar zuträglich sein. Eine Studie[250] mit Kindern aus finanziell schwachen Großstadthaushalten (die somit Lernprobleme nicht einfach zum Beispiel durch Nachhilfe abfedern konnten), zeigte: Ernsthafte Hobbys wie auch andere organisierte Freizeitbeschäftigungen (zum Beispiel die Mitgliedschaft bei den Pfadfindern) stablisierte Jugendliche sozial. Zu den untersuchten Hobbys beziehungsweise Freizeitbeschäftigungen zählten u. a. Sport, Schul-AGs, Theaterclubs, kirchliche Treffen und freiwilliges soziales Engagement sowie Singen oder das Erlernen eines Musikinstruments, Malen, Backen, Kochen, Kunsthandwerk und Schönheitspflege (Haare, Nägel und Make-up). Hobbys hatten den Vorteil, dass sie meist zeitlich flexibler und etwas kostengünstiger auszuüben waren.

Hobbys bieten die Möglichkeit[251], die eigene Persönlichkeit besser kennenzulernen, sich aus freien Stücken und Eigeninteresse Wissen oder Fähigkeiten anzueignen und das Selbstbewusstsein zu stärken. Die Kinder können sich eigenständig (intrinsisch motiviert) Ziele setzen, Probleme lösen und Entscheidungen treffen.

Manche Hobbys oder auch Aktivitäten stehen im Ruf, die Schulleistungen besonders zu fördern. Das mag sein – wenn das Kind der Tätigkeit gern nachgeht. Ein Hobby oder eine Freizeitbeschäftigung jedoch gezielt zu wählen, um bessere Noten zu erringen, ist ein Widerspruch. Denn bei einer solchen Ausweitung der Verschulung fehlt die Motivation zum Mitmachen. Seien Sie also froh, wenn Ihr Kind eine Beschäftigung gefunden hat, die ihm Spaß macht. Wunderbar! Falls das noch nicht zutrifft, können Sie durchaus gern ein Hobby vorschlagen, das einen in der Schule vielleicht nicht einwandfrei funktionierenden Bereich komplementiert (zum Beispiel Basteln, Töpfern oder Holzarbeiten für ein Kind, das noch Schwierigkeiten mit der Auge-Hand-Koordination hat, oder eine Mannschaftssportart für ein Kind, das sich nur selten etwas zu sagen traut). Vielleicht klappt es, vielleicht nicht, beides ist okay. Und es ist auch ganz normal, dass Kinder nach ein paar Wochen oder Monaten ihre Vorlieben ändern und das Hobby wechseln wollen. Auch hier gilt es, liebevoll und fürsorglich den für dieses spezielle Kind geeigneten Weg zwischen zu häufigem und zu seltenem Aufgeben herauszufinden.

Wir alle können uns verändern

Es wird leichter, die Entscheidung zwischen „laufen lassen" und „Rückenwind geben" zu treffen, wenn wir uns kurz mit verschiedenen Selbstbildern beschäftigen. Stanford-Psychologie-Professorin Carol Dweck stellte fest,[252] dass Menschen entweder einen „Growth Mindset" oder einen „Fixed Mindset" haben.

- „Fixed" bedeutet in diesem Zusammenhang so etwas wie: Dieses oder jenes ist halt so. „Mädchen können eben kein

Mathe." „Ich war schon immer langsam."

- „Growth" heißt im Extremfall so etwas wie: Alles ist möglich, wenn ich nur doll genug will. (Hier ist der Zeitgeist in den letzten Jahren sicher etwas über das Ziel hinausgeschossen.)

Wichtig an dieser Stelle ist, dass Menschen ihre Einstellung zum Leben und zu sich selbst verändern können. Wer also aus einer „Das war schon immer so und wird auch immer so bleiben"-Welt kommt, kann in eine „Mal sehen, was noch geht"-Welt wechseln!

Und Menschen – Kinder eingeschlossen – sind dann am erfolgreichsten, wenn sie der Ansicht sind, sie könnten aus Fehlern lernen und an Herausforderungen wachsen. Das ist der „Growth-Mindset".

Im direkten Kontakt heißt das, wir sollten nicht die *Eigenschaften* einer Person, sondern ihr *Bemühen* loben und anerkennen. Also nicht: „Ein tolles Bild! Du kannst ja gut malen!" Sondern: „Ein tolles Bild! Ich kann sehen, dass du dir viel Mühe gegeben hast!"

Lobt man eine scheinbare Charaktereigenschaft des Kindes (du bist so klug, du bist so begabt, du bist so sorgfältig …), will das Kind seinen erreichten Status lieber nicht gefährden und sucht sich in der Tendenz leichtere Anschlussaufgaben. Wird es jedoch für die Anstrengung gelobt (du hast dir viel Mühe gegeben, du hast dich sehr angestrengt, du hast sehr genau gearbeitet, du hast viel gelernt …), ist das Kind deutlich eher bereit, sich weiteren Herausforderungen zu stellen.[253]

Der Switch ist einfach:[254] Statt das Kind als Person zu loben, loben wir, was es getan hat, also seinen Einsatz. In Bezug auf ein Hobby, an dem das Kind gerade kein Interesse zeigt, kann das bedeuten, dass wir nicht darauf bestehen „du wolltest Fußball spielen, also gehst du jetzt auch hin!", sondern dass wir fragen, ob das Kind Fußball jetzt für immer langweilig findet oder nur diese Woche, und ob es noch Interesse daran hat, besser zu werden und gegen stärkere Gegner*innen zu spielen oder ob es lieber einen anderen Sport ausüben möchte.

Aber Vorsicht! Obwohl Lob ganz sicher motiviert, sollten Sie immer ehrlich bleiben und nicht jedes Gekrakel in den Himmel loben. Denn Kinder haben ein gutes Gespür für Manipulation. Die nervt sie nicht nur, sondern baut eher Druck auf und demotiviert.[255]

In mehreren Studien[256] ließ sich sogar zeigen, dass die Art des Lobes der Eltern in der Kindergarten- und Grundschulzeit das sogenannte „Arbeitsmodell" für Motivation noch Jahre später maßgeblich prägte. Das heißt, dass die Kinder ihre Annahmen darüber, „wie die Welt funktioniert, was geht und was nicht geht", auf der Grundlage dieser Erfahrungen bildeten.

Doppelter Vorteil: Wer sich diese Denkweise angewöhnt, kann auch konstruktiver kritisieren.[257] Viele von uns sagen im Zorn unreflektiert Dinge wie „Du ärgerst mich", „Du machst mich wütend", „Du bist ein Ferkel" usw. Damit werten wir das Gegenüber *als Person* ab. Das verschreckt Kinder ganz besonders. Dabei meinen und wollen wir das fast nie. Meist stört uns ja nur *ein bestimmtes Verhalten*. Kritisieren wir dies, geht es auf einmal um die Sache, nicht um den Charakter, und die Lösung (bitte mal kurz leise sein, nächstes Mal besser aufpassen usw.) wird sichtbar.

In gewisser Weise wird so das Durchhaltevermögen (siehe S. 166) gestärkt – aber nicht durch gezielte Frustration, die abstumpfen soll gegen den Schmerz, sondern durch eine Stärkung des Selbstwertgefühls und der wahrgenommenen Selbstwirksamkeit.

Für den künftigen Schulerfolg ist das insofern relevant, weil eine umfassende Studie[258] im Auftrag der internationalen Organisation für wirtschaftliche Zusammenarbeit und Entwicklung (OECD) in insgesamt 26 Ländern ergab, dass sich mindestens 20 Prozent der Leistungsunterschiede zwischen Schülern *nicht* auf Intelligenz oder Herkunft, sondern ausschließlich auf Lernstrategien, Motivation und leistungsbezogenes Selbstvertrauen zurückführen lässt. Also Faktoren, die sich sehr wohl positiv beeinflussen lassen.

Begegnungen im Alltag

All das geschieht nicht im luftleeren Raum oder im klinischen Lernlabor. Das Leben ist keine modulare Abfolge einzeln optimierbarer Interaktionen. Vielmehr gestalten die Eltern den Rahmen, in dem Kinder ihre Entwicklung vollziehen können. Das belegt eine ungarische Studie[259]: Aßen Eltern regelmäßig mit ihren Kindern, entwickelten diese sich besser. Bastelten oder spielten sie auch noch mit ihnen, verstärkte das den Effekt noch.

Haben Sie täglich Lust und Zeit, mit ihren Kindern zu essen? Haben Sie an den meisten Abenden und Wochenenden Lust und Zeit, mit ihnen zu basteln und zu spielen? Vielen Eltern geht das nicht so. 69 Prozent – zwei Drittel! – aller Eltern geben an[260], keine Zeit zum Vorlesen zu haben, etwas Wichtigeres erledigen zu müssen oder schlicht selbst zu müde und erschöpft zu sein. 44 Prozent finden ihr Kind „zu unruhig“, es höre nicht wirklich zu. 49 Prozent der Eltern macht Vorlesen „keinen Spaß“, 25 Prozent finden es

„altmodisch“ und sind der Ansicht, die Kinder sollten sich lieber mit modernen Medien beschäftigen.

Doch die Entscheidung, Zeit in die bewusste Begleitung des Aufwachsens der Kinder zu investieren, lohnt sich. Für die Kinder sowieso, aber auch für die Eltern, weil wir zwar anfangs mehr Zeit und Energie investieren, aber diese später in Form *nicht* auftretender Probleme wieder einsparen.

Ein wenig über Bande können Sie Ihrem Kind übrigens auch helfen, gute Ergebnisse abzuliefern. Und zwar, indem Sie eine mögliche eigene kritische Haltung in eine positive verwandeln und auch sonst das Kind gezielt positiv präsentieren. Warum? Weil wir alle (Lehrer*innen eingeschlossen) Personen, die uns als begabt angekündigt werden beziehungsweise die wir für begabt halten, fördern – und damit dann tatsächlich leistungsstärker machen. Das gilt im Übrigen von allein schon für besonders gut aussehende Personen, denen wir besonders viel zutrauen.

Der Effekt wurde ursprünglich an Ratten gezeigt.[261] Man teilte die Ratten nach dem Zufallsprinzip in zwei Gruppen auf, die von Student*innen für die Bewältigung eines Hindernisparcours trainiert werden sollten. Einigen der Student*innen log man vor, ihre Ratten seien nachweislich intelligenter als die anderen. Ergebnis: Die als intelligent ausgewiesenen Ratten performten im Test deutlich besser. Man geht davon aus, dass es daran liegt, dass sie mit den (angeblich) tolleren Tieren besonders geduldig und vorsichtig umgegangen waren.

Dasselbe lässt sich auch in der Schule zeigen[262] und erleben. Hält ein*e Lehrer*in ein Kind für besonders intelligent, muss es für die gleichen Noten deutlich weniger leisten. Der Clou: Das gilt natürlich auch für Sie! Halten

Sie Ihr Kind für intelligent, statt es möglichst kritisch zu sehen, um ihm all Ihre ungeheuer wertvollen Hinweise zu geben, wird es *mehr und bessere Leistungen* erbringen können. Das eigene Kind besonders hart ranzunehmen, ist also genau der falsche Weg, um es zu unterstützen.

Was bedeutet das für den Alltag?

- Spielen ist besser als Strenge.
- Die zeitliche Abfolge der Lernfortschritte unterscheidet sich deutlich von Kind zu Kind.
- Das mögliche Lernpensum zu einem bestimmten Zeitpunkt ist begrenzt.
- Dauerhafte Überforderung demotiviert.
- Vorlesen bereitet Eltern vielleicht nicht so viel Freude, ist aber die beste Lernhilfe für Kinder.
- Frühförderung nützt nur wenig, zu viel Frühförderung schadet.
- Lernen hat viele Ebenen, nur wenn mehrere angesprochen werden, bleibt der Inhalt dauerhaft verankert.
- Es ist weit motivierender, den Einsatz, das Bemühen und Engagement zu loben, als die Persönlichkeit („ich sehe, du hast dir viel Mühe gegeben, ganz genau zu rechnen“ vs. „Du bist aber ein kleiner Rechenkönig“).
- Sich die positiven Eigenschaften des Kindes zu vergegenwärtigen, stützt dessen Lernfähigkeit.

FINANZEN

Kinder sind teuer. Dazu unser herzliches Beileid, aber darum soll es hier nicht gehen.

Stattdessen beschäftigen wir uns mit der Frage, wie wir unsere Kinder darauf vorbereiten, später einigermaßen gut mit Geld umgehen zu können. „Über Geld spricht man nicht, Geld hat man", hieß es bis vor Kurzem. Das ist überholt. Aber wann und wie sollte man über Geld sprechen? Wann und wie viel Taschengeld sollten Kinder bekommen? Und vor allem: Was tun, wenn sie damit völlig verantwortungslos umgehen?!

GELD REGIERT DIE WELT?

Taschengeld hilft dabei, den Umgang mit Geld zu erlernen. Die aktuelle Empfehlung[263] (Stand 2021) des Deutschen Jugendinstituts lautet:

Alter des Kindes	Empfehlung für Taschengeld
Unter 6 Jahren	0,50–1,00 €/Woche
6 Jahre	1–1,50 €/Woche
7 Jahre	1,50–2 €/Woche
8 Jahre	2–2,50 €/Woche
9 Jahre	2,50–3 €/Woche
10 Jahre	15,50–18 €/Monat
11 Jahre	18–20,50 €/Monat
12 Jahre	10,50–23 €/Monat
13 Jahre	23–25,50 €/Monat
14 Jahre	25,50–30,50 €/Monat
15 Jahre	30,50–38 €/Monat
16 Jahre	38–45,50 €/Monat
17 Jahre	45,50–61 €/Monat
18 Jahre	61–76 €/Monat

Dieses Geld soll Kindern zur freien Verfügung gestellt werden. Ein gesetzlicher Anspruch auf Taschengeld besteht nicht. In Deutschland erhalten de facto 95 Prozent[264] der Kinder zwischen sechs und dreizehn Jahren Taschengeld, ab zehn sogar fast jedes Kind. Die meisten von ihnen dürfen frei entscheiden, wofür sie das Geld ausgeben.[265] Etwa 81 Prozent des Geldes werden unmittelbar nach Erhalt ausgegeben.[266] Dabei spart jedoch nur etwa die Hälfte der Kinder[267], die Mehrheit von ihnen für ein konkretes Ziel[268].

Im Jahr erhalten die Kinder in Deutschland zwischen vier und dreizehn Jahren insgesamt knapp über drei Milliarden Euro an Taschengeld und Geldgeschenken.[269] Dabei fällt das Taschengeld aktuell um etwa einen Euro pro Woche niedriger aus als noch vor zwei Jahren.[270]

Kinder können keine rechtsverbindlichen Geschäfte eingehen. Der sogenannte „Taschengeldparagraf“ (BGB § 110) erlaubt jedoch den eigenständigen Einkauf von Artikeln, die vom Taschengeld gezahlt werden können.

Je nach Alter geben Kinder ihr Taschengeld vor allem für Spielsachen, Zeitschriften, Süßigkeiten und Fast Food, Ausgehen und Handy aus. (Mittlerweile werden viele Kinder an den Kosten ihres Handys oder Smartphones beteiligt.[271]) Bei Mädchen stehen Ausgaben für Kleidung, Zeitschriften und Süßigkeiten an erster Stelle, während Jungen ihr Taschengeld eher in Computer, Süßigkeiten und Zeitschriften investieren.[272] Dementsprechend ließ sich in einer Langzeitstudie[273] in China zeigen, dass jene Kinder, die Taschengeld zur freien Verfügung erhielten, mehr ungesunde Nahrungsmittel aßen als diejenigen, die ohne Taschengeld auskommen mussten. Sie waren auch mit einer höheren Wahrscheinlichkeit übergewichtig. Ob diese Ergebnisse weltweit Gültigkeit haben und ob nach einer Art Erstverschlechterung nicht doch eine gesunde Eigenständigkeit einsetzt, bleibt aktuell offen.

Bis etwa zum zehnten Lebensjahr[274] soll das Geld wöchentlich ausgezahlt werden, am besten in bar. Erst danach können Kinder einen Monat finanziell planen. Ab zehn kann das Geld (oder ein Teil davon) auch auf ein Konto überwiesen werden.

Zusätzlich empfiehlt das Deutsche Jugendinstitut ein „Budgetgeld“ für notwendige Ausgaben. Es kann von den Eltern verwaltet oder den Kindern zur eigenständigen Verwendung zur Verfügung gestellt werden. Die empfohlenen[275] Beträge sind:

Kleidung, Schuhe	30–50 €/Monat
Essen außer Haus	20–30 €/Monat
Öffentlicher Nahverkehr	15–20 €/Monat
Telefon, Handy	10–20 €/Monat
Schulmaterial	5–10 €/Monat
Verbrauchsgüter zur Körperpflege	5–10 €/Monat

Selbstverständlich sind diese Angaben nur eine Empfehlung. Die tatsächlichen Summen müssen sich nach der finanziellen Situation der Familie richten. Lebt die Familie eher sparsam, ob gewollt oder gezwungen, ist es nicht notwendig, beim Taschengeld stets die Obergrenze der Empfehlung zu wählen. Handelt es sich um eine vermögende Familie, wäre es verwirrend, die Kinder „künstlich knapp" zu halten.

Übrigens: Wer Kinder im Kindergarten- oder Grundschulalter ermutigen möchte zu sparen, sollte[276] ihnen ein durchsichtiges Sparschwein zur Verfügung stellen – denn es motiviert, von Woche zu Woche das Vermögen wachsen zu sehen.

Geldstrafen vermeiden

Darf, kann, soll Taschengeld zur Strafe gekürzt werden oder zum Beispiel nur im Fall der Mithilfe im Haushalt gezahlt werden? Daran scheiden sich die Geister. In den USA zum Beispiel ist dieses Vorgehen weitverbreitet:[277] Die Hälfte der Eltern dort ist der Ansicht, Kinder sollten ihr Taschengeld durch Hilfe im Haushalt erarbeiten, weitere 25 Prozent finden, das sollte zumindest für einen Teil der Summe gelten. In Deutschland raten die Expert*innen[278] ab: Taschengeld soll weder als Bestrafung gekürzt noch zur Belohnung angehoben werden. Dies liefe dem pädagogischen Zweck des Taschengelds zuwider. Denn die Kinder sollen ja lernen, sich ihr Geld auf längere Sicht einzuteilen – und das kann nicht klappen, wenn der Zahlungseingang unplanbar bleibt.

Wir haben an anderer Stelle (siehe S. 90) bereits über Strafen gesprochen. Wenn Sie doch unbedingt auch am Geld drehen wollen, bleibt ein Kompromiss: Ein eher knapp bemessenes Taschengeld wird immer ausgezahlt und ein variabler Teil kommt bei Wohlverhalten dazu oder wird als Strafe einbehalten. Ein bisschen wie das Bonussystem bei DAX-Firmen. Kann man natürlich auch als Schule fürs Leben ansehen.

Das Risiko dabei:[279] Für die Kinder kann der Eindruck enstehen, die elterliche „Zuwendung" (lies: Liebe) sei an Bedingungen geknüpft, sei es Leistung oder Wohlverhalten. Zudem bürgere sich so ein,[280] den Eltern nur „gegen Geld" zur Hand zu gehen, nicht aus sogenannten „intrinsischen" Gründen, also weil man etwas aus sich heraus für richtig hält. Aber es bleibt ein schmaler Grat. Wenn Sie bisher eine*n Gärtner*in bestellt haben, der*die die Hecke schneidet, warum sollten Sie das gesparte Geld nicht mit Ihrem Kind teilen, wenn es jetzt diese Aufgabe erledigt? Und ein Kind „ausdrücklich zu loben, wenn es in der Schule eine besondere Leistung erbracht hat"[281], um dieses Verhalten zu fördern, ist auch nur eine andere Währung – ein Manipulationsversuch bleibt es trotzdem.

Etwas subtiler lässt sich der spätere Umgang mit Geld dennoch beeinflussen. Eine Studie[282] zeigte, dass Kleinkinder, denen wenige(r) Spielzeuge zur Verfügung standen, länger und intensiver mit ihnen spielten. Sie wirkten dabei auch zufriedener. Dasselbe Prinzip ließ sich auch in anderen

Bereichen demonstrieren: Wenig(er) Auswahl führte zu einer höheren Zufriedenheit. Eltern sollten daher, selbst wenn sie die finanziellen Möglichkeiten haben, dem Wunsch widerstehen, das Kinderzimmer vollzustopfen mit allem, was das Kind sich wünschen könnte, sondern lieber auf ausgewählte Spielzeuge setzen. Mit dem Lernziel, dass es mehr Freude bereitet, einige tolle Sachen zu haben, als kaufsüchtig allerlei Angebote nach Hause zu schleppen.

Sparsam oder großzügig schon im Kindergarten

An vielen Stellen in diesem Buch ist zu lesen, wie umfassend die Vorbildfunktion der Eltern ist. „Do as I say, not as I do", lautet ein britisches Sprichwort, das diese Erkenntnis einpreist: „Tu, was ich dir sage, und nicht, was ich selbst tue." Beim Thema Geld scheinen sich unsere Kinder erstaunlicherweise freier zu entwickeln. Jedenfalls ergab eine amerikanische Studie[283], dass bereits Fünfjährige eindeutige Ansichten über das Geldausgeben hatten – und diese auch lebten! Zuerst wurde mithilfe standardisierter Fragen ermittelt, ob die Kinder sich selbst als eher sparsam oder eher verschwenderisch einschätzten. Dann bekamen sie von den Forscher*innen einen Dollar, den sie für ein Spielzeug ausgeben konnten – oder behalten durften. Tatsächlich agierte die Mehrheit der Kinder gemäß der Eigeneinschätzung: Die Sparsamen sparten, die Genießer gaben das Geld aus. Wie auch bei Erwachsenen gab es etwa viermal so viele Sparer*innen wie Lebenskünstler*innen. So weit, so gut. Wirklich spannend wurde es, als die Eltern der Kinder ebenfalls getestet wurden. Es ließ sich nämlich kein belastbarer Zusammenhang zwischen den Ansichten der Eltern und denen der Kinder ermitteln! Mit anderen

Worten: Zumindest in Bezug auf die finanziellen Ansichten von Kindern im Kindergartenalter fungieren die Eltern weder als Vorbild noch als abzulehnender Gegenpol. Die Kinder bilden sich ganz einfach ihre eigene Meinung. Ob die frühkindlichen Positionen auf die Dauer Bestand haben oder sich noch verändern, muss nun in Langzeitstudien ermittelt werden.

Dennoch ist klar, dass sich die Ansichten nicht im luftleeren Raum entwickeln. Eine Studie[284] konnte zeigen, dass Student*innen ihren Umgang mit Geld zu drei wichtigen Bereichen zurückverfolgen können:

- wie Einsatz und harte Arbeit zu Einnahmen führen,
- wie man mit Geld umgeht,
- wie man Geld vernünftig ausgibt.

In derselben Befragung wurde ermittelt, was Eltern ihren Kindern zum Thema Geld beibringen wollen:

- Sie sollen geschickt mit Geld umgehen können.
- Sie sollen finanzielle Werte entwickeln.
- Sie sollen unabhängig werden.

Das wichtigste Ergebnis der Studie: Eltern ist es heutzutage unangenehm, ihre Kinder finanzielle Fehler machen zu lassen. Um dies zu vermeiden, treffen sie möglichst viele Entscheidungen selbst. Es geht hier natürlich nicht um Verluste am Aktienmarkt, sondern um ganz konkrete Alltagsmomente. Kauft ein Kind vom eigenen Geld zum Beispiel einen teuren, hässlichen Pullover oder ein hippes, überflüssiges Plastikspielzeug, das nach wenigen Wochen in der Ecke landet, kann es daraus lernen. Treffen die Eltern alle Kaufentscheidungen, wird diese Lernchance verpasst. Außerdem ist Geld für viele Eltern ein sensibles Thema. In früheren Generationen war die Lage meist relativ klar:

Die Eltern hatten gerade genug Geld, um mehr oder weniger gut zurechtzukommen, und wenn die Kinder Geld ausgeben wollten, mussten sie es selbst verdienen. Heute haben viele Familien ein zu geringes Einkommen, was den Eltern oft peinlich ist, oder auch ein überdurchschnittlich hohes Einkommen, was die Eltern vielfach lieber nicht öffentlich machen möchten.[285] In beiden Fällen kann mit den Kindern nicht offen über den Umgang mit Geld kommuniziert werden.

Tabuthema Geld

Eine aktuelle Umfrage[286] ergab, dass die Hälfte aller Eltern mit ihren Kindern nicht über Geldthemen spricht, und ein weiteres Viertel tut dies nur zögerlich oder sehr zögerlich. Die Kinder hingegen hätten das gern: 50 Prozent wünschen sich, ihre Eltern würden ihnen dabei helfen, die ersten finanziellen Entscheidungen zu treffen. Damit können Sie früh beginnen, denn bereits mit drei Jahren verstehen Kinder die grundsätzliche Funktionsweise von Geld.[287] Sie können die Kinder dann zum Beispiel beim Wocheneinkauf raten lassen, wie viel er kostet. Oder Sie können sie mit Bargeld den Einkauf bezahlen lassen. Oder schätzen lassen, was eine Flasche Wasser, eine Kugel Eis oder auch ein Auto kostet.[288] Eindeutig lässt sich sagen:[289] Teenager wissen nur dann überhaupt mit Geld umzugehen, wenn sie eigene Erfahrungen sammeln konnten. Ob man Geld spart oder ausgibt, ist somit kein abstraktes Konzept, sondern nur erfahrbar in der Praxis. Allerdings sollten Eltern auch nicht zu viel erwarten. Eine südafrikanische Studie[290] kam zu dem Ergebnis, dass weder das Geschlecht noch die Höhe des Taschengeldes Auswirkungen auf die Kompetenz im Umgang mit Geld hatte – sondern nur das Alter der Kinder beziehungsweise der Jugendlichen. Das heißt konkret, auch wenn es schwerfällt: Wir müssen unseren Kindern nicht nur finanzielle Verantwortung vorleben, sondern sie zudem ihre eigenen Fehler machen lassen. Nur in dieser Kombination ist ein Lernerfolg möglich.

Das zeigte auch eine italienische Untersuchung.[291] Hatten die Studienteilnehmer*innen als Kinder einfach nur kommentarlos Taschengeld erhalten, sparten sie später eher wenig. Waren sie von den Eltern jedoch sowohl in der Kindheit als auch in der Jugend hin und wieder zum Sparen angeregt oder dabei unterstützt worden, stieg die Wahrscheinlichkeit, als Erwachsener eigenständig zu sparen, um 16 Prozent, und die gesparte Summe gar um knapp 30 Prozent. Umgekehrt reichte es jedoch nicht, die jungen Menschen zu belehren, ohne ihnen zuverlässig und regelmäßig eigenes Geld zur freien Verfügung zu stellen. Anders gesagt: Kein Taschengeld – kein Lernerfolg!

Gelderziehung geschieht nebenbei

Eindeutig ist, dass die benötigten Informationen zu einem komplexen Thema wie dem Umgang mit Geld nicht in ihrer Gänze zu einem bestimmten Zeitpunkt vermittelt werden können. Die sogenannte „Gelderziehung“ vollzieht sich über Jahre und vieles davon *en passant*, also nebenbei und häufig unbewusst. Ein derartiger Bildungsprozess findet u.a. durch die Art statt, wie Eltern etwas erklären oder begründen.[292] Mindestens zum Teil ist die ökonomische Sozialisation eine unbeabsichtigte, indirekte Beeinflussung.[293] Die Kinder akkumulieren über die Zeit Wissen zu den Bereichen Geldbeschaffung, Geldverwaltung und Geldverwendung.[294] Zumindest teilweise erlernen sie hierbei abstrakte Werte (und damit mögliche Handlungsweisen), die vom konkreten Handeln der Eltern abweichen. So möchten beispielsweise 99 Prozent aller Eltern den Kindern einen sparsamen und verantwortungsbewussten Umgang mit Geld beibringen – aber nur 50 Prozent der Erwachsenen sind schuldenfrei[2], und nur 10 Prozent planen tatsächlich die Haushaltsausgaben.[295] Zu einem sehr ähnlichen Ergebnis kam eine im Auftrag der Schufa durchgeführte Untersuchung:[296] 81 Prozent der Eltern *behaupten*, sie teilten sich Geld immer genau ein, und 59 Prozent *behaupten*, sie würden auf Käufe verzichten, um für größere Investionen zu sparen. Doch nur 13 Prozent führten tatsächlich ein Haushaltsbuch. Die anderen unterlagen nur der Selbstwahrnehmung, kompetent und kontrolliert mit ihrem Geld umzugehen.

Eltern unterschätzen Mädchen

Junge Erwachsene beklagen häufig, ihre Eltern hätten nicht ausführlich genug mit ihnen über Geld gesprochen.[297] Das mag, aus Elternsicht, als Schutz vor der harschen Lebenswirklichkeit intendiert sein.[298] Doch es funktioniert nicht, wie eine amerikanische Studie zeigte.[299] Erstens zogen die Kinder ihre Schlüsse *sowohl* aus den Informationen, die Eltern ihnen gaben, *als auch* daraus, was ihnen verschwiegen wurde. Zweitens sind Eltern gar nicht so neutral, wie sie oft glauben, sondern gaben Jungen und Mädchen ganz unterschiedliche finanzielle Anregungen.

Über die folgenden Themen sprachen Eltern mit ihren Kindern:

---

2 Abgesehen von Immobilienfinanzierungen

Thema	Jungen	Mädchen
Budgetieren	2 %	1 %
Geldausgeben	25 %	27 %
Investments, Geldanlage	13 %	4 %
Sparen	33 %	29 %
Steuern	3 %	2 %
Verdienst	10 %	13 %

Zu den folgenden Themen äußerten sich die Eltern den Kindern gegenüber (aus deren Sicht) nicht:

Thema	Jungen	Mädchen
Eigene Schulden	0 %	5 %
Finanzelle Situation der Familie	39 %	33 %
Geldausgeben	16 %	21 %
Investments	5 %	0 %

Die Eltern sprachen mit ihren Kindern über Geld dann:

Bezug	Jungen	Mädchen
Wenn das Kind fragt	8 %	8 %
In Bezug auf die Zukunft	70 %	64 %
Mit aktuellem Bezug/Anlass	20 %	28 %

Deutlich wird, dass Jungen immer noch mehr finanzielle Verantwortung zugeschrieben wird als Mädchen und dass

Eltern über viele wichtige Themen nicht oder zu spät mit ihren Kindern sprechen. Auch nutzen sie aktuelle Anlässe zu selten, um finanzielle Kenntnisse weiterzugeben.

Spenden zahlt sich aus

Natürlich wünschen sich alle Eltern, dass ihre Kinder später genug Geld zum Leben haben. Dieses Ziel ist aber möglicherweise über einen scheinbaren Umweg besser erreichbar. Denn eine gezielte Befragung[300] im Rahmen einer größeren Studie zur finanziellen Sozialisation ergab, dass Großzügigkeit und Spenden dazu beitragen, finanzielle Verantwortung zu erlernen. Und zwar auf erstaunlich vielen Ebenen:

- Wer Geld spendet, ist selbst glücklicher und unterhält stabilere soziale Beziehungen.
- Zugleich wird ein konkreter moralischer Wert in Zusammenhang mit Geld vermittelt (das heißt Geld wird nicht nur als Zahl, sondern als *Wert* etabliert).
- Auf diese Weise können auch finanzielle Zuwendungen innerhalb der Familie besser eingeordnet werden, zum Beispiel wenn die Eltern eigene Ausgaben zurückstellen, um den Kindern einen Zuschuss zur Ausbildung oder zum Urlaub zu zahlen.
- Wer regelmäßig einen bestimmten Prozentsatz spendet, lernt zugleich automatisch zu budgetieren.
- Spenden fördert die Bildung von Empathie – der Fähigkeit, sich in andere Personen hineinzuversetzen.[301]

Was bedeutet das für den Alltag?

- Taschengeld sollte zur freien Verfügung stehen.
- Taschengeld sollte nicht zur Belohnung erhöht oder als

Strafe gekürzt werden, sonst kann das Kind nicht verlässlich planen (und der Lerneffekt geht verloren).

- Kinder lernen den Umgang mit Geld durch eigene Erfahrungen in Kombination mit Informationen durch die Eltern. Nur beides gemeinsam nützt.
- Kinder können und sollten früh (spielerisch schon ab drei Jahren) mit Geld zu tun bekommen.
- Kinder entwickeln ihren eigenen Umgang mit Geld, der nicht zwingend den der Eltern kopiert.
- Es hilft dem Erlernen eigenständiger finanzieller Verantwortung, wenn Eltern Geldfrust der Kinder aushalten, statt sich davon wortwörtlich freizukaufen.
- Eltern müssen ihre Finanzen nicht offenlegen, sollten aber mehr über den Umgang mit Geld sprechen und dabei auf eigene Geschlechtervorurteile und die Ungleichbehandlung von Mädchen und Jungen achten.
- (Gemeinsam) Geld für wohltätige Zwecke zu spenden, ist der Finanzedukation zuträglich und stärkt zugleich die Empathie.

KRISEN UND TRAUER

Auch im schönsten Leben geht mal etwas schief. Krisen und Trauer lassen sich nicht vermeiden. Viele Eltern neigen dazu, ihre Kinder vor diesen unangenehmen Gefühlen schützen zu wollen. Doch viel besser ist es, wenn wir ihnen helfen, zu lernen, sie zu durchleben.

AUCH LEID GEHÖRT ZUM LEBEN

Hannah kommt weinend nach Hause, weil sie sich in der Schule mit ihrer besten Freundin gestritten hat. Finn ist traurig, dass er keine neue Playstation bekommt. Neles Mutter ist gestorben, aber sie wirkt die meiste Zeit gar nicht traurig. Moritz hat im Urlaub sein Kuscheltier im Hotel vergessen und kann jetzt nicht einschlafen. Sophies Katze ist weggelaufen und nun schon eine Woche verschwunden.

Krisen und Trauer kommen in den unterschiedlichsten Dimensionen. Erstens sind die Eltern manchmal mehr oder weniger die Ursache: Wenn wir eine bestimmte Regel durchsetzen, die das Kind als viel zu streng empfindet, kann das schon mal zu Streit, Tränen und Türenschlagen führen. Zweitens haben Kinder manchmal Probleme, die Eltern für nicht besonders wichtig erachten. Ein Streit in der Pause, ein verlorenes Kuscheltier, selbst (je nach Haltung zur Tierwelt) ein verschwundenes oder verstorbenes Haustier – das erscheint vielen von uns als Kleinkram. „Sei nicht traurig" oder „wir kaufen dir ein neues" ist hilfreich gemeint, aber nützt nicht. Und drittens gibt es Unglücke, die so groß sind, dass auch die besten Eltern nicht weiterwissen: Unfälle, Todesfälle, Arbeitslosigkeit eines Elternteils, Scheidung, Bullying ... Ist es überhaupt möglich, den eigenen Kindern in einer solchen Situation zu helfen, und wenn ja, wie?

Todesfälle und andere Katastrophen

Wir wollen die Überlegungen mit den schwierigsten Themen beginnen, denn das Verhalten in den anderen Fällen leitet sich daraus ab. Sosehr Eltern ihre Kinder beschützen und behüten möchten – manchmal passiert im Leben etwas wirklich Schlimmes oder Trauriges. Dazu zählen auch schwere Schicksalsschläge, die unmittelbar „nur" die Eltern betreffen, zum Beispiel der Verlust des Arbeitsplatzes oder vielleicht ein Seitensprung des*der Partner*in. Sie bringen die Erziehenden so stark aus dem Gleichgewicht, dass dies Auswirkungen auf die Kinder hat. Meist ist die Sachlage jedoch offensichtlicher: Todesfälle in der Familie, Scheidung, schwere Unfälle – das sind Krisen, die das Vertrauen in das Morgen erschüttern und verändern.

Zuerst einmal muss man wissen[302], dass Kinder, anders als Erwachsene, in kurzen Intervallen trauern. Im einen

Moment schluchzen sie herzzerreißend und sind untröstlich, wenige Minuten später spielen sie fröhlich mit ihren Freund*innen. Das ist gesund und normal! Man nennt es „Pfützentrauern", weil die Kinder in eine Trauerpfütze hinein- und auch wieder herausspringen. Außerdem weiß man inzwischen,[303] dass der Trauerprozess, auch bei Erwachsenen, recht lange dauert. Er läuft auch nicht schneller ab, wenn man mehr Druck auf den Kessel gibt.

Zu trauern bedeutet, sich Schritt für Schritt damit abzufinden, wie es nun ist. Man muss etwas für immer loslassen. In dieser Hinsicht unterscheiden sich Trauer und Krise, denn bei der Krise geht es um Wut oder Zorn, nicht um Verlust. Eine Meta-Studie[304] von Untersuchungen aus den Jahren 1985 bis 2015, für die insgesamt 1706 Publikationen ausgewertet wurden, ergab, dass in Trauerfällen externe Unterstützungsprogramme für Kinder und Jugendliche vom Babyalter an (0 – 18 Jahre) hilfreich waren. Zudem nützten sie ebenfalls den erwachsenen Bezugs- und Betreuungspersonen. Das heißt konkret: Trauer ist nichts, was „man mit sich alleine abmachen muss", weder als Einzelperson noch als Familie. Im Gegenteil: Es entlastet, mit Fachleuten (zum Beispiel mit Therapeut*innen oder Trauerberater*innen) zu sprechen und an Trauergruppen teilzunehmen, die fachkundig und altersgerecht gestaltet sind. Dabei waren Gruppen- und Einzeltreffen, egal welcher Methodik, allen anderen Interventionsformen (wie zum Beispiel telefonisch oder als Selbstlernkurs) vorzuziehen. Als nicht hilfreich erwiesen sich auch direkt auf die Trauerverarbeitung gerichtete Aktivitäten wie beispielsweise Ferienreisen.

Eine kleine norwegische Studie[305] zeigte zudem, dass es Kindern hilft, wenn die Eltern sich mit den folgenden

Themenfeldern intensiv auseinandersetzen:

- durch das Ereignis ausgelöste Sorgen des Kindes (zum Beispiel Angst vor finanzieller Not nach Tod oder auch Arbeitsplatzverlust des Hauptverdieners)
- umfassende Balance zwischen Beschützen und Zulassen
- abwägen von Information gegen möglicherweise durch diese ausgelöste Ängste
- Beginn eines neuen Lebens(abschnitts), ohne den alten zu entwerten.

Dies ließ sich mit professioneller Unterstützung für Eltern wie für die Kinder leichter realisieren. Das ist wichtig, weil gerade die Kinder arbeitsloser Eltern über fehlende Zuwendung klagen[306] – offenbar sind diese schlicht in erster Linie mit sich und ihren Sorgen beschäftigt und haben weniger Kapazitäten, sich um die Kinder zu kümmern. In Trauerfällen ist dieser Effekt vermutlich noch tiefgreifender. Es ist vollkommen menschlich, aber wer darum weiß, kann Hilfe besser annehmen.

Grundsätzlich lässt sich sagen, dass es Kindern nicht zwangsläufig nützt, sie vor möglicherweise unangenehmen Erfahrungen schützen zu wollen. So ließ sich zeigen[307], dass sie Trauerfälle besser verarbeiten konnten, wenn sie a) (sofern möglich) rechtzeitig und umfassend informiert wurden, beispielsweise über eine lebensbedrohliche Erkrankung, und b) das verstorbene Elternteil nach dem Tod noch einmal sehen und von ihm Abschied nehmen konnten. Das sind beides Dinge, die viele Eltern intuitiv vermeiden – aber sie helfen, die Realität annehmen zu können.

Was hilft, was nicht

Natürlich ist der Tod eines Elternteils traumatischer als der einer Tante, eines geliebten Haustiers oder eines entfernten Bekannten. Doch grundsätzlich gelten die oben genannten Elemente für alle derartigen Verluste:

- Es hilft, der Trauer Zeit zu geben.
- Es hilft, sich in das Kind so gut wie möglich hineinzuversetzen („mentalisieren" – sich vorstellen, wie es im Kind vielleicht aussieht, und so behutsam wie möglich erfragen, ob dies so ist).
- Es hilft, das Kind zu „beeltern", das heißt bewusst liebevoll die elterlichen Aufgaben auszuführen.
- Es hilft, den Alltag einigermaßen aufrecht zu erhalten.[308]
- Es hilft, Hilfe in Anspruch zu nehmen.
- Es hilft, die Trauer (des Kindes) darüber anzuerkennen, dass sich etwas im Leben gravierend verändert hat.
- Es hilft, sich zu vergegenwärtigen, dass schwierige Situationen im Leben der Eltern (Arbeitsplatzverlust, Scheidung, Tod der eigenen Eltern) zwangsläufig emotional auf die Kinder ausstrahlt. Daher ist es besser, diese altersgerecht zu informieren, als so zu tun, als wäre alles okay.

Umgekehrt sollten Sie nicht:

- den Schmerz durch Konsum ersticken, egal ob es sich um Kleidung oder ein neues Haustier dreht,
- mehr Trauer fordern („du weinst ja gar nicht! Bist du nicht traurig, dass deine Katze weggelaufen ist?"),
- den Verlust bagatellisiseren („Es war doch nur eine Katze!" beziehungsweise „Es war doch nur ein Kuscheltier!").

Zuwendung ist das neue Abhärten

In gewisser Weise sind Wut, Ärger und Frustration mit einer Trauerreaktion verschwistert. Einerseits, weil sie Teil des Trauerprozesses sind. Andererseits, weil ein wütendes, enttäuschtes oder empörtes Kind eben oft auch weint, schreit, sich abwendet – genau wie ein trauerndes.

Viele Eltern haben verinnerlicht, dass es für ihre Kinder gut wäre, eine möglichst hohe „Frustrationstoleranz" einzuüben, denn dann können sie später im Leben alles Mögliche aushalten.

Das liegt unter anderem an Walter Mischel und seinem „Marshmallow-Experiment".[309] 1989 setzte er Vierjährige allein in ein Labor. Auf einem Tisch vor ihnen stand ein Teller mit einem Marshmallow. Mischels Versprechen: Wenn die Kinder das Marshmallow nicht aufaßen, bis er in den Raum zurückkehrte, bekamen sie ein zweites und durften beide essen. Wenn sie eins aßen, gab es kein zweites.

Diese wurde eine der berühmtesten Studien in der Psychologiegeschichte. Bestimmt, weil sie sich so schön nacherzählen ließ. Aber auch, weil ihr Ergebnis zum Zeitgeist passte: Diejenigen Kinder, die sich unter Kontrolle hatten und das Marshmallow nicht aßen, sondern auf das zweite warteten, wuchsen zu intelligenteren und sozial kompetenteren Jugendlichen heran, die besser mit Frust und Stress umgehen konnten. Mischels Mutmaßung: Eine solide Fähigkeit des „Belohnungsaufschubs", ein elementarer Teil der Selbstkontrolle, sage den Lebenserfolg voraus. Mischel bezeichnete diese Personen als „willensstark", was erst einmal logisch klingt. Wer jetzt spart, hat später mehr. Wer die Ausbildung durchzieht, bekommt potenziell den besseren Job. Schlafen kann man, wenn man tot ist. Mischels These passte perfekt in die neoliberale Welt, in der jede*r für sich selber kämpft – Leistung und Belohnung sich also nicht abwechseln, sondern Industrie und Politik mit späten, möglichst hohen Belohnungen dazu verlocken wollen, möglichst früh möglichst viel zu leisten.

Inzwischen weiß man: Das ist ein relativ zuverlässiger Weg in Richtung Burn-Out oder Depression.

Mittlerweile wird aber auch Mischels als bahnbrechend angesehenes Studienergebnis angezweifelt.[310] Es lässt sich nämlich nicht bestätigen. Erstens, weil Mischel nicht auf die Bildungsherkunft der Kinder geachtet hatte (die meisten waren Kinder von Universitätsmitarbeiter*innen). Zweitens, weil bei den Folgeuntersuchungen immer mehr Proband*innen nicht ausfindig gemacht werden konnten – die erfolgreichen, potenziell leicht auffindbaren Personen flossen also in die Statistik ein, diejenigen, die einfach verschwunden waren, nicht. Das Ergebnis der aktuellen Gegenstudie lautet daher auch, dass wohl die Umwelt und das Vorbild der Eltern die größte Auswirkung auf das Verhalten der Kinder haben – mit vier ebenso wie mit vierzig.

Das bedeutet, dass das immer noch gängige Erziehungsziel, Kinder „harte Zeiten" überstehen lassen zu wollen, überholt ist.[311]

Ähnlich verhält es sich mit einer weiteren scheinbaren Qualität, die erst vor wenigen Jahren in die Aufmerksamkeit rückte. Die amerikanische Psychologieprofessorin Angela Duckworth hielt einen erfolgreichen TED-Talk (über 23 Millionen Klicks[312]) über den „Schlüssel zum Erfolg: Durchhaltevermögen" (auf Englisch: „grit"). Zudem veröffentlichte sie ein gleichnamiges Buch.[313] Die Grundthese lautet: Kinder, aus denen trotz ungünstiger äußerer Bedingungen etwas wird, verfügen über ein besonders starkes Durchhaltevermögen. Sicher ist da etwas dran. Wer regelmäßig aufgibt, kommt nicht weit.

Doch der Sprung vom Wunsch nach einem möglichst großen Durchhaltevermögen zur Erziehung der Marke „Hart wie Kruppstahl, zäh wie Windhunde“ ist nicht weit. Dabei ist die Annahme in Wahrheit eine Tautologie (das heißt eine doppelte Wiedergabe desselben Sachverhalts, zum Beispiel „weißer Schimmel“). Denn ganz offensichtlich haben diejenigen, die ein Ziel erreichen, durchgehalten. Und diejenigen, die ein Ziel anstrebten, aber nicht erreichten, haben nicht durchgehalten. Das festzustellen ist so, als würde man sagen, dass alle Ärzt*innen deshalb Ärzt*innen sind, weil sie Ärzt*innen geworden sind. Oder alle Autor*innen über die Fähigkeit verfügen, Bücher zu schreiben. Das ist richtig, aber nicht ziel*führend*.

Klar ist auch, wer ein Ziel von Anfang an für unerreichbar hält, beginnt gar nicht erst loszugehen. Insofern bemängeln[314] Kritiker*innen wie der kanadische Autor Paul Tough[315], dass stures Durchhaltevermögen allein Kindern wenig nütze. Bestenfalls im Zusammenspiel mit Neugier und Charakterstärke könne es einen Beitrag leisten.

Kinder hingegen rein auf „Durchhalten“ zu trainieren wie kleine Actionheld*innen, die gegen Schmerz, Trauer und Widerstände immun sind, bringt wenig. Eher steht zu befürchten, dass sie dann später im Leben nicht flexibel auf neue Herausforderungen reagieren können, sondern weiter mit dem Kopf durch die Wand wollen.

Was wirklich Halt gibt

In einer der größen Kohortenstudien aller Zeiten, bei der über 70 000 Kinder von der Geburt an begleitet wurden, konnte hingegen eindeutig ermittelt werden, wie Eltern ihren Kindern die Überwindung schwieriger Situationen jeglicher Art erleichtern können. Es war ein einziger Faktor, der den alles entscheidenden Unterschied darstellte : ein zugewandter, warmherziger Umgang der Eltern mit dem Kind sowie die Vermeidung von aggressiver Feindseligkeit. Eine über 70 Jahre laufende US-Studie mit deutlich weniger Teilnehmern, aber intensiveren Befragungen, bestätigt dieses quantitative Ergebnis auch qualitativ. Das bedeutet konkret :

- Den Kindern wirklich zuhören
- Deutlich zu machen, dass Sie ihnen viel zutrauen
- Emotionale Wärme zu kultivieren
- Mit ihnen Ausflüge zu machen
- Regeln zu setzen und diese ebenso zuverlässig wie gutwillig umsetzen

Es lässt sich also ganz klar festhalten: Die Grundannahme, es wäre sinnvoll, Kinder für das Leben abzuhärten, ist schlichter Unsinn, sie schadet nur. Andererseits weiß man inzwischen eben auch, dass es nichts nützt, den Nachwuchs vollumfänglich in Watte zu packen (Stichwort: Helikoptereltern) und alles Unerfreuliche von ihnen fernzuhalten. Auch unangenehme Dinge gehören zum Leben und daher gehört es zum Großwerden dazu, mit unangenehmen Dingen klarzukommen.

Ein weiterer Faktor sollte nicht unterschätzt werden. Noch vor ein bis zwei Generationen galt es als Ritterschlag für Eltern, von den eigenen Kindern gefürchtet zu werden. Heute wäre das ein charakterliches Todesurteil. Stattdessen wollen wir, dass die Kinder uns mögen. Bloß: Wer Ansagen macht, wird nun einmal nicht immer gemocht. Das kennen

Sie aus der Schule und vom Job. Die besten Lehrer*innen und Chef*innen waren aber nicht die, die nie klare Ansagen gemacht haben, sondern die, die dabei freundlich und zugewandt geblieben sind. Auf die man auch mal wütend sein konnte und denen man doch zugleich abnahm, dass es am Ende alles gut ausgehen wird.

Wissen, was man fühlt

Was Kindern nachweislich hilft, mit unangenehmen Emotionen umzugehen, ist, sie benennen zu können. Amerikanische Viert- und Fünftklässler*innen, die ihr aktuelles Befinden nicht erkennen konnten, zeigten[316] eine deutlich höhere Tendenz, diese zu „internalisieren" (grob gesagt: unreflektiert in sich hineinzufressen). Das Gleiche galt, wenn sie nicht in der Lage waren, Wut oder Zorn auszuhalten, sondern sie beispielsweise in Form körperlicher Gewalt ausagieren mussten. Und ebenso, wenn sie nicht in der Lage waren, Wut oder Trauer zu „regulieren", also wahrzunehmen, auszuhalten und ausklingen zu lassen.

Tatsächlich fällt es auch vielen Erwachsenen schwer, ihren aktuellen Gemütszustand präzise zu benennen. Denn auch wir haben die Erfahrung gemacht, dass es im Alltag oft geschmeidiger läuft, wenn wir schwierige Emotionen unterdrücken. Insofern ist dies eine gute Gelegenheit, gemeinsam zu lernen. Zugleich entsteht so die Möglichkeit,[317] die Gefühle der Kinder zu validieren (anzuerkennen) und das eigene Verständnis zu überprüfen. Heißt konkret: „Spiegeln" Sie, was passiert – formulieren Sie so neutral wie möglich, was Sie wahrnehmen. Zum Beispiel: „Ich sehe, du bist wütend, dass du jetzt kein Eis bekommst. Es ist ein heißer Tag und du hättest es sehr gerne gehabt. Aber du hattest vorhin schon eins und ein Eis am Tag ist genug. Wir können aber etwas Kühles trinken, wenn wir zu Hause sind." Oder: „Du ärgerst dich und bist traurig, dass Leila in der Pause nicht mit dir spielen wollte. Das kann ich verstehen." Das reicht. Wenn Ihr Kind Rat oder Handlungsvorschläge wünscht, wird es das deutlich machen. Ist es sehr aufgeregt, aufgewühlt oder mitgenommen, kann es helfen, behutsam Körperkontakt aufzunehmen. Manche Kinder mögen das, andere nicht.

Verhaltensweisen, bei denen das Kind sich oder andere verletzen könnte, verhindern Sie ruhig und bestimmt.

So viele Emotionen

Die amerikanische Soziologieprofessorin Brené Brown hat eine Liste der wichtigsten Emotionen zusammengestellt[318], die im Alltag helfen kann, eigene und wahrgenommene Gefühle zu benennen:

- Angst
- Aufregung
- Dankbarkeit
- Demütigung
- Eifersucht
- Einsamkeit
- Ekel
- Empathie (Mitgefühl)
- Enttäuschung
- Freude
- Frustration
- Furcht
- Glück
- Liebe
- Neugier
- Peinlichkeit
- Reue
- Scham
- Schuld
- Sorge
- Trauer
- Überraschung
- Überwältigung
- Verletzung
- Verurteilung
- Verwundbarkeit
- Wut
- Zugehörigkeit

Warum nicht lieber verdrängen?

Welchen Nutzen haben solche unerfreulichen Zustände überhaupt? Warum ist es nicht viel besser, wenn wir die Kinder trösten und es schnell vorbeigeht?

Evolutionär ist davon auszugehen,[319] dass negative Emotionen dazu da sind, unsere Sicherheit zu erhöhen, indem wir riskante, beängstigende Situationen vermeiden, und die Motivation zu vergrößern, die aktuelle Situation zu verbessern. Zugleich lässt sich mittlerweile zeigen,[320] dass die sogenannte „toxische Positivität", also der Versuch, jedem Mist noch etwas Gutes abzugewinnen, letztlich nur Schaden anrichtet. Aber genau dieser „inauthentische Optimismus" ist das, was unsere Kinder lernen, wenn wir von ihnen – und sei es unausgesprochen – erwarten, dass ihre Wut oder Trauer, ihr Ärger oder der Zorn bald wieder vorbei sind, weil es doch „nicht so schlimm" sei.

Stattdessen erscheint es hilfreich, durch eigenes Erleben zu erlernen, dass im Leben Gutes und Schlechtes geschieht. In einer Langzeitstudie[321] zeigten diejenigen Teilnehmer*innen, die das Auf und Ab des Lebens akzeptierten, eine stabilere geistige Gesundheit als diejenigen, die sich gegen alles Unangenehme stemmten – und auch ihr körperlicher Alterungsprozess verlief langsamer.

Ebenso profitierten diejenigen, die als Erwachsene negative Emotionen (angemessen) zum Ausdruck bringen konnten: Mit dieser Fähigkeit assoziiert[322] sind stabilere und zufriedenstellendere Beziehungen, engere Beziehungen sowie

Unterstützung in Notlagen.

Ganz besonders profitieren Jungen von einer solchen Haltung.[323] Etwa ab dem fünften Lebensjahr erhalten diese meist die implizite Botschaft, Wut sei für Jungs okay, andere

Gefühle wie Angst, Verletzlichkeit oder Sorge hingegen machten verwundbar. Diese dauerhafte Verdrängung kostet viel Lebenskraft, bereitet späteren Partner*innen Probleme und kann bis zum Burn-Out oder in die Depression führen.

All das soll natürlich nicht heißen, dass Sie Ihr Kind wahlweise absichtlich frustrieren beziehungsweise ärgern sollen oder dass Sie es mit seinen überwältigenden Gefühlen allein lassen, weil es den Umgang damit schließlich lernen muss. Expert*innen raten Erwachsenen, die Akzeptanz und Bewältigung schwieriger Situationen zu erlernen und einzuüben. Die Methoden dafür lassen sich im Anschluss problemlos auch mit Kindern durchführen. Empfohlen[324] wird beispielsweise in einem möglichst ruhigen Moment die negative Emotion zu benennen (siehe Brené Browns Liste weiter oben) und ihr Körpergefühl zu ermitteln. Dann sollte, wenn möglich, ein gewisser innerer Abstand eingenommen werden, aus dem heraus die Emotion genauer beobachtet und untersucht werden kann (zum Beispiel was genau sie ausgelöst hat, ob sie wiederkehrend ist beziehungsweise einem bekannt vorkommt, wie machtvoll sie sich anfühlt). Anschließend kann man das Gefühl, weil man sich ja nicht mehr in der akuten Gefahrensituation befindet, langsam ausklingen lassen.

Ein solches oder ähnliches Vorgehen trägt dazu bei, die eigenen Gefühle ernst, aber auch nicht zu wichtig zu nehmen.

Gestärkt zurück ins Leben

Im Idealfall stärkt eine Krise die sogenannte „Resilienz“ (die Widerstandsfähigkeit gegenüber einem Entwicklungsrisiko). Umgekehrt hilft eine gesunde Resilienz bei der Bewältigung von Problemen und Krisen. Schutzfaktoren erleichtern die Anpassung an eine (ungewollt) neue Situation und verhindern, dass sich daraus Störungen ergeben. Je mehr Schutzfaktoren einem Kind angeboten werden, desto größer die Wahrscheinlichkeit, eine Krise gut zu überstehen. Zu den wichtigsten gehören:[325]

- stabile Bezugspersonen, die Vertrauen und Autonomie (Selbstwirksamkeit) fördern,
- ein grundsätzlich autoritativer Erziehungsstil,
- familiäres Netzwerk (Verwandte und Freund*innen),
- offene, konstruktive Kommunikation,
- altersangemessene Verpflichtungen im Familienleben (und gerade im längeren Verlauf einer Krise nicht die anhaltende Freistellung von allen Aufgaben),
- transparente Regeln,
- Lob für Leistungen und Anstrengungen.

Bei der Entwicklung von Resilienz sind folgende Faktoren hervorzuheben:[326]

- Selbst- und Fremdwahrnehmung, also die Fähigkeit, eigene und fremde Gefühlszustände korrekt wahrzunehmen,
- Selbststeuerung, also die (altersgemäße!) Fähigkeit, die eigene Reaktion auf eigene Emotionen regulieren zu können (also zum Beispiel einen Wutanfall im Supermarkt vermeiden zu können),
- Selbstwirksamkeit, also das Vertrauen in die eigenen Fähigkeiten, Ziele zu erreichen,
- soziale Kompetenz, das heißt angemessener, konstruktiver Umgang mit anderen,
- Stressmanagement, das heißt eigene Möglichkeiten und Grenzen korrekt einschätzen,
- kognitive Flexibilität, also die Fähigkeit, Strategien und Ideen zu entwickeln, um Probleme zu lösen.

Was bedeutet das für den Alltag?

- Negative Erlebnisse und Gefühle gehören zum Leben.
- Es ist gesünder, diese nicht zu verdrängen.
- Es hilft Kindern im Umgang mit schwierigen Emotionen, diese benennen zu können.
- In kritischen Situationen entschärft es die Lage, wenn die Eltern das (mögliche) Gefühl benennen können und damit anerkennen.
- Bei sehr intensiven Auslösern (zum Beispiel Todesfällen, kritischen Lebensereignissen) ist es sinnvoll, externe Unterstützung zu suchen.

BILDSCHIRMZEIT

*Kaum ein Thema sorgt für so viel Streit wie Medienkonsum, Computerzeit und Smartphone-Nutzung. Und zwar sowohl in den Familien wie auch unter Wissenschaftler*innen. Ganz unemotional lässt sich jedoch festhalten: Internet, Streamingdienste und soziale Medien werden nicht wieder verschwinden. Es ist wie mit Schokolade. So zu tun, als gäbe es sie nicht, hilft Eltern nicht weiter. Daher müssen wir lernen, das brisante Feld zu navigieren.*

MEDIENZIRKUS

Jonas wirft sich auf den Boden und schreit. Er will seine Serie zu Ende schauen. Alina ist beim Einkaufen nur dann still, wenn sie auf Mamas Handy ihr Lieblingsspiel spielen darf. Tom braucht das Tablet, um vor dem Einschlafen zur Ruhe zu kommen. Und Leonie verbringt Stunden damit, sich Fotos und kurze Videos anderer Kinder ihres Alters anzuschauen.

Ist das nun „das neue Normal“ oder eine Katastrophe? Machen wir es uns zum Einstieg einfach. Hier die Empfehlungen der Bundeszentrale für gesundheitliche Aufklärung für die maximale Bildschirmzeit je Alter[327]:

- Kinder im Alter von 0 bis 3 Jahren: keine Bildschirmmedien nutzen
- Kinder im Alter von 3 bis 6 Jahren: höchstens 30 Minuten täglich
- Kinder im Alter von 6 bis 10 Jahren: höchstens 45 bis 60 Minuten täglich

Darüber hinaus wird geraten[328]:

- Interessieren Sie sich für die digitalen Aktivitäten Ihrer Kinder. Lassen Sie sich davon berichten und spielen Sie hin und wieder mit.
- Vereinbaren Sie mit (älteren) Kindern verbindliche Zeiten für die Nutzung digitaler Geräte. Halten Sie sich auch selbst an vereinbarte Nutzungszeiten.
- Planen Sie gemeinsame Aktivitäten. Mit anderen Worten: Parken Sie die Kinder nicht vor Fernseher, Internet, Konsole, Handy oder Tablet, sondern unternehmen Sie etwas mit ihnen.
- Während gemeinsamer Aktiviäten (zum Beispiel Ausflüge, Spiele), beim Essen und während ernsthafter Gespräche sollten parallel keine digitalen Geräte genutzt werden – und zwar weder die Eltern noch die Kinder.

Die Seite „Kindergesundheit-Info“ der Bundeszentrale für gesundheitliche Aufklärung differenziert die Nutzungsempfehlung nach Medientypen[329]:

Alter	Bilder-bücher/ Bücher	Hörmedien (Musik-CDs, -Dateien, Hör-geschichten)	Bildschirm-medien (Fernsehen, Video, Computer, Spielekonsolen, Tablets, Smartphones)
0–3 Jahre	regelmäßig Bilderbücher anschauen und vorlesen (ab etwa 6 Monate)	höchstens 30 Minuten	am besten gar nicht
3–6 Jahre	regelmäßig Bilderbücher anschauen und vorlesen	höchstens 45 Minuten	zusammen höchstens 30 Minuten
6–10 Jahre	regelmäßig vorlesen / lesen	höchstens 60 Minuten	zusammen höchstens 45 bis 60 Minuten

Die Webseite „Klicksafe" rät (im Auftrag der EU-Kommission) zu[330] den folgenden Nutzungszeiten für Computer, Smartphone, Tablet, Spielkonsole:

Bis zu 3 Jahre	Max. 5 Min./Tag
4–6 Jahre	ca. 20 Minuten, nicht unbedingt täglich
7–10 Jahre	Täglich ca. 30–45 Minuten

Fernsehkonsum, auch über Streamingdienste, wird hier nicht eingerechnet, soll aber „berücksichtigt" werden.

Die American Academy of Child & Adolescent Psychiatry stellte fest,[331] dass Kinder zwischen acht und zwölf Jahren in den USA vier bis sechs Stunden täglich auf Bildschirme schauen, Teenager bis zu neun Stunden. Die Angaben sind zum einen vor der Corona-Pandemie erfasst worden und beziehen sich zum anderen auf die Freizeit.

Weil die Eltern nicht immer wüssten, welche Inhalte die Kinder konsumierten, könnten diese in Kontakt kommen mit:[332]

- Gewalt und gefährlichem Verhalten,
- riskanten Unternehmungen, die zur Gefahr für Leib und Leben werden können,
- sexuellen Aktivitäten,
- negativen Stereotypen,
- Drogenkonsum,
- Cyberbullying und Cyber-Grooming,
- Werbeanzeigen,
- falschen Informationen.

Eine zu lange Bildschirmnutzung könne führen zu:[333]

- Schlafproblemen,
- schlechten Schulnoten,
- weniger Buchlektüre,
- weniger Freizeit mit Freund*innen und Familie,
- zu wenig Zeit für Sport und im Freien,
- Gewichtsproblemen,
- Stimmungsschwankungen bis hin zu depressiven Erkrankungen,
- geringerem Selbstwertgefühl, schlechtem Körpergefühl,
- ständigen Sorge, etwas zu verpassen (FOMO: fear of missing out),
- weniger Zeit für andere Lernkanäle, zum Entspannen und für angenehme Aktivitäten.

Die Empfehlung des Verbandes lautet daher:[334]

Bis 18 Monate	Bildschirmzeit nur für Videochats (zum Beispiel mit Eltern auf Geschäftsreise)
18–24 Monate	Ausgewählte Lernprogramme, gemeinsam mit Elternteil/Betreuer*innen
2–5 Jahre	1 h Fernsehen/Streaming pro Tag, 3 h am Wochenende
Ab 6 Jahren	keine unbegrenzte Bildschirmzeit

Faktisch nutzten Acht- bis Zwölfjährige in den USA täglich knapp fünf Stunden irgendeinen Bildschirm, Jugendliche zwischen 13 und 18 sogar fast 7,5 Stunden (und diese Zahlen wurden noch zu einer Zeit erhoben,[335] als Schulunterricht in der Schule stattfand, es handelt sich also nicht um Distanzunterricht).
Und so sieht die Wirklichkeit aus:

Anteil der Eltern, die Regeln aufstellen bezüglich …

	Keine Regeln	Smartphone-Nutzung	Spieleinheiten von digitalen Spielen	Spieledauer an Computer, Tablet, Smartphone oder Konsole	Mithilfe und Haushalt	Serien und Filme schauen	Bettgehzeiten
Kinder 3–5 Jahre	6 %	11 %	21 %	25 %	38 %	70 %	93 %
Kinder 6–11 Jahre	2 %	42 %	62 %	67 %	58 %	76 %	94 %
Kinder 12–19 Jahre	20 %	35 %	44 %	48 %	63 %	39 %	51 %

Eltern bestimmen[336] über Bettzeiten und das Fernsehprogramm, aber vor allem die Smartphone-Nutzung wird vollkommen unzureichend geregelt.

Deutschland und die Welt

Schon an diesem kurzen internationalen Vergleich lässt sich erkennen, dass die Einschätzung der Nutzung von Medien und Internet zumindest *auch* kulturell geprägt ist. Welche

Grenzen für welches Kind in welchem Kontext zu setzen sind, lässt sich nicht eindeutig festlegen.

Ähnlich verhält es sich mit der Frage, ab wann Kinder ein eigenes Handy bekommen können, sollten, dürfen. Ebenso muss geklärt werden, welche Inhalte wann und wie oft auf *eigenen* Endgeräten genutzt werden dürfen, sei es mit einem Tablet oder Fernseher im Zimmer, oder ob vielleicht für das Homeschooling oder Hausaufgabenerledigen ein eigener Laptop oder Computer notwendig wird.

6 Prozent aller Kinder zwischen sechs und sieben Jahren haben in Deutschland bereits ein eigenes Smartphone – und jedes dritte Kind zwischen acht und neun. Mit zwölf hat nahezu jedes Kind ein eigenes Smartphone und ist damit nicht nur ständig erreichbar, sondern hat auch einen Mini-Computer samt Spielen und Internet ständig in der Tasche.

Welche der folgenden medialen Freizeitaktivitäten führt Ihr Kind, bzw. führst Du, mindestens mehrmals pro Woche durch?

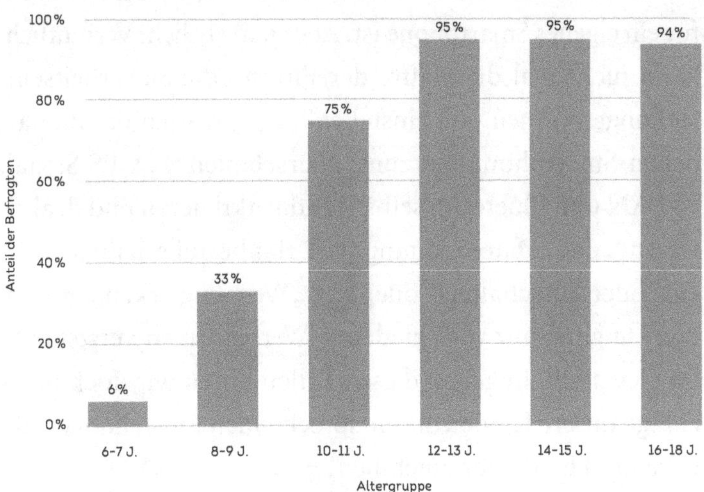

Smartphone-Besitz bei Kindern und Jugendlichen in Deutschland im Jahr 2019 nach Altersgruppe[337]

Diese Entwicklung ist noch relativ jung. Der stark gesunkene Preis für Smartphones und Handynutzung hat dazu beigetragen. Noch 2016 hatten nur 25 Prozent der 13- bis 19-Jährigen ein eigenes Smartphone.[338] Das EU-Infoportal mahnt, dass ein „voll funktionsfähiges Smartphone für Kinder unter 12 eher nicht geeignet" sei.[339] Das sehen offenbar auch viele Tech-Tycoons im Silicon Valley so[340]: Die Sprösslinge vieler hoher Manager*innen bei Apple, Google oder Facebook bekommen ihr erstes eigenes Smartphone (offenbar aus gutem Grund) auch erst mit 14.[341]

Unter anderem könnten jüngere Kinder auf Falschinformationen hereinfallen und in Gefahr geraten, sie könnten aus Unkenntnis Fremden Zugriff auf vertrauliche Daten ermöglichen (zum Beispiel den Wohn- oder den aktuellen Aufenthaltsort). Zudem erzeugten sie manchmal unwissentlich hohe Kosten durch In-App-Käufe.

Auf ihrer Website bietet Klicksafe eine Checkliste[342] an, die Eltern bei der Einschätzung helfen soll, ob das Kind reif für ein eigenes Smartphone ist. Aber mal ehrlich: Vermutlich kann nicht mal die Hälfte der Eltern „die Sicherheitseinstellungen öffnen und einstellen", die „Kosten der monatlichen Smartphone-Nutzung überschauen", „GPS-Signal, W-LAN und Bluetooth selbstständig aktivieren und deaktivieren", das „Datenroaming für Urlaube außerhalb der EU ein- oder ausschalten" oder gar „Werbung erkennen und den Umgang mit verschiedenen Werbeformen verstehen". Im Gegenteil: In genau diesen Fällen bitten wir doch heutzutage unsere Kinder, die entsprechenden Einstellungen an unserem Handy vorzunehmen!

Tatsächlich können heute schon 23 Prozent der Dreijährigen einigermaßen geschickt mit einem Smartphone umgehen.[343] 1,2 Millionen Drei- bis Achtjährige sind regelmäßig online.[344] Das sind weit über 10 Prozent der Altersgruppe![345]

Ab wann ein Handy?

Wenn Ihr Kind sich ein Handy wünscht, sollten Sie sich fragen – und daher vielleicht auch das Kind fragen – was es mit dem Wunsch auf sich hat. Möchte es ein solches Gerät haben, um zu den ersten in der Klasse gehören, die eines besitzen, also zum Angeben? Möchte es Handyspiele spielen (die Lieblingsbeschäftigung von immerhin 57 Prozent aller Kinder)[346] oder soziale Medien nutzen? Oder gibt es tatsächlich Situationen, in denen es sich unsicher fühlt und Sie gern anrufen würde? Falls Sie den Kauf in Erwägung ziehen: Sind Sie der Ansicht, Ihr Kind kann und wird das Gerät auch freiwillig beiseitelegen? Glauben Sie, es versteht, wie mit vertraulichen Daten (Fotos, Informationen) umgegangen werden muss?[347] Fast die Hälfte aller Eltern[348] stellten ihren Kindern ein Smartphone zur Verfügung, um „endlich Ruhe zu haben" – leider kein driftiger Grund. Gut zwei Drittel aller Eltern[349] glauben übrigens, Handys würden ihre Kinder klüger machen ...

Eine Studie in Korea[350] ergab, dass dort fast 75 Prozent aller Kinder schon vor dem zweiten Geburtstag ein Handy in die Hand gedrückt bekommen. Warum? Um sie zu beruhigen (60,8 Prozent), damit die Eltern ungestört Dinge erledigen können (52,2 Prozent) und „zum Spielen" (34,3 Prozent). Ergebnis: Kinder mit einer Handynutzungsdauer von über zwei Stunden pro Tag zeigten mehr Verhaltensauffälligkeiten, eine geringere Aufmerksamkeit und waren aggressiver und zugleich distanzierter.

Eine deutsche Meta-Studie[351] ergab, dass Spielen und die Nutzung sozialer Medien auf dem Handy als Risikofaktoren für eine gesunde Entwicklung angesehen werden können. Stabile Freundschaften hingegen begünstigen diese. Die Wahrscheinlichkeit einer Smartphonesucht ist bei Mädchen höher als bei Jungen. Leider sind strikte Verbote und Kontrollen durch die Eltern nicht die Lösung, denn gerade elterliche Strenge (zusammen mit einer geringen Selbstkontrolle sowie einem niedrigen Selbstwertgefühl) waren Faktoren, die eine übermäßige Smartphone-Nutzung erhöhten. Eine Meta-Studie aus den USA[352] kam allerdings zu einem gegenteiligen Ergebnis: Die Sorge vieler Eltern sei unbegründet, zwischen der Nutzung digitaler Medien und dem Wohlbefinden Jugendlicher gäbe es, wenn überhaupt, nur einen sehr geringen Zusammenhang. Darüber hinaus ließe sich nicht klären, was Ursache und was Wirkung sei.

Der bekannte deutsche Neurowissenschaftler und Psychiater Manfred Spitzer weist allerdings darauf hin,[353] dass Entwarnungen im Hinblick auf die Nutzung von Computern und Handys durch Kinder oft schlicht erfolgreiche Lobbyarbeit der Netz- und Softwareanbieter seien, die von Journalist*innen unhinterfragt wiedergegeben würden.

Mehr Sicherheit bei der mobilen Internetnutzung

Was also tun? Eltern, die wirklich gern und gut konfigurieren können, haben die Möglichkeit, Smartphones über unterschiedliche Kindersicherungsfunktionen einzuschränken. Bestimmte Apps können dann nicht mehr oder nur für eine voreingestellte Zeit genutzt werden. Es lassen sich auch bestimmte Inhalte (zum Beispiel Pornos und Gewaltvideos) blocken, ebenso die Möglichkeit der In-App-Käufe. Aber erstens sind die Einstellungen wirklich nicht einfach vorzunehmen und zweitens finden motivierte Kinder immer einen Weg drumherum.

Daher empfehlen Fachleute eher Ver- als Misstrauen, also ausführliche kritische Gespräche mit den Kindern über Mediennutzung und -risiken zu führen, ihnen aktiv bei der Nutzung „über die Schulter zu schauen“ und immer wieder sicherzustellen: Möglichst wenig unbeaufsichtigte Bildschirmzeit im Kinderzimmer, möglichst keine Bildschirmnutzung mehr in den letzten 60 Minuten vor dem Schlafengehen. Auf alle Fälle sollte in jungen Jahren ein eigenes Handy nicht über Nacht im Zimmer bleiben oder als Wecker genutzt werden.[354] Denn, das kennen wir ja von uns selbst, dann greift man eben doch nachts danach, man spielt heimlich noch ein paar Runden, und man startet den Tag mit einer soliden Dosis sozialer Medien. Daher: Ladegerät an einen öffentlichen Ort, sodass Sie sehen, ob das Gerät zur vereinbarten Zeit dort liegt.

Julia von Weiler, Internetexpertin im Fachbeirat des Missbrauchsbeauftragten der Bundesregierung, forderte 2019 gar eine Altersbeschränkung für Smartphones:[355] Sie sollten erst ab 14 zulässig sein![3] Die Kinder vor den digitalen Risiken zu

---

3 Thomas Fischbach, Präsident des Berufsverbandes der Kinder- und Jugendärzte (BVKJ), trat mit seiner Forderung „kein Handy vor elf Jahren" eine ähnliche Protestwelle los. Der Neuwissenschaftler Manfred Spitzer ist sogar für eine Altersgrenze von 18 Jahren – was der Infodienst tn3 „absurd" findet. Der Hirnforscher Gerhard Roth ist anderer Ansicht: Es gäbe „nicht den geringsten wissenschaftlich nachvollziehbaren Hinweis", dass die Nutzung digitaler Medien der kindlichen Entwicklung schade. Einig sind sich aber wieder alle darin, dass eine *übermäßige* Berieselung nicht gut sei. Wenn Kinder „abgeparkt" würden, fehle dadurch „Körperlernzeit", soziale Erfahrung. Und die ist eben schlicht nicht digitalisierbar. Auf den Punkt gebracht: Ob und welche Medien schaden, ist noch nicht endgültig geklärt und wohl auch individuell unterschiedlich. Dauerhafte Vernachlässigung hingegen ist immer schlecht. Allerdings hätte man für diese Erkenntnis eigentlich auch weder Expert*innen noch Studien gebraucht.

schützen, sei vergleichbar mit dem Schutz vor Rauschmitteln und Drogen. Von Weiler beklagt, dass schon Neunjährige mit der vollen Breitseite des Internets konfrontiert würden: Hass, Rassismus, Sexismus, Pornografie und Gewalt. Außerdem überforderten die zahlreichen neuen Kommunikationskanäle nicht nur Erwachsene, sondern insbesondere Kinder. Sie verinnerlichten, sich ständig vergleichen und präsentieren zu müssen. Das Gegenargument, es sei vielmehr dringend eine noch frühere Medienerziehung nötig, sonst würden die Kinder abgehängt, ist entkräftet: In Frankreich gilt seit 2018 ein flächendeckendes Handyverbot für Schüler bis 15 Jahren.[356] Bislang ist Frankreich davon auch nicht untergegangen.

Die Medienpädagogin Kristin Langer sieht es ähnlich.[357] Erst mit elf oder zwölf sind Kinder emotional so gefestigt, dass sie sich kein Video anschauen, in dem jemand gefoltert wird, auch wenn die Klassenkamerad*innen es tun. Wenn Sie jetzt denken, so schlimm oder häufig kann das ja nicht sein oder so leicht kommt man an derartige Inhalte nicht ran, dann geben Sie bitte einmal „Folter Video" in die Suchmaschine Ihrer Wahl ein. Schauen Sie sich die ersten drei Treffer an. Vermutlich werden das sogar Dokumentationen sein. Trotzdem. Möchten Sie gern, dass Ihr Kind diese Bilder sähe? Und falls Sie jetzt nicken, dann geben Sie bitte ein: „beheading video" (Videos von Enthauptungen). Gute Alpträume!

Kontrolle ist schlecht, Vertrauen ist besser

Nun könnte man ja denken, eine gute Lösung bestünde darin, das Surfverhalten und die Chats der Kinder regelmäßig nachträglich zu überprüfen. Das ist aber gar nicht so smart, wie es klingt.[358] Denn erstens haben Kids schnell raus, wie man die Verlaufsliste löscht. Oder sie nutzen ein zweites, inoffizielles Chatprogramm. Und zweitens leiden sie dann unter dem elterlichen Misstrauen. Daher sollten auch Ortungsprogramme auf dem Handy nicht genutzt werden, um das Kind zu überwachen.

Deshalb: Wahren Sie die Privatsphäre. Wenn Sie Ihrem Kind einen verantwortungsbewussten Umgang mit einem Smartphone (Laptop, Tablet) noch nicht zutrauen, dann warten Sie bitte mit dem Gerätekauf.

Ein Gerät, verschiedenste Inhalte

Inzwischen ist schon deutlich geworden, dass „Bildschirmzeit" nicht gleich „Bildschirmzeit" ist. Die Berieselung durch die Sesamstraße oder eine Tier-Doku wirkt völlig anders als ein First-Person-Shooter mit Explosionen und Zombies und wieder anders als die inszenierten Inhalts-Häppchen der sozialen Medien.

„Schau Hin", eine Initiative[359] des Bundesministeriums für Familie, Senioren, Frauen und Jugend, der beiden öffentlich-rechtlichen Sender Das Erste und ZDF sowie der AOK rät daher:[360]

Da Smartphones immer wieder für kürzeste Zeiteinheiten genutzt werden, sollten tägliche handyfreie Phasen vereinbart werden. Am Stück sollte das Handy nicht länger genutzt werden als

7-8 Jahre (Smartphone der Eltern)	Nicht länger als 30 Minuten
9-10 Jahre	Nicht länger als 45 Mintuten

Mit älteren Kindern sollten, wenn es für die Familie möglich ist, gemeinsame handyfreie Tage vereinbart werden.[361] Um möglichst gute Entscheidungen für die eigene Familie und die Kinder zu treffen, ist es hilfreich, sich ein wenig mehr mit den möglichen Effekten unterschiedlicher Bildschirmnutzungen zu beschäftigen. Da das Thema recht neu ist und sich das Nutzungsverhalten schnell verändert, erscheinen weltweite viele Studien dazu. Deshalb hier nur ein Schnelldurchgang der wichtigsten Erkenntnisse:

Erwachsene erledigen Arbeiten umso unkonzentrierter, je näher sich ihr Handy befindet.[362] Schlechteste Option: auf dem Tisch (selbst umgedreht). Besser: in der Tasche. Noch besser: in einem anderen Zimmer. Man darf davon ausgehen, dass die Beobachtung auf Kinder, die ihre Hausarbeiten erledigen, ebenfalls zutreffen könnte. Problem: Oft findet die Hausaufgabenbesprechung mit den Klassenkamerad*innen über Handy-Chats statt.

Über 80 Prozent aller Student*innen meinen, ihr Handy vibrieren zu spüren, obwohl gerade weder Anruf noch Nachricht eingegangen war. Das ist ein Zeichen dafür, meinen die Studienleiter*innen[363], wie abhängig wir von den Geräten geworden sind und wie sehr wir ihnen gedanklich zugewandt sind (auch wenn es uns gar nicht so erscheint).

UNICEF warnt[364]: Die Negativeffekte der Bildschirmnutzung von Babys und Kleinkindern reichen von einer kürzeren Aufmerksamkeitsspanne bis zu geringerer Empathie.

Dennoch lässt sich die Thematik nicht schwarz-weiß beurteilen. Bei einer groß angelegten Studie[365] unter mehr als 100000 englischen Jugendlichen ergab sich, dass eine moderate Nutzung digitaler Medien (Videos, Gaming, Computer, Smartphones) keine negativen Auswirkungen auf die

Psyche hat. Sie erleichtert durchaus sogar das Miteinander. Die Kinder können uns wissen lassen, wenn sie sich verspäten. Wir können sie aus dem Supermarkt fragen, welchen Joghurt sie noch mal mögen. Und ein Videochat mit den Großeltern kann ein ganzes Reisewochenende sparen.

Deutlich wurde aber auch, dass eine übermäßige Nutzung die seelische Gesundheit negativ beeinflusst. Die entsprechenden Maximalzeiten für 15-Jährige waren:

Fernsehen (inkl. Streaming)	3 h (wochentags), 4 h (Wochenende)
Videogames	1 h (wochentags), 2 h (Wochenende)
Computernutzung	4 h (alle Tage)
Smartphone	2 h (wochentags), 4 h (Wochenende)

Dabei sind aber einige Feinheiten zu beachten:

- Die Zeiten sind nicht additiv zu verstehen (3 Stunden Fernsehen + 1 Stunde Videogames + 4 Stunden Computer + 2 Stunden Smartphone an einem Wochentag sind zu viel).
- Die in der Tabelle oben genannten Maximalzeiten verschlechterten die Stimmung zwar nicht, verbesserten sie aber auch nur wenig bis gar nicht. Mit einer Ausnahme: In den ersten zwei Stunden Smartphone-Nutzung wochentags verändert sich die Befindlichkeit positiv.
- Die Testpersonen waren 15 Jahre alt, entsprechend lassen sich die Zahlen und Zeiten nicht einfach wie ein Kuchenrezept halbieren, damit sie für Siebenjährige ebenso gelten.

Eine deutlich kleinere Langzeitstudie[366] aus den USA bestätigte die Ergebnisse: Je länger Jugendliche Fernsehen schauten oder ihre Smartphones nutzten, desto höher die

Wahrscheinlichkeit, ein Jahr später an einer depressiven Verstimmung zu leiden oder depressiv zu sein. Von den Eltern aufgestellte Regeln, welche die Bildschirmzeiten beschränkten, reduzierten dieses Risiko.

Zugleich ist dies eine Gelegenheit, das eigene Verhalten zu reflektieren. Immerhin gaben in einer Studie 6 Prozent der amerikanischen Jugendlichen und über 18 Prozent der japanischen Jugendlichen an, manchmal wäre ihren Eltern das Smartphone wichtiger als sie.[367] Das lässt sich ändern! Beispielsweise, indem Sie zur Nutzung des Handys in einen anderen Raum gehen und das Gerät bei den Mahlzeiten stumm schalten und beiseitelegen. Denn sonst – das ergaben weitere amerikanische (Langzeit)Studien[368] – stehen die Kinder unbewusst im Wettbewerb mit dem Handy und versuchen notfalls, durch Störaktionen auf sich aufmerksam zu machen.

Ursache und/oder Wirkung

Unklar ist allerdings nach wie vor, ob die Bildschirmzeit ein höheres Risiko psychologischer Probleme *verursacht* oder ob die Veranlagung für psychologische Probleme das Bedürfnis nach mehr Bildschirmzeit verursacht. Warum kann man das nicht genauer herausfinden? Dafür gibt es zwei Gründe. Erstens müsste man dafür nach dem Zufallsprinzip Kinder oder Jugendliche sehr viel Zeit vor dem Fernseher oder Computer beziehungsweise mit dem Smartphone verbringen lassen – ob sie (beziehungsweise die Eltern) das wollen oder nicht. Zweitens müsste man wissen, ob jemand eine Disposition für psychologische Probleme mitbringt, und das ist bislang gar nicht geklärt.

Dennoch scheint nicht von der Hand zu weisen zu sein, dass neue technische Entwicklungen nicht nur positive, sondern zumindest *möglicherweise auch* negative Auswirkungen haben. Letztendlich – so gern wir auch eindeutige zeitliche und Altersempfehlungen geben würden – läuft es wieder einmal darauf hinaus, dass wir Eltern die eigenen Kinder möglichst gut im Blick behalten müssen, dass wir unser eigenes Verhalten und unsere Erziehungsziele reflektieren, dass wir Alternativangebote für jene Beschäftigungen geben, die uns nicht ideal erscheinen, und dass wir den Mut haben und die Energie aufbringen, (probeweise) unbeliebte Regeln einzuführen und durchzusetzen, um dann zu schauen, ob es für unser Kind im Speziellen positive Auswirkungen hat.

Eindeutig ist[369], dass seit der Verbreitung von Tablets und Smartphones mehr Eltern beklagen, dass ihre Klein- und Kindergartenkinder „schwierig" seien und sich nur beruhigen würden, wenn sie spielen oder ein Video schauen dürfen. Dass Eltern in einer solchen Situation nicht auf dieses praktische Tool verzichten wollen, ist nachvollziehbar. Nach wie vor ist unklar, ob die Nutzung der mobilen Endgeräte das Problem verursacht (oder verschlimmert), oder nicht. Denkbar, dass diese Kinder vor 20 Jahren auch anstrengend gewesen wären, aber die Eltern es eben einfach hingenommen hätten. Zu diesem „Henne/Ei"-Problem haben zwar viele Expert*innen ihre Ansichten, belastbare Studien fehlen jedoch.

Positive Aussichten

Wichtig ist, dass Bildschirmzeit, egal ob vor dem Fernseher oder am Smartphone, nicht unbedingt negative Auswirkungen haben *muss*. Zwei Studien[370] zeigten, dass Kindergartenkinder, die mit ihren Eltern zusammen eine altersgerechte Sendung anschauten beziehungsweise eine altersgerechte App nutzten, in ihrer Empathie gestärkt wurden, *wenn die Eltern zuschauten und mit ihnen darüber sprachen*, ihnen also halfen, die Informationen einzuordnen. Ließ man die Kinder allein schauen oder spielen, trat dieser Effekt nicht auf.

In der Praxis ist es allerdings nicht nötig, jede Kika-Sendung mitzugucken. Es reicht völlig, die Sendung(en) am Anfang gemeinsam anzusehen und sich dann später ab und zu dazuzusetzen und auf alle Fälle als interessierte*r Gesprächspartner*in zur Verfügung zu stehen.[371]

Kinderärzt*innen betonen,[372] in vielen Fällen sei der Bildschirm nicht das Problem als solches, sondern die Tatsache, dass der Bildschirm eine Interaktion zwischen Eltern und Kind – die für dessen Entwicklung und sein Lernen notwendig ist – verhindert, statt sie zu fördern. Zudem ist es natürlich richtig und wichtig, dass Eltern in allen möglichen Bereichen Regeln aufstellen. Deren Ziel kann aber nicht ihre bloße Einhaltung sein. Sondern das Ziel muss[373] darin bestehen, dass die Kinder letztlich – irgendwann, sehr viel später im Leben – eigene, möglichst gute Entscheidungen treffen. Das im Auge beziehungsweise im Hinterkopf zu behalten, hilft.

Frühe Regeln helfen mehr

Sosehr es Eltern kurzfristig entlastet, die Kinder vor dem Fernseher, Tablet, Smartphone zu parken und/oder ihrem Gejammer („alle dürfen“, „ich will aber!“) nachzugeben – im Zweifel scheint in Bezug auf Bildschirmzeit und digitale Medien die gute alte Regel „Weniger ist mehr“ zu gelten. Sehr wahrscheinlich ist es nützlich, erstens überwältigenden

Input[374] zu vermeiden (wie manche Videos und Spiele ihn erzeugen), und zweitens[375] lieber ein Video, eine App oder ein Spiel zu nutzen, als ständig den Input zu wechseln.[376] Dabei ist es sinnvoll, so früh wie möglich Regeln einzuführen. Eine Meta-Studie[377] sogenannter „Interventionen“ (des Versuchs, nachträglich Grenzen zu ziehen und ein gewohntes Verhalten einzudämmen) ergab, dass diese nur bei Kindern bis zum Alter von etwa sechs Jahren ernsthafte Erfolge zeigten. Danach wurde es für die Eltern sehr viel schwieriger, den Medienkonsum der Kinder einzuschränken.

Dabei scheint es unbedeutend zu sein, welche Regeln die Eltern im Detail aufstellen und wie diese pädagogisch durchgesetzt werden (natürlich im Rahmen eines konstruktiven Umgangs miteinander – das ist ja ein wichtiges Grundthema dieses Buches). Für eine groß angelegte Studie[378] wurden nämlich Familien nur unterteilt in „Haben Bildschirmzeitregeln“ oder „Haben keine Bildschirmzeitregeln“. Ergebnis: Kinder aus Familien mit Bildschirmzeitregeln hatten einen niedrigeren BMI[379], schliefen mehr, hatten bessere Noten, verhielten sich sozialer und gerieten seltener in Streit.

Übermaß ist schädlich

In einer kanadischen Studie[380] gaben 78 Prozent der Eltern an, ihre Kleinkinder würden „gar keine“ Zeit vor dem Bildschirm verbringen. Bei den übrigen 22 Prozent betrug die Zeit allerdings zwischen 1,4 und 300 (!) Minuten am Tag, im Schnitt war es eine gute Viertelstunde. Es ließ sich berechnen, dass das Risiko der Kinder auf eine gestörte Sprachentwicklung für jede 30 Minuten Bildschirmzeit pro Tag um den Faktor 2,3 zunahm. Vermutlich vor allem, weil die

Kinder in der Zeit, in der sie vor dem Bildschirm saßen, eben nicht mit jemandem sprachen. Eine Langzeitstudie[381] mit wesentlich mehr Teilnehmer*innen bestätigte: Kinder, die viel fernsehen, liegen Jahre später in der Entwicklung weit zurück! Eine sehr kleine Studie[382] an 47 Vorschulkindern deutet darauf hin, dass dies mit Veränderungen des Gehirngewebes zu tun haben könnte. Eine noch unveröffentlichte Langzeituntersuchung des amerikanischen National Institute of Health (NIH) von über 10000 Neun- und Zehnjährigen, legt nahe, dass bei Kindern, die sehr viel Zeit vor dem Bildschirm verbringen (über sieben Stunden pro Tag), der sogenannte „Cortex" im Hirn dünner wird.[383] Das ist ein Bereich, der u.a. für die Auswertung von Umweltreizen zuständig ist. Bereits gesichert[384] ist hingegen, dass die Handynutzung zum Ausstoß des Belohnungshormons Dopamin führen kann – und weil Menschen dieses High gern mögen, greifen wir dann immer öfter zum Handy.

Eine Kohortenstudie[385] im Jahr 2019 ergab: Je mehr Zeit Fünfjährige vor dem Bildschirm verbrachten (egal ob passiv konsumierend oder aktiv mit Games), desto schlechter ihr Sozialverhalten. Ihre Aufmerksamkeit war geringer, sie benahmen sich schlechter, sie waren ängstlicher und trauriger.[386]

Eine Meta-Analyse[387] von 58 Studien mit insgesamt fast einer halben Million Teilnehmer*innen zwischen vier und achtzehn Jahren zeichnet ein differenzierteres Bild: Eindeutig war, dass diejenigen, die viel Fernsehen schauten, in der Schule schlechtere Noten bekamen (wobei man natürlich wieder einmal[388] nicht weiß, was die Ursache und was die Wirkung ist, falls es sich überhaupt um ein derartiges Verhältnis handelt). Dasselbe galt auch für die exzessive Nutzung von Videospielen. Dabei zeigte sich der Effekt bei

Jugendlichen noch deutlicher ausgeprägt als bei Kindern. Über eine mögliche schädliche Wirkung von Smartphone-Nutzung beziehungsweise sozialen Medien konnten keine Aussagen getroffen werden.

Für den Erziehungsalltag relevant ist die Erkenntnis, dass elektronische und digitale Medien sowohl einzeln als auch unterschiedlich zu bewerten sind. Es mag sein, dass ein Kind vom übermäßigen Konsum sozialer Medien gestresst ist, während ein anderes über Chatprogramme leichter Kontakt halten kann. Ein Kind entspannt beim Videospielen, das andere verkommt. Je mehr Studien durchgeführt werden, desto deutlicher wird, dass sich nur wenige allgemeingültige Aussagen treffen lassen.[389]

Klar ist, aber dafür braucht man eigentlich auch keine teuren Studien: Sitzen Kinder viel zu viel (im konkreten Fall: mehr als drei Stunden pro Tag mit neun Jahren[390]) vor dem Bildschirm, steigt ihr Risiko auf Fettleibigkeit und Diabetes. Und, wie eine weitere Meta-Studie[391] ergab, Schlafdauer und Schlafqualität sinken sowohl bei Kindern wie bei Jugendlichen. Auch die Gefahr, dass sie Drogen nehmen, steigt.[392] Kinder zwischen acht und zwölf, die überdurchschnittlich viel fernsehen, schneiden in Tests ihrer geistigen Leistungsfähigkeit deutlich schlechter ab.[393] Zu viel Bildschirmzeit und zu wenig Schlaf in Kombination führte in derselben Altersgruppe nachweislich zu einer verminderten Impulskontrolle.[394] Unter Schüler*innen der Klassenstufen acht bis zwölf berichteten[395] knapp die Hälfte derjenigen, die täglich mehr als fünf Stunden digitale Medien nutzten von Selbstmordgedanken, aber nur ein Viertel derjenigen mit einer Mediennutzungsdauer von etwa einer Stunde pro Tag traf dieselbe Aussage.

Sonderfall soziale Medien

Insbesondere die sozialen Medien stehen im Ruf, Kinder (und Erwachsene) nicht nur zu unterhalten, sondern auch zu stressen. Durch den ständigen Vergleich mit anderen, durch die ständige Verfügbarkeit. Schon 2011[396] loggten sich 22 Prozent aller Teenager täglich fünf Mal bei einem Social-Media-Dienst ihrer Wahl ein (wie Facebook, Instagram, TikTok u.a.). Zwischen 2010 und 2015 stieg[397] die Zahl der Depressionen unter US-Teenagern um ein Drittel, die Selbstmordrate sogar um zwei Drittel. 2007 erschienen die ersten Smartphones, 2015 besaßen gut 90 Prozent der Jugendlichen eines. Zufall? Möglich, aber unwahrscheinlich. Expert*innen warnen,[398] dass die Kommunikation in Text- und Videofetzen dazu beitrage, dass eine ganze Generation echte zwischenmenschliche Begegnungen gar nicht mehr korrekt deuten können wird – und dass zugleich die Dialoge im sozialen Netz höchst missverständlich seien. Eine Studie[399] aus dem Jahr 2016 postuliert sogar die Möglichkeit, dass bereits eine Stunde Nutzung der sozialen Medien pro Tag substanziell die Lebenszufriedenheit von Teenagern reduziere – durch den ständigen Vergleich, durch Cyberbullying und durch die Abnahme echter, persönlicher Begegnungen. Auch der ständige Zwang, zeitnah zu reagieren (zu antworten, zu liken, zu kommentieren etc.) könnte zu Stress und Unzufriedenheit beitragen.[400] Eine deutsche Studie ermittelte 2019,[401] dass Jugendliche pro Woche 58 Stunden im Internet waren; davon 36 Stunden mit dem Handy. Außerhalb der Schule verging, wortwörtlich, kaum eine Stunde, ohne dass sie online waren. Das klingt schon viel, aber es gibt noch Luft nach oben: Im Jahr 2020[402] nutzten die Heranwachsenden digitale Kanäle 71,5 Stunden pro

Woche, davon 41 Stunden per Handy. Fairerweise muss man sagen, dass in dem Jahr wegen Corona viel Schulunterricht und viele Freizeitaktivitäten und Treffen ausfielen. Entsprechend ist die Emotionsbewältigung eine wichtige Motivation: 38 Prozent der Jugendlichen möchten durch Mediennutzung ihre Sorgen vergessen,[403] 36 Prozent der Realität entfliehen.[404] Für 37 Prozent der Jugendlichen stellen soziale Medien auch eine Informationsquelle für aktuelle Nachrichten dar.[405] Bei 3,2 Prozent der Jugendlichen wird eine krankhafte Nutzung sozialer Medien festgestellt.[406]

Schöne neue Welt

Vielleicht müssen wir uns trotzdem damit anfreunden, dass eine hohe Nutzung bestimmter Medien negative *und* positive Auswirkungen haben kann. Denn teilweise widersprechen sich die Studienergebnisse gar nicht, sondern lassen sich bloß nicht einfach in die Kategorien „gut für die Entwicklung" und „schlecht für die Entwicklung" einordnen. So ermittelte eine Hamburger Forscherin[407], dass sich bestimmte Gehirnbereiche bei Gamern vergrößerten, die regelmäßig etwa 9 Stunden pro Woche spielten – was eher positiv bewertet wird. Dieser Effekt ließ sich auch bei Personen erzeugen,[408] die zuvor noch nicht regelmäßig gespielt hatten. Nun überlegen die Neurowissenschaftler*innen, ob es gelingen kann, mithilfe spezieller Spiele gezielt Hirnareale zu stimulieren, um neuropsychiatrische Erkrankungen zu behandeln.[409]

Ähnlich ließ sich nachweisen[410], dass eine übermäßige Internetnutzung durch Jugendliche (über zwei Stunden pro Tag) negative gesundheitliche Folgen hatte, bereits eine modereate Nutzung (unter zwei Stunden pro Tag) aber unproblematisch blieb.

Um diesem Gleichgewicht von einer positiv zu bewertenden Nutzung von digitalen Medien und ihrer Kehrseite auf die Spur zu kommen, startete 2016 in den USA die sogenannte ABCD-Studie[411] (Adolescent Brain Cognitive Development; Kognitive Hirnentwicklung Jugendlicher): In zwei Jahren wurden über 10 000 Kinder zwischen neun und zehn Jahren erstmals befragt und nun bis in das junge Erwachsenenalter begleitet. Es bleibt also spannend.

Was bedeutet das für den Alltag?

- Es gibt (leider) keine eindeutigen, zwingenden Regeln für Bildschirmzeit und Handybesitz.
- Im Zweifel ist weniger mehr und später besser.
- Wichtig ist, überhaupt nachvollziehbare und durchsetzbare Regeln für den Konsum von Fernseher, Internet, Gaming etc. aufzustellen.
- Ja, Fernseher und Internet sind wirksame Ruhigsteller. Aber je später Sie Regeln einführen, desto schwieriger wird es später für alle Beteiligten.
- Bleiben Sie schlau: Schauen Sie Fernsehen oder Videos immer wieder gemeinsam mit Ihren Kindern, spielen Sie hin und wieder deren Lieblingsvideospiel, informieren Sie sich über die jeweils aktuellen sozialen Medien. Holen Sie sich bei Bedarf Hilfe, um die Kindersicherungseinstellungen vorzunehmen.
- Vertrauen ist besser als Kontrolle.
- Gehen Sie mit gutem Beispiel voran: begrenzter Fernseh- und Streaming-Konsum, handyfreie Zeiten. Kein Handy im Schlafzimmer! Bieten Sie regelmäßig alternative Aktivitäten

an und fordern Sie diese notfalls ein (ein Spieleabend pro Monat hat noch keinen Gamer umgebracht).

- Keine Angst vor neuen Medien. Sie werden bleiben und Ihre Kinder müssen lernen, damit konstruktiv zu leben. Also ist es unsere Aufgabe, sie dabei zu unterstützen.

EXPERT*INNEN-POSITIONEN

Pädagogik ist nicht Physik. Nicht alles lässt sich messen, testen, nachweisen. Manche Erziehungsfachleute liegen mit ihrem „Bauchgefühl" verdammt richtig. Andere betreiben eher Gesellschaftskritik. Und manch aktuelle Position wird durch häufiges Wiederholen nicht richtiger.

*Auf den folgenden Seiten haben wir die Kernaussagen der wichtigsten Erziehungsexpert*innen zusammengefasst.*

PRAXISTIPPS UND WIDERSPRÜCHE

Nicht jede vernünftige Aussage lässt sich beweisen. Und nicht alles, was sich beweisen ließe, ist schon belegt. Zudem sind heutzutage viele „Erziehungs-Faustregeln" im Umlauf, deren Kontext verloren gegangen ist.

Deshalb möchten wir abschließend einige der prominentesten pädagogischen Positionen kurz umreißen. Denn oft haben Praxis-Expert*innen wichtige Hinweise zu geben, auch wenn die entsprechenden Studien vielleicht noch ausstehen. Außerdem kann man manche häufig gehörten Tipps leichter zu den Akten legen, wenn man (wortwörtlich) weiß, wes' Geistes Kind sie sind. Drittens gibt es, wir hatten das Thema bereits, ja nicht *die eine richtige Erziehung*. Vielmehr ist es so, dass sich im Alltag die grundsätzliche Haltung der Eltern oder Erzieher*innen in vielen unterschiedlichen Ausgestaltungen findet. Was umgekehrt heißt: Je bewusster uns die eigenen Ansichten sind, desto leichter können wir uns auch in schwierigen Momenten für die zu uns passenden Handlungen entscheiden.

Der siebenjährige Sohn macht beim Spielen immer noch in die Hose. Die neunjährige Tochter stiehlt. Ein Elfjähriger beschimpft die Mutter, wenn sie seine Computerspielzeit beendet. Eine Vierjährige legt sich jede Nacht ins Elternbett.

Ja, zu solchen und ähnlichen Themen gibt es Forschungsergebnisse. Aber wie wir diese zur Anwendung bringen – durch welche Brille wir die Ergebnisse lesen – ist eine andere Sache. Eltern können verbissen schweigen, enttäuscht, gelassen, verbittert, desinteressiert, erdrückend hoffnungsvoll sein. Sie können interessiert nachfragen, inquisitorisch, kritisch oder auch nur der Form halber. *Wie* wir uns verhalten, ist mindestens so wichtig wie das, *was* wir tun.

Die folgenden Zusammenfassungen können dabei helfen, die eigenen Tendenzen in dieser Hinsicht zu erkennen und kritisch zu beleuchten.

Jesper Juul

Juul (1948–2019) war ein dänischer Familientherapeut. Er zählte zu den anerkannten Stars unter Erziehungsratgeber*innen. Das hat wohl zwei Gründe:

• Juul wusste um die Widersprüche in der Erziehung. Er machte Vorschläge, spielte sich aber nicht als Besserwisser auf. Das Ideal der Perfektion interessierte ihn nicht.

• Der „Elternflüsterer“[412] (so „Die Zeit“) prägte den Begriff der „Gleichwürdigkeit“ und holte damit zwei Generationen ab. Auf „Gleichwertigkeit“ oder „Gleichberechtigung“ hätten sich Eltern und Großeltern nicht verständigen können. Dass die Kinder und Enkel aber genau so viel *wert* sind wie alle anderen Menschen, ist konsensfähig.

Juul kritisierte sowohl die klassische autoritäre Erziehung mit einem streng hierarchischen Eltern-Kind-Verhältnis wie auch die sogenannten „demokratischen“ Erziehungsformen, bei denen Eltern und Kind(er) auf Augenhöhe partnerschaftlich erziehen sollen. Insbesondere war sein Verständnis von Erziehung – obwohl seine Ratschläge als allgemeingültig verstanden wurden – von der Individualität der Beziehung und der Situation geprägt. Dies entspricht den Grundsätzen der „autoritativen“ Erziehung (siehe S. 19).

Methoden schaffen bloß Distanz

Juul war der Ansicht, Kinder seien mit allen zu ihrer Entwicklung notwendigen Fähigkeiten bereits geboren und müssten weder geformt noch belehrt werden. Bekannt wurde die Position in Form des Buchtitels „Dein kompetentes Kind“. Erziehungs*methoden* hielt Juul für kontraproduktiv. Die Kinder würden damit aus der Position der Eltern heraus zu Objekten, auf die eine Methode angewendet wird. Weder wäre das nötig noch sinnvoll.

Diese Position markierte, beginnend in den Neunzigerjahren des letzten Jahrhunderts, einen echten Paradigmenwechsel hinsichtlich der elterlichen Aufgaben. Sie waren nicht mehr anleitende Lehrer*innen, sondern liebevolle Begleiter*innen. Eine Rolle, die auch Eltern entlastete, weil es eben nicht mehr ihre Aufgabe war, ein besonders braves, kluges, erfolgreiches Kind zu formen, sondern dem Kind die bestmöglichen Bedingungen zu bieten, sich auf die ganz eigene Weise zu entfalten. Es war das echte „Ende der Gehorsamkeitskultur“[413], weil Juul den antiautoritären Gegenpol durch eine nachvollziehbare und praktikable Alternative ersetzte. Wobei er nicht den Rückzug in eine (partnerschaftliche) Beobachterposition empfahl, sondern Eltern durchaus Verantwortung und Aufgaben zuwies. Was er ihnen aber nahm, war das Werkzeug der ständigen Strenge. Es ging jetzt nicht mehr darum, welches Erziehungsziel die Eltern verfolgten. In den Mittelpunkt rückte stattdessen die Aufmerksamkeit dafür, was *dieses* Kind in *diesem* Moment braucht (wobei Juul immer auch das Familiensystem im Blick behielt und mögliche Widersprüche zwischen kindlichen und familiären Bedürfnissen anerkannte).

Selbstbewusstsein ermöglicht Konsequenz

Stark vereinfacht: Je klarer Eltern auf eine *freundliche, zugewandte Weise* ihre eigene Position einnehmen, desto leichter für die Kinder, sich *angemessen* dazu zu verhalten. Über zahlreiche Publikationen hinweg, die oft Ratgeberkolumnen zu unterschiedlichen Altersgruppen bündelten, suchte Juul so nach einem Weg, der nicht einfach die altmodische mit der neumodischen Erziehung versöhnte, sondern der die Kritik an beiden mit ruhigem Selbstbewusstsein eingemeindete. Genau gelesen reichte Juul die von Eltern an ihn gestellten Fragen an diese zurück. Denn je ernsthafter Eltern ihre Wünsche und Ansprüche hinterfragten, desto mehr Möglichkeiten ergäben sich, diese ehrlich und ernsthaft zum Ausdruck zu bringen. Anders gesagt: Wer sich selbst treu bleibt, tritt mühelos konsequent auf. Das kennen wir alle auch aus vielerlei anderen Zusammenhängen, warum sollte es in der Kindererziehung nicht ebenso funktionieren?

Zugleich verabschiedete Juul sich damit von allen Patentrezepten. Das machte es für Eltern natürlich einerseits schwieriger, war andererseits aber auch eine große Erleichterung. Bei der Erziehung seines eigenen Sohnes war Juul in den ersten Jahren laut eigener Aussage „einer der furchtbarsten Väter, die man sich vorstellen kann". Er habe den Jungen auch mal fest gepackt oder ihm einen Klaps gegeben.[414] Vielleicht bedingt durch diese eigenen Erfahrungen hat Juul sich dafür ausgesprochen, auch negative Emotionen in der Erziehung zuzulassen[415] – sowohl bei Eltern als auch bei Kindern. Emotionen und Aggression seien völlig okay, man dürfe einander nur nicht verletzen (weder körperlich noch seelisch). Problematisch sei hingegen eine bewusst unemotionale, klinische Atmosphäre, denn diese lasse keine Nähe zu.

Juul gründete die „Familienwerkstatt" familyLAB.[416] Dort werden Seminare und Infos für Eltern angeboten, die auf Juuls Grundsätzen beruhen.

Kernaussagen

- Gewalt als Mittel der Erziehung erzeugt keinen Respekt, sondern Angst.[417]
- Je mehr Druck ich aufbaue, umso mehr Widerstand erzeuge ich.[418]
- Die Qualität von Eltern bemisst sich nicht anhand der

Regeln, die sie ihren Kindern vorgeben, sondern nach der Art ihrer Reaktion, wenn diese Regeln gebrochen werden.[419]

- Wenn die Erwachsenen nicht genug Zeit für sich selbst haben und die Eltern nicht für sich als Paar, dann widmen sie den Kindern unter Garantie zu viel Aufmerksamkeit. Kein Kind will Aufmerksamkeit. Es braucht Beziehung, will am Leben seiner Eltern teilhaben.[420]
- Die Sorgen der Eltern *um* die Kinder haben oft weniger mit diesen als mit den Erwachsenen und deren Weltsicht zu tun.[421]
- Die Beziehung zu einem Kind ist keine Einbahnstraße. Das Kind soll nicht nur entgegennehmen, was wir ihm geben wollen. Wir müssen auch bereit sein, das entgegenzunehmen, was unsere Kinder uns geben.[422]
- Belohnung ist die postmoderne Version von Bestrafung. Das ist ein Verhältnis wie zwischen Chef*in und Mitarbeiter*in. So entsteht keine Nähe.[423]
- Sind Eltern von etwas nicht überzeugt, spüren Kinder das – also lieber gleich lassen.[424]

Dr. Jan-Uwe Rogge

Jan-Uwe Rogge ist „Deutschlands bekanntester Erziehungsexperte“[425], so die Frankfurter Allgemeine Zeitung. Noch mehr als bei Jesper Juul fassen bei Rogge die Buchtitel seine Sichtweise gut zusammen: „Kinder brauchen Grenzen“, „Pubertät – Loslassen und Haltgeben“, „Lasst die Kinder träumen“, „Ängste machen Kinder stark“, „Kinder dürfen aggressiv sein“, „Ohne Chaos geht es nicht“.

Seit 1977 publiziert Rogge zum Thema Kindererziehung[426] und macht Eltern mit seinen Büchern Mut zum Unperfekten.[427] Er betont, dass Kindererziehung nicht, wie von vielen Eltern erhofft oder gefordert regelgeleitet wie ein Kochrezept funktioniere. Viele Eltern seien zu streng mit den eigenen Kindern, hätten zu hohe Erwartungen an diese, verglichen sie zu oft mit anderen Kindern.[428] Doch die Entwicklung sei ein sehr individueller Prozess. Das heißt, es *könne* gar kein „Rezept" für die richtige Erziehung geben. Vielmehr müssten Eltern einerseits aufmerksam bleiben und andererseits dem Kind Raum geben. Viele Kinder seien überbehütet. Manche Kritiker*innen beklagen, dass Rogge in der Tendenz eher abstrakt bleibe. Denn natürlich sind es in erster Linie die potenziellen Überbehüter*innen, die Rogges Seminare besuchen oder auch dieses Buch lesen. Und unterbehüten soll beziehungsweise will man ja auch nicht. Aber *wie* viel ist *zu* viel? Auch die Ausdeutung des entsprechenden Hinweises bleibt uns Eltern selbst überlassen. Schädlich sei es, wenn sich Eltern über ihr Kind beziehungsweise dessen Fähigkeiten definierten oder sich auf diese Weise Lob und Anerkennung holten.[429] Ebenso würde die ständige Überwachung von Kindern, wie sie heute häufig vorkommt (aber ohne Handy und in der Großfamilie noch völlig unmöglich war) Stress auslösen bis hin zur Depressionsgefahr.[430] Eltern sollten ihre Kinder, wo immer sinnvoll möglich, nicht beschützen und ihnen Aufgaben abnehmen, sondern sie Herausforderungen selbst bewältigen lassen.[431]

Aufhören, sich selbst zu überfordern

Rogge erinnert zudem daran, dass Eltern ja selbst auch Kinder sind[432] (und somit auch das berühmt-berüchtigte „Innere Kind" in sich tragen). Das heißt erstens, dass die Situationen, in die eigene Kinder geraten, Erinnerungen – und damit Verhaltensweisen – aus der eigenen Kindheit triggern, also automatisch ablaufen lassen können. Und zweitens, dass dies ein guter Zeitpunkt ist, sich mit den (unerfüllten) Wünschen und Sehnsüchten des eigenen Inneren Kindes auseinanderzusetzen. Sie prägen die eigene Weltsicht oft mehr, als uns bewusst ist. Erst wenn wir in dieser Hinsicht Frieden mit uns selbst und der eigenen Vergangenheit geschlossen haben, sind wir frei, so zu handeln, wie wir wirklich wollen.

Insgesamt setzt Rogge etwas mehr als andere Expert*innen darauf, überanstrengte Eltern zu entlasten. Sie müssten und sollten sich nicht ständig um alles kümmern und das Kind zum zentralen Lebensprojekt machen. Weniger sei mehr, Perfektion Überforderung, „gut genug" völlig ausreichend. Jan-Uwe Rogge hat einen Sohn (aus der ersten Ehe seiner Frau).[433]

Kernaussagen:

- Wenn es mir gut geht, geht es auch meinen Kindern gut![434]
- Kinder lieben Eltern, die lachen.[435]
- Trotzanfälle sind nie persönlich gemeint![436]
- Freund*innen relativieren die elterliche Macht, ohne ihnen tatsächlich das Wasser abzugraben. Daher können die Eltern ruhig und souverän bleiben.[437]
- Grenzen sind aus der Sicht von Heranwachsenden akzeptabler, wenn sie in Abhängigkeit von Entwicklungsphasen verändert werden.[438]
- Eltern sollten sich emotional abgrenzen können. Kinder müssen nicht das Wertesystem der Eltern übernehmen. Dieser Widerspruch muss ausgehalten werden.[439]
- In Auseinandersetzungen sollten Eltern nicht ironisch, höhnisch, beleidigend oder auf andere Weise provokativ

werden. Diese verletzenden Verhaltensweisen sind Ausdruck der eigenen Aggression oder Hilflosigkeit. Sie sollten ruhig und konzentriert bleiben.[440]

Prof. Dr. Remo Largo

Remo Largo (1943 – 2020) war ein Schweizer Kinderarzt. Er führte über mehrere Jahrzehnte die Zürcher Longitudinalstudien zur kindlichen Entwicklung durch, für die über 900 Kinder bis ins Erwachsenenalter begleitet wurden.[441] Seine populärwissenschaftlichen Bücher stützten sich also nicht (nur) auf seine Erfahrungen als Kinderarzt, sondern (auch) auf die Ergebnisse von anerkannten Langzeitstudien.

Largo entwickelte das sogenannten „Fit-Prinzip". Der Begriff „Fit" geht zurück auf die Kinderpsycholog*innen Stella Chess und Alexander Thomas, die 1984 postulierten, Kinder entwickelten sich am besten, wenn eine Übereinstimmung (englisch: „a fit") zwischen Temperament und Motivation einerseits und Erwartungen und Anforderungen anderseits bestünde.[442] Largo erweiterte die Kriterien um Grundbedürfnisse, Kompetenzen und Vorstellungen. Jedes Kind wolle jeden Tag sechs Grundbedürfnisse befriedigen[443]:

- Körperliche Integrität
- Geborgenheit
- Soziale Anerkennung
- Selbsterfahrung
- Leistung
- Existenzielle Sicherheit

Wie gut dies gelingt, hängt von der unmittelbaren Umgebung (Eltern, Familie), aber auch der weiteren Umgebung (Gesellschaft, Staat, Weltordnung) ab. Konkret weist Largo anhand seiner Langzeitstudien nach[444], dass zum Beispiel die strenge Sauberkeitserziehung der Fünfzigejahre ein intensiver Stressfaktor für Eltern *und* Kinder war. Dass die Kinder aber nicht wesentlich früher die weitgehende Kontrolle über Blasen- und Darmfunktion, auch nachts, erlangten, sondern bloß aufwändiger dressiert wurden.

Warteten Eltern hingegen, bis das Kind bereit war, einen Lernschritt zu vollziehen (aufs Töpfchen zu gehen, im eigenen Bett zu schlafen, lesen zu lernen …), gelang dieser besser und strapazierte das Vertrauen zwischen Eltern und Kind nicht, sondern stärkte es. Daraus folgt Largos Empfehlung, Kinder so selbstbestimmt wie möglich handeln zu lassen.[445] So könnten Kinder ein gutes Selbstwertgefühl und eine gute Selbstwirksamkeit entwickeln.[446] Durch „Förderwut" gäben Eltern ihren Kindern bloß Tag für Tag das Gefühl, sie seien Versager*innen.[447]

Treten Probleme auf – und dazu gehören auch körperliche Entwicklungsstörungen –, so seien diese häufig durch einen „misfit" verursacht. Damit meint Largo wörtlich ein „nicht Passen", beispielsweise eine deutlich zu hohe (oder zu niedrige) Anforderung oder viel zu wenig (oder übermäßig erstickende) Zuwendung.[448] Dabei sei Unterforderung in der Tendenz unproblematischer als Überforderung, die negativen Di-Stress auslöse, der bis zum Burn-out oder in die Depression führen könne. Misfit-Situationen seien nicht grundsätzlich problematisch, sondern überhaupt nur dann, wenn sie sehr intensiv ausfallen und über längere Zeit anhalten. Manche Kinder könnten mit Misfit-Situationen recht gut umgehen und/oder die Fehlentwicklungen später problemlos aufholen. Andere nicht. Dies sei auf die individuelle Disposition zurückzuführen.

Die Suche nach dem passenden Leben

Largo mied konkrete Ratschläge, weil jedes Kind und jeder Lebensverlauf anders seien. Es gibt keine Patentrezepte. Er empfahl Eltern, ihr Kind gerade auch in schwierigen Zeiten ernst zu nehmen und nicht als Versager*in oder Ähnliches zu demütigen.[449] Eltern sollten immer als zuverlässige Verbündete auf der Seite ihres Kindes stehen. Grundsätzlich gälte, auch Erzieher*innen und Lehrer*innen gegenüber: je vertrauensvoller die Beziehung, desto größer der Lernerfolg.[450]

Largo kritisierte das stark standardisierte Vorgehen der Schulen und die gleichförmigen Anforderungen der Eltern. Er empfahl die – mühsamere, ja, aber eben auch Erfolg versprechendere – Suche nach dem individuell „passenden Leben".[451]

Largo war Vater von drei Töchtern.[452]

Kernaussgen

- Jedes Kind ist ein Unikat.[453]
- Es ist besser, Kinder lieber Kinder sein zu lassen, statt auf sie Druck auszuüben:[454] Beziehung statt Erziehung.[455]
- Eltern sollten die eigenen Erwartungen nicht auf das Kind projizieren.[456]
- Geduld haben: Eltern sollten die Vielfalt der kindlichen Entwicklung anerkennen.[457] Der Entwicklungsstand zwischen Kindern und auch zwischen Jugendlichen variiert erheblich. Damit müssen Eltern leben lernen.[458]
- Weder Hausaufgaben noch Prüfungen machen Kinder klüger. Sie lernen nur dauerhaft, wenn sie selbstbestimmt ausreichende Erfahrungen machen können.[459]
- Wird Kindern ständig gesagt, was sie tun sollen, werden

sie zu passiven Befehlsempfänger*innen. Das ist verheerend für Selbstwertgefühl und Selbstwirksamkeit (und damit übrigens auch für die Studienfähigkeit).[460]

- Die Möglichkeit (des Kindes), Nein sagen zu können, ist die Voraussetzung dafür, Ja sagen zu können.[461]
- Kinder sollten mehrere Stunden täglich mit anderen Kindern zusammen sein – so lernen sie zu sprechen, Einfühlungsvermögen, Konfliktlösungen, Beziehungspflege.[462]

Dr. Michael Winterhoff

Michael Winterhoff (*1955) wurde bekannt mit seinen Büchern über Kinder als „Tyrannen": „Warum unsere Kinder Tyrannen werden", „Tyrannen müssen nicht sein", „Persönlichkeiten statt Tyrannen". Er fordert, Kinderleben nicht zu überfrachten, weder durch zu viel Programm noch durch zu viel Erziehungsarbeit oder gar übermäßige Anbiederung seitens der Eltern: „Lasst Kinder wieder Kinder sein! Oder: Die Rückkehr zur Intuition", lautet ein weiterer Buchtitel.

Zudem kritisiert Winterhoff auch das deutsche Bildungssystem, es biete Schüler*innen zu wenig Halt und vermittle deshalb zu wenige Kenntnisse.

Was aber sind überhaupt die „Tyrannen", von denen Winterhoff schreibt? Ist jedes Kind, das nervt oder trotzt bereits ein Tyrann? Der Autor ist der Ansicht, Kinder hätten bis zum siebten Lebensjahr noch gar keine eigene Persönlichkeit. Was die Eltern dafür hielten – und worauf sie zu viel Rücksicht nähmen – seien bloß allgemeine entwicklungsspezifische Verhaltensweisen. Diese Entwicklung der Psyche geschehe jedoch, so Winterhoff, nicht von selbst oder aus sich selbst heraus. Kinder bedürften dafür eines erwachsenen Gegenübers (mit Betonung auf: erwachsen). Wenn Eltern diese Position aber nicht einnähmen (zum Beispiel weil sie sich dann uncool fühlen oder weil sie lieber Freund*innen der Kinder als streng sein wollen), könnten die Kinder ihre Entwicklungsschritte nicht abschließen. Sie blieben also sozusagen ewig Kleinkinder und würden über eine zu geringe Impulskontrolle verfügen.

Zu viel Bildschirmzeit sowohl der Eltern wie auch der Kinder, insbesondere am Smartphone, verschlimmere diese Situation noch. Ein gutes Mittel dagegen seien ausgedehnte Waldspaziergänge (ohne Smartphone natürlich), bei denen das Unterbewusstsein wieder zur Ruhe käme.

Neins sind nötig, aber vielleicht nicht so

Kritisiert wird Winterhoff für unwissenschaftliche Vermischungen unterschiedlicher Theoriemodelle und populistische Forderungen nach elterlicher Strenge. Seine Empfehlungen zielten auf Gehorsam ab und führten zu einem kalten Erziehungsklima. Insbesondere generalisiere Winterhoff Fallbeispiele aus der eigenen Praxis. Winterhoffs Darstellung von Kindern als (ungehorsame) „Tyrannen“, die auf dem Tisch tanzten, hätte, so Kritiker*innen, ihre Wurzel in der autoritären Pädagogik der Nazizeit und/oder stünde in der Tradition der „schwarzen Pädagogik“.

Allerdings stimmen Winterhoffs Kritiker*innen ihm zu, dass erfolgreiche Erziehung nicht ohne „Neins“ und somit nicht ohne eine deutliche Abgrenzung und eine erkennbare Hierarchie auskommt. Es geht ihnen aber um die Art und Weise. Sie behaupten, es wäre möglich, auch auf liebevolle Art und unter Anerkennung der jeweiligen Wünsche oder Bedürfnisse der Kinder, Nein zu sagen.

Kernaussagen

- Eltern in der digitalen Welt sind gehetzt, genervt, gestresst. Leidtragende sind die Kinder. Erwachsene müssen Zeit aufwenden, sich wieder zu erden, um besser mit ihren Kindern umgehen zu können.[463]
- Elterliche Abgrenzung darf und soll auch über psychische und vielleicht sogar körperliche Strenge erfolgen.[464]
- Es gelingt der Gesellschaft nicht, ihren Mitgliedern Orientierung und Sicherheit zu bieten. Daher holen Eltern sich diese bei ihren Kindern. Wenn niemand sonst sie liebt, soll wenigstens ihr Kind sie lieben.[465] Doch dieser Anspruch überfordert das Kind.
- Erwachsene sollten das Tempo bestimmen, nicht Kinder. Kinder sollten (einfache) Aufträge ausführen.[466]
- Eltern sollten sich auf ihre Intuition verlassen, beziehungsweise diese wiederentdecken, um Kindern Grenzen zu setzen[467], damit sie lernen, Frustration auszuhalten.
- Nicht nur überforderte, sondern gerade auch sehr engagierte Eltern behandeln ihre Kinder *zu liebevoll* und setzen zu wenig Grenzen. Sie behandeln Kinder als „kleine Erwachsene", was diese überfordert und ihre psychische Entwicklung behindert.[468]
- Es ist für die Entwicklung ungünstig, Kinder (übermäßig) zu verwöhnen.[469] Sie fangen dann an, die Eltern auszunutzen.
- Kinder führen Aufgaben aus (alleine anziehen, den Tisch decken usw.), um den Eltern zu gefallen. Daher sollten Eltern ihnen *nicht helfen*, wenn sie nicht wollen oder es nicht gelingt, sondern darauf bestehen, dass sie es allein tun. Gerade die Sorge um die elterliche Liebe würde Kinder dazu bewegen, ihre eigenen Fähigkeiten zu verbessern und Entwicklungsschritte zu vollziehen.[470] Es darf auch kleinen

Kindern zugemutet werden, etwas zu tun, worauf sie gerade keine Lust haben.[471]

• Ausdrücklich als „normal" im wünschenswerten Sinne bezeichnet Winterhoff es, wenn Eltern sich nicht auf Provokationen von Kindern einlassen, sondern sich abgrenzen, indem sie „nicht zur Verfügung stehen"[472] (das Kind also zum Beispiel auf sein Zimmer schicken oder es sozusagen „am langen Arm verhungern lassen").

Katharina Saalfrank

Katharina Saalfrank (*1971) war von 2004 bis 2011 „Die Super-Nanny" auf RTL. Nach dem Ende der Serie veröffentlichte sie u.a. die Ratgeber „Du bist OK, so wie du bist: Das Ende der Erziehung" und „Kindheit ohne Strafen". Kritisiert wurde das Fernsehformat der Super-Nanny für die Verletzung der Würde von Kindern, da sie in Extremsituationen vorgeführt würden. Für die Beratungen in der Sendung betrachtete Saalfrank „das Familiensystem in seiner Gesamtheit" und griff auf Techniken aus der Systemischen Theorie zurück wie auch auf Elemente der Sozialarbeit.

Kritiker*innen beklagten, dass in der Sendung unangepasstes Verhalten von Kindern und Jugendlichen stets als behandlungsbedürftiges Problem aufgefasst wurde. Erziehungstechniken wurden somit eher wie eine Art Folgsamkeitstraining eingesetzt. Komplexe Probleme wurden (scheinbar) in kurzer Zeit gelöst. Im Mittelpunkt standen die Wünsche und Bedürfnisse der Eltern, nicht die der Kinder oder Jugendlichen. Gezeigt wurden außerdem eher bildungsschwache Familien. So bediente die Sendung „Voyeurismus, Schadenfreude und Besserwisserei des Publikums"[473], so der Spiegel. Vielfach bediente sich Saalfrank unterschiedlicher Methoden aus dem „Positive Parenting Program" („Triple P").[474] Dieses Programm sieht vor, dass Eltern eine gewaltfreie, schützende und fördernde Umgebung schaffen und ein konsequentes, angemessenes Erziehungsverhalten zeigen. Sie sollen als Vorbilder fungieren und in der Tendenz eher loben als kritisieren.[475] Negatives Verhalten, insbesondere Wutanfälle, sollten laut Super-Nanny möglichst ignoriert werden.[476] Bei wiederholtem Fehlverhalten wird das Kind auf einen „stillen Stuhl" verbannt, um dort eine „Auszeit" zu verbringen und sich zu beruhigen. Anfangs stellte Saalfrank selbst Regeln auf, an die sich Eltern wie Kinder in Zukunft halten sollten. Später wurden von ihr vorgeschlagene „Familienvereinbarungen" getroffen.[477] Bei Nichteinhaltung drohten Sanktionen.

Mittlerweile distanziert sich Saalfrank von den Erziehungsmethoden in der Sendung. Insbesondere den „stillen Stuhl" beziehungsweise die Auszeit auf der Treppe bezeichnet sie als „destruktiv" und „demütigend". Überhaupt seien Bestrafungen in der Erziehung überflüssig, würden das Kind nur hilflos und ohnmächtig machen.[478]
Saalfrank hat vier Söhne.[479]

Kernaussagen

• Kinder brauchen Erwachsene, die ihnen das Gefühl geben: Ich bin ok, so wie ich bin.[480]

• Die Eltern müssen klar und auch kritisch Stellung beziehen, aber sie dürfen sich niemals abwenden.[481]

• Viele Eltern fühlen sich persönlich angegriffen von den normalen Entwicklungsphasen[482], also zum Beispiel unruhigem Schlaf oder Trotz. Sie vergleichen ihr Kind auch oft im Detail mit anderen. Hier helfen Weitsicht und Ausdauer.

• Es ist immer falsch, Kinder zu bestrafen und zu demütigen.[483]
• Kinder sollten sich nicht zu sehr dem Rhythmus der Eltern anpassen, das macht sie einsam und unglücklich.[484]
• Beziehung statt Erziehung![485]

Nicola Schmidt

Nicola Schmidt (*1977) arbeitet als Wissenschaftsjournalistin. Sie setzt sich für ein „artgerechtes" Aufwachsen von Kindern ein und bietet entsprechende Veranstaltungen an, zum Beispiel Familiencamps in der Natur. In den Büchern der „artgerecht"-Serie setzt sie sich für ein entspannteres Elternsein ein. Vordergründig hat das etwas von „groß werden sie alle", aber im Detail geht es ihr darum, die jeweiligen Entwicklungsschritte der Kinder zu erkennen und zu fördern, was aber nicht heißt, sie zu forcieren, weil man damit auf dem Spielplatz angeben könnte oder weil es organisatorisch so praktisch wäre, wenn das Kind zum Beispiel allein und ohne Windeln schläft. Eines ihrer Bücher trägt den verlockend-provokativen Titel „Erziehen ohne Schimpfen". Schmidt beschäftigt sich vor allem mit den Themen Schwangerschaft, Geburt, Baby und Kleinkind. Nicola Schmidt hat zwei Kinder.

Kernaussagen:

• Was für ein Kind gut ist, muss noch längst nicht für alle gut sein.[486]
• Eltern kennen ihre Kinder am besten und können daher ihre Bedürfnisse erkennen und erfüllen.[487]
• Artgerecht zu leben, heißt für Menschen zum Beispiel in der Gruppe sein, viel in der Natur sein, sich viel im Gehen

bewegen, viel kuscheln, gemeinsam singen und tanzen.[488]

- Es ist unwichtig, wann genau Beikost eingeführt wird. Essen sollte im ersten Lebensjahr vor allem Spaß machen.[489] Auch später sollten Kinder nie gezwungen werden, etwas zu essen, sondern gebeten werden, etwas Neues zu probieren.[490]
- Ebenso unwichtig: Wann das Kind im eigenen Zimmer und durchschläft. Wichtig hingegen: Dass das Kind sich nicht abgeschoben, sondern geborgen fühlt. Die individuellen Bedürfnisse von Eltern und Kindern, aber auch die logistischen Notwendigkeiten sollten behutsam in Ausgleich gebracht werden. [491]
- Eltern sollten nicht kritisieren, was sie stört, sondern erklären, was sie sich wünschen (zum Beispiel bei Tischmanieren).[492]

Achtsame Erziehung (u. a. Myla und Jon Kabat-Zinn, Dr. Carlos González)

Verschiedene Autor*innen vertreten im Detail unterschiedliche Varianten der Achtsamkeit in der Erziehung. Einige nennen es ausdrücklich so, wie beispielsweise Jon Kabat-Zinn (* 1944). Er ist der Begründer der MBSR (mindfulness based stress reduction, deutsch: Achtsamkeitsbasierte Stressreduktion). Kabat-Zinns Erziehungsbuch, geschrieben zusammen mit seiner Frau Myla, heißt „Mit Kindern wachsen".

Bei dem spanischen Kinderarzt Carlos González (* 1960) heißt diese achtsame Haltung „liebevolle Erziehung". Sein Buch, von der La Leche Liga Deutschland herausgegeben, trägt den Titel „In Liebe wachsen".

In beiden Fällen „wachsen" nicht nur die Kinder, sondern alle Familienmitglieder miteinander und aneinander.

Letztlich liegt bei der achtsamen Erziehung der Schwerpunkt nur nuanciert anders als bei „artgerechter“ Erziehung oder auch beim „gleichwürdigen“ Miteinander.

Achtsamkeit, aus der Tradition der Meditation heraus verstanden, bezeichnet die erlernbare Fähigkeit, aufmerksam und wertfrei wahrzunehmen, „was ist“. Also erst einmal zu schauen und dann zu reagieren. Diese *Pause* zwischen Reiz und Reaktion ist eine von vielen Möglichkeiten, in einem schwierigen Moment das Kind nicht aus der eigenen Genervtheit heraus anzubellen, sondern im Idealfall sogar über eine stressige Situation lachen zu können.

Achtsamkeit ist nur möglich durch Aufmerksamkeit, und Aufmerksamkeit ist nur möglich mit ausreichend Zeit. So legen die Vertreter*innen dieser Haltung auch großen Wert darauf, viel Zeit gemeinsam zu verbringen. Sie betonen, dass manchmal die reine Anwesenheit eines liebevollen Elternteils alles ist, was Kinder brauchen. Konkretes Beispiel: Das Kind liegt mit Fieber im Bett. Daran können Sie akut nichts daran ändern. Sie können sich darüber ärgern und aufregen, was Sie stresst, und beim Kind sogar Schuldgefühle auslöst. Sie können dem Kind Suppe bringen und auf dem iPad die KiKa-App freigeben. Oder Sie können sich eine Weile zu Ihrem Kind setzen, während es schlapp daliegt. Und vielleicht mit ihm ein geliebtes Hörbuch hören.

Ziel ist nicht, jenen Eltern, die viel um die Ohren haben, ein noch schlechteres Gewissen zu machen, sondern im Gegenteil, zu betonen: Du bist gut genug. In vielen Fällen braucht dein Kind nicht mehr als dich, deine Zeit, deine Liebe. Eltern sollen aus dieser Haltung heraus „Probleme“ nicht lösen, sondern erst einmal akzeptieren und mit dem

Kind gemeinsam „(aus)halten“, dass es ist, wie es ist. Oft ist mehr gar nicht nötig.

Kabat-Zinns haben drei Kinder.[493] Carlos González ist ebenfalls Vater von drei Kindern.[494]

Kernaussagen:

• Man kann Kinder gar nicht zu viel lieben.

• Je mehr Aufmerksamkeit man den Kindern gibt, desto mehr Kraft erhält man zurück.[495]

• Wer unter Stress steht, sieht oft die einfachsten Lösungen nicht.

• Achtsamkeit bedeutet nicht Machtlosigkeit. Vielmehr ergeben sich aus der präzisen Wahrnehmung Möglichkeiten der gezielten Einflussnahme auf Emotionen oder Situationen.[496]

• Achtsamkeit erlaubt auch ein *nachträgliches* Betrachten schwieriger Situationen. Hat man zum Beispiel sein Kind beim Einkaufen angeherrscht, kann man reflektieren, warum – und ob das jemals etwas bringt und welche Alternativen es gäbe.[497]

• Kinder sollten angenommen werden in ihrer grundlegenden Unabhängigkeit und Eigenständigkeit.[498]

• Mahlzeiten können Kindern mit Gleichmut serviert werden und ebenso sollte man den Teller nach einer Weile abräumen, voll oder leer.[499]

• Eltern sollten Kinder nicht „schreien lassen“, sondern trösten. Ja, irgendwann hören Kinder aus Erschöpfung auf zu schreien. Aber sie haben bloß „gelernt“, dass sich niemand zuverlässig um sie kümmert, wenn sie in Not sind. Zuwendung ist immer besser als Abwendung. (Das heißt nicht, immer zuzulassen, was das Kind gerade will.)[500]

- Es kann hilfreich sein zu versuchen, die Situation aus den Augen des Kindes zu betrachten und damit vielleicht seine Einschätzung nachvollziehen zu können.[501]
- Versuchen Sie, sich vorzustellen, wie Sie auf Ihr Kind wirken oder diesem erscheinen.[502]
- Perfekte Eltern gibt es nicht![503]

WIE ERZIEHT MAN ANDERSWO?

Klar, manche Erziehungsmethoden sind einfach falsch. Egal, was anderswo üblich ist. Aber in vielen Fällen ist es spannend, unterhaltsam oder auch lehrreich, was Eltern in anderen Ländern als ganz normal ansehen.

WIR SIND ALLE AUSLÄNDER*INNEN, FAST ÜBERALL

Das unreflektierte Vorurteil besagt, dass deutsche Eltern ihre Kinder immer noch sehr streng und leistungsorientiert erziehen.

Leben Ausländer*innen länger in Deutschland, beklagen sie hingegen eher, dass viele deutsche Eltern ihre Kinder an einer viel zu langen Leine laufen ließen.[504] Wir Deutsche würden wenig Wert darauf legen, dass die Kinder möglichst früh lesen lernen, und würden sie überdurchschnittlich oft im Freien spielen lassen. Andererseits erscheinen insbesondere Auseinandersetzungen vielfach wie Vertragsverhandlungen unter Gleichen.[505] Zudem würden die Deutschen gefährliche Experimente oder Freizeitaktivitäten (zum Beispiel mit Messern, Werkzeugen oder Feuer) nicht verbieten oder sogar gutheißen. Und unsere Kinder würden viele Wege ganz allein zurücklegen. In den USA beispielsweise ist es in einigen Bundesstaaten verboten, Kinder unter zehn Jahren in der Öffentlichkeit ohne Aufsicht zu lassen.[506] Lässt man ein solches Kind zum Beispiel mit dem Rad zu einer Freundin fahren, zu Fuß zum Bäcker oder allein auf den Spielplatz gehen, kann eine Geldstrafe verhängt werden oder das Jugendamt eingreifen. Auch beim Warten auf den Schulbus stehen die Kinder stets unter Aufsicht einer Lehrkraft, bis das letzte Kind an Bord ist.[507]

An diesen Vorurteilen könnte durchaus etwas dran sein, bedenkt man, dass Kinder zu bekommen in Deutschland vielfach als eher negatives Lebensereignis oder als große Einschränkung angesehen wird. In einer Langzeitstudie über die Lebenszufriedenheit gab über ein Drittel der Teilnehmer*innen ein Absinken der empfundenen Lebensfreude um zwei Einheiten oder mehr an (auf einer Skala von 1 bis 10), nachdem sie Kinder bekommen hatten.[508] Zum Vergleich: Der Tod des*der Lebenspartners*in lässt die Zufriedenheit um eine Einheit sinken, eine Scheidung sogar nur um 0,6 Einheiten.[509]

Zwischen locker und streng

In Frankreich geht es insgesamt häufig etwas strenger zu als hierzulande.[510] Kinder, die sich nicht gut benehmen, bekommen durchaus hin und wieder eine Ohrfeige. In manchen Familien lassen sich Eltern sogar noch mit „Sie“

anreden: „Liebe Mutter, erlauben Sie mir, etwas zu naschen?" Auf tadellose Manieren wird großer Wert gelegt.[511] Die meisten Kinder werden schon früh ganztags betreut, fast alle Schulen sind Ganztagsschulen. Ein Großteil der Erziehung findet also außer Haus statt – und damit nicht individuell, sondern gesellschaftlich gesteuert.[512] Auch um das Essen wird wenig debattiert – gegessen wird, was auf den Tisch kommt[513] (und wenn es Weinbergschnecken sind).

Wie auch in Spanien, Italien, Griechenland oder der Türkei ist es in Frankreich ebenfalls üblich, dass Kinder abends lange draußen spielen dürfen. Tagsüber ist es schlicht zu heiß dafür. In diesen Ländern wird es als eigenartige deutsche Angewohnheit angesehen, Kinder unbedingt früh und auch noch *pünktlich* ins Bett zu bringen. Insbesondere in Italien dürfen Kleinkinder in der Öffentlichkeit sicht- und auch hörbar werden[514], sogar Wutanfälle werden gelassen toleriert.[515] Respekt vor Älteren wird allerdings streng eingefordert.[516] Und die Schulzeit ist vielfach noch stärker reglementiert als in Deutschland.[517]

Mehr Elternkontakt, größere Selbstständigkeit

Dass Kinder allein – im eigenen Bett oder gar in einem eigenen Zimmer – schlafen sollen, ist in vielen asiatischen Ländern undenkbar. In Japan beispielsweise schlafen sie, sie bis etwa zehn oder elf Jahre alt sind, auf extrabreiten Matratzen gemeinsam mit den Eltern.[518] Andererseits dürfen schon recht junge Kinder (ab sieben, manchmal auch früher) allein unterwegs sein, sogar mit öffentlichen Verkehrsmitteln.[519] Japanische Eltern dort setzen auch weniger als die Deutschen auf Regeln und Verbote („Du sollst nicht schlagen!"), sondern mehr auf den Dialog („Das hat mir wehgetan“).[520] Eltern gehen davon aus, dass die Kinder noch nicht wissen, wie sie sich verhalten sollen, sich also nicht absichtlich falsch benehmen.[521] Gewünschtes Verhalten wird mit Lob und Süßigkeiten belohnt.[522]

In Vietnam konditionieren viele Eltern ihre Kinder, noch bevor diese ein Jahr alt sind, mit einem bestimmten Pfiff.[523] Sie geben dieses Geräusch von sich, sobald sie bemerken, dass das Baby pinkeln muss. Bald dreht sich die Reihenfolge um und das Baby pinkelt nur noch, wenn es den Pfiff hört. Im kommunistischen Nordkorea werden die meisten Babys bereits ab zwei oder drei Monaten in staatlichen Krippen betreut[524] (und somit ab diesem Zeitpunkt maßgeblich vom Staat erzogen). In Polynesien werden Kinder, sobald sie laufen können, von den älteren Kindern aus der Nachbarschaft betreut – und lernen, dass sie am besten mitspielen können, wenn sie nicht dauernd quengeln.[525]

Türkische Kleinkinder dürfen oft sehr frei spielen. Ab der frühen Jugend werden ihnen dann jedoch häufig sehr strenge Benimmregeln vorgegeben, insbesondere auch die Geschlechterrollen betreffend.[526] In vielen islamischen Ländern ist dies ähnlich: In den ersten drei Lebensjahren ist Kindern nahezu alles erlaubt, danach wird eine strenge Erziehung verfolgt.[527] Wichtigste Ziele sind Achtung, Gehorsam, Dankbarkeit und Ehrfrucht gegenüber Eltern und Älteren.[528] Eltern haben dafür zu sorgen, dass Kindern den Verlockungen der Welt nicht erliegen oder nachgeben.[529]

Mehr Lob, mehr Strenge, mehr Bildschirmzeit

In den USA lassen Eltern ihre Kinder häufig viel früher und viel länger fernsehen, das Internet nutzen oder Computer spielen.[530] Das hat vielleicht nicht nur kulturelle Gründe, sondern auch damit zu tun, dass viele Wege dort deutlich länger sind, es also sehr viel Zeit kosten würde, die Kinder ständig irgendwohin zu fahren. Der Umgangston ist eher streng, Zimmerarrest oder „Auszeiten“ werden häufig verwendet.[531] Die gängige US-Erziehung passt gut zur „Super-Nanny“-Haltung Anfang des Jahrhunderts.

Die Förderung beginnt schon früh in Lesen, Schreiben und Rechnen im Kindergarten.[532] Jeder kleinste Erfolg wird überschwänglich gelobt. Vermutlich, weil in einem Land ohne nennenswerte soziale Absicherung eine gute Ausbildung wichtig ist. Dass diese letztlich trotzdem nur gegen hohe Gebühren zu haben ist, steht auf einem anderen Blatt. In der Schule werden Talente, sei es im Sport, in Naturwissenschaften oder auch zum Beispiel im Debattieren oder im Theater, intensiv gefördert.[533] Mit etwas Glück bekommen Kinder auf diese Weise ein Stipendium für die weiterführende Ausbildung.

In vielen afrikanischen Ländern werden Babys länger und häufiger getragen als in Europa.[534] Wenn sie schreien, werden sie allerdings manchmal aus dem Raum oder der jeweiligen Umgebung getragen – sie sollen lernen, dass sie nur Teil der Gruppe bleiben, wenn sie sich ruhig verhalten.[535] Später dürfen Kinder unbeaufsichtigt unter sich spielen und lärmen, wie sie wollen – sind jedoch Erwachsene anwesend, müssen sie still sein und Gehorsam zeigen.[536] Sonst gibt es Schläge.[537] Weinen von Kindern, die aus dem Windelalter heraus sind, gilt als beschämend.[538] Andererseits erhalten die Kinder, sofern die Eltern dies ermöglichen können, sehr viele Süßigkeiten.[539]

Kleine und große Erwachsene

In China werden immer noch manche Kinder streng auf Höchstleistung gedrillt, sei es im Sport oder akademisch. Bei Versagen werden sie streng gerügt. Den Gefühlen von Kindern wird wenig Bedeutung beigemessen, sie werden oft wie kleine Erwachsene behandelt. Disziplin, Erfolg und Respekt gelten als Tugenden, Spiel und Freude vielfach als Zeitverschwendung.[540]

Russische Familien halten enger zusammen als dies in vielen anderen Ländern der Fall ist.[541] Oft leben drei Generationen (Großeltern, Eltern, Kinder) unter einem Dach. Das mag Kostengründe haben, wird aber kulturell positiv bewertet.

Übrigens: Manche lokalen Gepflogenheiten gelten sogar schon vor der Geburt. In Deutschland[542] meiden Schwangere Katzen (um eine Infektion mit Toxoplasmose zu verhindern[543]) und Rohmilchkäse (um keine Listeriose zu bekommen[544]). Französinnen hingegen lassen rohen Salat auf dem Teller liegen, Italienerinnen essen Erdbeeren und Schokolade, weil ihr Kind angeblich sonst ein Muttermal bekommt, Frauen in Neuguinea verzichten auf das Fleisch von Beuteltieren.[545] In Mali dürfen sich schwangere Frauen beim Wasserholen nicht bücken – sonst muss sich das Kind im Bauch übergeben.[546] Schwangere Russinnen sollen nicht heimlich essen, das mache das wachsende Baby nervös. In Polen wird davon ausgegangen, ein Haarschnitt während der Schwangerschaft gefährde die Intelligenz des Kindes, in Guatemala heißt es, das Verlassen des Hauses in der Mittagssonne oder bei Vollmond verursache Missbildungen.[547]

BLICK ZURÜCK NACH VORN

(ERZIEHUNG IN DEN ZEITEN NACH CORONA)

Dieses Buch entstand in den Corona-Jahren 2020 und 2021. Es war naheliegend, sich zu fragen, ob sich aus der ungewöhnlichen Situation neue Erkenntnisse gewinnen lassen.

Und das ist durchaus der Fall. Es sind keine revolutionären Neuigkeiten, die alles auf den Kopf stellen. Im Gegenteil, sie zeigen auf, dass der aktuelle Stand der Wissenschaft vieles genau richtig erfasst hat.

Ausgelöst durch die Corona-Pandemie *fehlten* auf einmal viele Einflüsse. Kitas und Schulen hatten geschlossen oder liefen nur im Notbetrieb. Verabredungen zum Spielen wurden vermieden, Großeltern nicht besucht. Viele Familien waren auf sich und ihre unmittelbaren eigenen Ressourcen zurückgeworfen.

Das war für die meisten Eltern noch anstrengender als die Zeit zuvor. Die Corona-Einschränkungen vergrößerten vorhandene Probleme: zu wenig Platz, zu wenig Zeit, zu viel Arbeitslast, Krisen in der Partnerschaft. Sie machten überdeutlich, wie *anspruchsvoll* es ist, Kinder wirklich ernsthaft und aufmerksam beim Aufwachsen zu begleiten. Es geht nicht darum, dass sie den ganzen Tag bespielt werden müssen. Aber sie richten sich ganz einfach nicht nach unserem aktuellen Energielevel und den Wünschen vom Boss in der Videokonferenz.

Die Pandemie zeigte auch, wie wichtig eine kompetente Bildungsministerin gewesen wäre oder eine starke Familienministerin.[548] Die Lobby der Familien ist schlicht unzulänglich im Vergleich zu den Wirtschaftsverbänden.[549] Insofern erwies sich das Private wieder einmal als politisch.

Kinder, denen pädagogische Unterstützung oder therapeutische Hilfe angeboten wurde, kamen besser durch die Zeit.[550] Es ist ein Skandal, dass solche Maßnahmen immer noch stigmatisiert werden und sogar die beruflichen Aussichten beschädigen können.

Die überwältigende Relevanz von offenen Angeboten wurde deutlich[551], weil sie keinen Gegenpol zur familiären Förderung darstellen, sondern eine Ergänzung. Und weil sie Kindern und Jugendlichen dabei helfen, sich Schritt für Schritt aus der Symbiose mit den Eltern zu lösen.[552]

KINDER BRAUCHEN KINDER

Die Corona-Zeit hat gezeigt, dass wir Eltern gut beraten sind, unsere Aufgabe differenziert zu betrachten. Wenn wir den Job gut machen, gehen die Kinder nach fünfzehn bis zwanzig Jahren einigermaßen lebenskompetent in die Welt hinaus. Und sie *wollen das auch*. Das bedeutet, anzuerkennen, dass wir auf eine Trennung hinarbeiten. Mit diesem Gedanken nehmen wir eine gewisse Trauer vorweg – so als würden wir das eigene Leben imaginär vom Tode aus betrachten.

Diese Grundspannung zwischen Eltern und Kindern, das Wegstreben voneinander und die daraus resultierenden Reibereien nerven im Alltag oft. Doch die meisten von uns haben erlebt, dass es nicht besser wird, wenn wir die ganze Zeit aufeinanderhocken. Eltern sind keine eierlegenden Wollmilchsäue, die Kunst, Mathe und Englisch unterrichten, Bauchweh heilen und warme Mahlzeiten bereitstellen. Für viele war es zudem eine emanzipatorische „Rolle rückwärts“, weil häufig die Mütter die zusätzliche Care-Arbeit übernahmen.[553]

Die ersten Forschungsergebnisse[554] bestätigen, dass es Kindern und Jugendlichen in dieser Zeit gefehlt hat – und ihre Entwicklung gehemmt hat – unmittelbar von Gleichaltrigen umgeben zu sein. Das wird sich (hoffentlich) geändert haben, bis Sie dieses Buch in Händen halten. Ja, dann maulen die Kids vielleicht schon wieder, wie doof Schule und Hausaufgaben sind. Es ist auch nicht die Aufgabe der Kinder, zu erkennen, dass Schule nicht nur eine Lernanstalt ist, sondern auch soziale Kompetenzen vermittelt. Es wäre die Aufgabe der Bildungsminister*innen, das zu erkennen und stark zu machen.

Deutlich wurde auch, wie hoch der Leistungsdruck bereits in der Grundschule ist. Schon bei Neunjährigen in der dritten Klasse stand auf einmal die Empfehlung für die weiterführende Schule auf dem Spiel. Dieser Anspruch löst Angst aus, im schlimmsten Fall anhaltende Angstzustände.[555]

Wäre dafür nicht im Job noch Zeit genug? Kinder, deren Eltern hier gegensteuerten, kamen besser durch die Zeit.[556] Ebenso wie Kinder besser mit der Situation umgehen konnten, deren Eltern sie gezielt in Entscheidungsprozesse miteinbezogen. Je mehr die Kinder altersgemäß mitreden durften, das zeigte eine deutsche Langzeitstudie[557], desto besser ging es der gesamten Familie.

ELTERN MÜSSEN (AUCH) FÜR SICH SELBST SORGEN

Die Corona-Pandemie war u.a. ein Lehrstück in Sachen globaler Sozialpolitik. Es wurde deutlich, wie sehr wir begonnen hatten, uns darauf zu verlassen, dass alles immer genau so weitergeht, höher, weiter, schneller, und entsprechend aus Ehrgeiz oder Geldgier immer knapper kalkuliert. In einer amerikanischen Studie[558] gaben 24 Prozent der Eltern an, dass ihre Kinderbetreuung ausfiel – und 35 Prozent hatten Schwierigkeiten[559], Arbeit, Haushalt und Kinderbetreuung unter einen Hut zu bringen! Es galt auf einmal, meist auf engstem Raum, Arbeit (Homeoffice), Schule (Distanzunterricht), Sozialleben (virtuell) und Alltag unter einen Hut zu bekommen.

Studien über Kinder in dieser Zeit beschäftigten sich fast ausschließlich mit zwei Themen:

- Wie ansteckend sind Kinder? Und unterscheidet sich der Krankheitsverlauf bei Kindern von dem bei Erwachsenen? (Um zu ermitteln, ob und in welchem Umfang man Erwachsene vor Kindern und Kinder vor Corona schützen sollte.)
- Wie verändert sich die psychische Gesundheit unter dem Einfluss von Angst, Unsicherheit, Einschränkungen? (Um zu ermitteln, ob und wie lange der Schutz der Risikogruppen die Einschränkungen der jungen Menschen rechtfertigt.)

Die rein epidemiologische Seite scheint weitgehend geklärt zu sein. Darüber, welchen Vorteil die Corona-Maßnahmen für welche Personen oder Bevölkerungsgruppen hatten, und um welchen Preis, werden wir vermutlich noch Jahre diskutieren. (Falls nicht ein neues Problem um die Ecke kommt, was nicht auszuschließen ist.)

Wie unter einem Brennglas oder im Zeitraffer, haben Erhebungen gezeigt, dass es Kindern schlechter geht, je mehr Sorgen ihre Eltern haben. Verlieren diese beispielsweise den Job, so hat das direkte negative Auswirkungen auf die psychische Gesundheit der Kinder.[560] Wer sich also je gefragt hat, ob es „okay" sei, (auch) für das eigene Wohlbefinden zu sorgen, kann daraus schließen: Ja, ist es!

In die gleiche Kerbe schlägt die Erkenntnis, dass Kinder, die in Armut aufwachsen, von den Maßnahmen noch härter getroffen wurden. International verschlechterte sich für 89 Prozent der Kinder die medizinische Versorgung, unter 1 Prozent der Kinder aus Haushalten unterhalb der Armutsgrenze hatten die Möglichkeit, am Distanzunterricht teilzunehmen.[561] 63 Prozent der Mädchen mussten mehr Hausarbeiten als vor der Krise übernehmen, aber nur 43 Prozent der Jungen[562].

Drei Viertel aller Haushalte weltweit mussten Einkommenseinbußen hinnehmen – überproportional betroffen waren die ohnehin schon armen Haushalte mit 82 Prozent.[563] Ein Drittel aller Haushalte berichtete von körperlicher Gewalt gegen Familienmitglieder durch Pandemiefrust.[564] Die zusätzliche Übernahme von Aufgaben im Haushalt stellte für 20 Prozent der Mädchen ein Hindernis für Lernmöglichkeiten dar, aber nur für 10 Prozent der Jungen.[565] 13 Prozent der Mädchen berichteten, dass ihnen durch den fehlenden Schulbesuch (und das dort erhaltene Mittagessen) ersatzlos eine Mahlzeit fehlte, aber nur 7 Prozent den Jungen.[566]

Deutlich mehr Alleinerziehende als Paare beklagten Jobverlust oder Einkommenseinbußen.[567] Fast ein Viertel aller Mädchen weltweit ist auf Hygieneprodukte angewiesen, die üblicherweise kostenlos in der Schule verteilt werden.[568] Expert*innen fürchten, dass die erzieherischen Errungenschaften aus bis zu 30 Jahren auf dem Spiel stehen.[569] Gerade war es gelungen, die Entwicklung der Kinder aus ärmeren oder bildungsfernen Haushalten besser zu fördern – da trifft die Pandemie genau diese am härtesten.

VIELEN GING ES SCHLECHTER, MANCHEN GING ES BESSER

In einer internationalen Befragung von knapp 14 000 Kindern aus 46 Ländern berichteten 55 Prozent aller Mädchen, dass sie in den Lockdown-Monaten keinerlei Kontakt zu ihren Freund*innen hatten, im Gegensatz zu 45 Prozent der Jungs[570] (die über bessere technische Möglichkeiten verfügten – oder sich schlicht „trotzdem“ trafen).

Diejenigen, die ihre Freund*innen nicht sehen konnten, gaben mehrheitlich[571] zu Protokoll, sie seien weniger glücklich (57 Prozent), besorgter (54 Prozent) und unsicherer (58 Prozent). Bestand hingegen die Möglichkeit, Freund*innen zu treffen, so sahen die Zahlen viel besser aus: Die Corona-Umstände machten dann nur 5 Prozent weniger glücklich, 5 Prozent besorgter und 6 Prozent unsicherer! Eindeutig also: Treffen mit Gleichaltrigen sind für die psychische Stabilität von Kindern notwendig.

Eine etwas verunsichernde Erkenntnis[572] aus derselben Befragung besteht zwar darin, dass 83 Prozent der Kinder von großer Angst oder Sorge durch Corona berichteten, aber nur 46 Prozent der Eltern dies bei ihren Kindern beobachteten!

Nicht geklärt ist, ob die Kinder ihre Gefühle gezielt für sich behielten, ob die Eltern mit eigenen Sorgen beschäftigt waren oder vielleicht einfach nur sahen, was sie sehen wollten. Mitnehmen lässt sich jedoch, dass wir oft einfach nicht genau wissen (können), wie es unseren Kindern geht. Weswegen es um so wichtiger ist, möglichst gute Bedingungen zu schaffen, um Krisen und Problemen vorzubeugen, anstatt zu versuchen, sie im Nachhinein zu beheben.

Nützlich auch das Ergebnis einer anderen Befragung[573] im ersten Corona-Halbjahr, die ergab, dass sich zwar für 66 Prozent der Kindergartenkinder und 70 Prozent der Schulkinder die Gemütslage verschlechtert hatte. Aber knapp 20 Prozent der Schulkinder und sogar 31,5 Prozent der Kindergartenkinder ging es *besser*. Ein weiterer Hinweis darauf, dass wir Menschen eben alle sehr, sehr unterschiedlich sind und reagieren.

Dementsprechend kann Erziehung, auch nach Corona, nicht für alle gleich sein, sondern muss die Situation und die Persönlichkeiten im Einzelnen berücksichtigen. Auch wenn Patentrezepte toll wären – es gibt sie leider nicht.

Trotzdem zeigt sich auch in den Erhebungen[574], dass es sehr wohl lohnt, sich Gedanken über die Erziehungsziele und die bestmöglichen Wege zu diesen zu machen. Denn sowohl den Eltern, die sich als kompetente Erzieher*innen einstuften, als auch deren Kindern ging es in der Corona-Krise besser. Da man davon ausgehen kann, dass sicher nicht alle Eltern mit ihrer Selbsteinschätzung richtigliegen, sich ihre Kinder aber trotzdem besser fühlten, lässt sich schließen: Die Eigenwahrnehmung einer ausreichenden Fähigkeit für sich ist bereits ein hilfreicher Schutzfaktor. Anders gesagt: Schon die Tatsache allein, dass Sie dieses Buch lesen und Ihre Kenntnisse erweitern, verbessert das Wohlbefinden und die Entwicklungschancen Ihres Kindes.

BLEIBT ALLES ANDERS?

Die abrupten Veränderungen in der Corona-Krise boten auch die Möglichkeit, den bisherigen Alltag zu hinterfragen. Eine Studie[575] ermittelte, dass sich Eltern in diesem Zusammenhang vor allem mit den folgenden Themen beschäftigten, denen sie jeweils positive wie negative Aspekte abgewinnen konnten:

- Fernunterricht und die Rolle der Eltern dabei
- Veränderung der eigenen beruflichen Identität (Jobverlust, Übernahme von Lehraufgaben im Fernunterricht)
- Veränderung der innerfamiliären Arbeitsaufteilung zwischen den Partner*innen
- Loslassen von Erwartungshaltungen in Bezug auf Job, Familie, Alltag
- finanzielle Sicherheit, Möglichkeit der Arbeit im Homeoffice, Gesundheit
- Routine: von den Elternteilen wurde *mehr* Routine gewünscht (vom Ablauf des Alltags bis zu sich wiederholenden gemeinsamen Aktivitäten wie Film- oder Spieleabenden)
- Verlangsamung des Alltags
- mehr Zeit mit der Familie
- Medienmonitoring: Kindern die aktuelle Entwicklung der Pandemie *kindgerecht* darzustellen, ist gut, ständig News zu schauen oder zu lesen, hat allerdings negative psychische Auswirkungen auf Eltern wie Kinder. Es ist zugleich schwierig, den Nachrichtenkonsum von Kindern mit eigenem Internetzugang oder Smartphone zu reglementieren. (Gesichert ist aber in diesem Zusammenhang auch, dass

der eigene Umgang der Eltern mit derartigen Krisensituationen Vorbildcharakter hat.[576])

- Umgang mit wechselnden Gemütszuständen (zum Beispiel Freude über mehr Zeit mit der Familie, Angst vor Ansteckung usw.)
- Veränderung der Bindungen, innerfamiliär wie außerfamiliär. Je näher die Eltern ihren Kindern standen, desto besser ging es diesen psychisch. Je ablehnender das Verhältnis, desto anfälliger die Seele.
- Sorge um die Zukunft der eigenen Beziehungen (zum Beispiel zu Freund*innen)
- Sorge um die zukünftigen Beziehungen der Kinder
- Feiern und andere Meilensteine: Wie können Geburtstage, Abschlüsse usw. mit Freund*innen und Familie auf neue, ungefährliche Weise angemessen gewürdigt werden?
- gegebenenfalls ersatzweise kleinere, alltägliche Momente im kleinen Kreis „feiern“

Es wird deutlich: Die Pandemie warf ein Schlaglicht auf genau die Themen, mit denen alle Eltern sich in der einen oder anderen Weise auseinandersetzen (müssen). Wichtig ist dabei nicht so sehr, welche konkrete Lösung Sie in Ihrer Familie finden, sondern dass Sie sich die Mühe machen, zu überlegen: Was wollen wir warum zum Ausdruck bringen und wie kann das gelingen? (Beispielsweise könnte eine Konsequenz die Forderung nach einer durchsetzungsfähigeren Schul- und Bildungspolitik sein[577], oder nach einer Flexibilisierung der Arbeitszeiten, sodass es nicht heißt „Vollzeit oder Karriereende“. Je nach dem, wie Sie zu diesen und anderen Fragen stehen, können Sie bei der nächsten Wahl Ihr Kreuz machen.)

EINFACH UND SCHWIERIG ZUGLEICH

Wenn wir wollen, können wir aus diesen Monaten lernen, den Anspruch an uns Eltern zu senken.[578] Wir müssen nicht alles können, alles richtig machen. Wir müssen nur einen zuverlässigen, liebevollen Rahmen bereitstellen.
Nur in Anführungszeichen. Und doch ist diese Erkenntnis für viele eine Entlastung.

Die Corona-Zeit hat uns erfahren lassen, wie übermäßig intensiv das Erziehen von Kindern in der Kleinstfamilie ist und dass es im Alleingang schlicht nicht gut funktioniert. Kinder brauchen Kinder und Kinder brauchen Liebe. So einfach ist das und so schwierig zugleich.

DIE WICHTIGSTEN ERKENNTNISSE

KURZ UND KNAPP ZUSAMMENGEFASST

• Erziehung ist das Ergebnis aufmerksamer Interaktionen, unterschiedlich für jedes Kind und jedes Elternteil. Es gibt hilfreiche Informationen, aber keine allgemeingültigen Regeln.
• Entwicklungsschritte in allen Bereichen (zum Beispiel Schlafen, Sauberkeit, Lernen) sollten nicht erzwungen werden, sondern es ist wichtig, auf Signale für die Bereitschaft zu achten.
• Nehmen Sie Ihren eigenen Vorbildcharakter ernst, beim Essen wie beim Verhalten (zum Beispiel Handyzeiten, Umgang mit Geld, Umgang miteinander).
• Kinder beim Wachsen unterstützend zu begleiten, kostet Zeit. Das anzuerkennen, mindert den eigenen Stress. Die Möglichkeit, diese Zeit aufbringen zu können, ist keine organisatorische, sondern eine sozialpolitische Frage.
• Die abgrenzende Abhärtung von Kindern, um deren Durchhaltevermögen zu stärken, ist sehr deutsch – und

wenig nützlich. Besser: die Möglichkeit, auf Wunsch zuverlässig nah bei den Eltern sein zu können und zu dürfen.

- Gute Kinderbetreuung schadet nicht. Vielfach stärkt sie die kindliche Entwicklung sogar. Im Zweifel sind kleinere Gruppen besser als größere.
- Viel Frühförderung und wenig Zeit zum Freispiel stören die Entwicklung durch Überforderung, statt sie zu fördern.
- Es ist förderlicher, das Engagement eines Kindes zu loben („toll, du hast dir viel Mühe gegeben") als die Persönlichkeit („du kannst ja gut malen".)
- Eigene Gefühle differenziert zu benennen, hilft Kindern, den Umgang mit Emotionen zu erlernen.
- Anderswo werden Kinder auch gut groß. Erziehung ist eine kulturelle Angelegenheit. Manches ist tatsächlich bekanntermaßen falsch, aber vieles kann richtig sein.

ENDNOTEN

1 Hannah Fry, „What Really Counts", The New Yorker XCVII, Nr. 6 (29. März 2021): 70–73.

2 „Duden | erziehen | Rechtschreibung, Bedeutung, Definition, Herkunft", zugegriffen 8. April 2021, https://www.duden.de/rechtschreibung/erziehen.

3 Marc H. Bornstein, „Parenting Science and Practice", o. J., 57; French in Marc H. Bornstein, Hrsg., Handbook of parenting, 2nd ed (Mahwah, N.J: Erlbaum, 2002), 345–76.

4 Bornstein, „Parenting Science and Practice", 897.

5 Jerome Kagan und Nathan A. Fox, „Biology, Culture, and Temperamental Biases", in Handbook of Child Psychology, hg. von William Damon und Richard M. Lerner (Hoboken, NJ, USA: John Wiley & Sons, Inc., 2007), chpsy0304, https://doi.org/10.1002/9780470147658.chpsy0304; „ABSTRACT", Monographs of the Society for Research in Child Development 72, Nr. 2 (Juli 2007): vii–vii, https://doi.org/10.1111/j.1540 to 5834.2007.00436.x.

6 Bornstein, „Parenting Science and Practice", 933.

7 „How Do Your Parenting Methods Affect Your Child's Future?", Kobe University, zugegriffen 9. April 2021, https://www.kobe-u.ac.jp/en/NEWS/research/2016_06_17_01.html.

8 „How Do Your Parenting Methods Affect Your Child's Future?"

9 „How Do Your Parenting Methods Affect Your Child's Future?"

10 Fernando Garcia und Enrique Gracia, „IS ALWAYS AUTHORITATIVE THE OPTIMUM PARENTING STYLE? EVIDENCE FROM SPANISH FAMILIES", o. J., 31.

11 Amador Calafat u. a., „Which Parenting Style Is More Protective against Adolescent Substance Use? Evidence within the European Context", Drug and Alcohol Dependence 138 (Mai 2014): 185–92, https://doi.org/10.1016/j.drugalcdep.2014.02.705.

12 Jennifer E. Lansford u. a., „Longitudinal Associations between Parenting and Youth Adjustment in Twelve Cultural Groups: Cultural Normativeness of Parenting as a Moderator", Developmental psychology 54, Nr. 2 (Februar 2018): 362–77, https://doi.org/10.1037/dev0000416.

13 Vgl. Facebook, Twitter, und Instagram, „4 Types of Parenting Styles and Their Effects on Kids", Verywell Family, zugegriffen 9. April 2021, https://www.verywellfamily.com/types-of-parenting-styles-1095045.

14 Textor M.R, „Gestörte Familienstrukturen und -prozesse", Das Kita-Handbuch, 1992, https://www.kindergartenpaedagogik.de/fachartikel/psychologie/2106.

15 W. Stangl, „Konsistenz elterlichen Erziehungsverhaltens", Psychologische Beiträge 29 (1987): 349–75.

16 David Huh u. a., „Does Problem Behavior Elicit Poor Parenting?: A Prospective Study of Adolescent Girls", Journal of Adolescent Research 21, Nr. 2 (März 2006): 185–204, https://doi.org/10.1177/0743558405285462.

17 Anne Kratzer, „Harsh Nazi Parenting Guidelines May Still Affect German Children of Today", Scientific American, zugegriffen 14. April 2021, https://www.scientificamerican.com/article/harsh-nazi-parenting-guidelines-may-still-affect-german-children-of-today1/.

18 „Alleinerziehende in Deutschland nach Geschlecht bis 2019", Statista, zugegriffen 9. April 2021, https://de.statista.com/statistik/daten/studie/318160/umfrage/alleinerziehende-in-deutschland-nach-geschlecht/.

19 „Eltern, die Teilzeit arbeiten", Statistisches Bundesamt, zugegriffen 9. April 2021, https://www.destatis.de/DE/Themen/Arbeit/Arbeitsmarkt/Qualitaet-Arbeit/Dimension-3/eltern-teilzeitarbeit.html.

20 „Eltern, die Teilzeit arbeiten".

21 „Aktuelle statistische Daten zur Kindertagesbetreuung", Das Kita-Handbuch, 2020, https://www.kindergartenpaedagogik.de/fachartikel/kita-politik/bildungspolitik/1650.

22 „Aktuelle statistische Daten zur Kindertagesbetreuung".

23 „2019-11-14_GBA_Kinderuntersuchungsheft_Web_WZ-PW.pdf", zugegriffen 12. April 2021, https://www.g-ba.de/downloads/17-98-4160/2019-11-14_GBA_Kinderuntersuchungsheft_Web_WZ-PW.pdf.

24 „Entwicklungspsychologie – Was, wann?", Kanton Zug, zugegriffen 12. April 2021, https://www.zg.ch/behoerden/direktion-fur-bildung-und-kultur/schulinfo/fokus/entwicklungspsychologie-2014-was-wann.

25 E. Juulia Paavonen u. a., „Normal Sleep Development in Infants: Findings from Two Large Birth Cohorts", Sleep Medicine 69 (Mai 2020): 145–54, https://doi.org/10.1016/j.sleep.2020.01.009.

26 familie, „Kinder im Trotzalter: die Trotzphase & Autonomiephase", familie.de, zugegriffen 12. April 2021, https://www.familie.de/kleinkind/trotzphase-trotz-bei-kindern/.

27 Kreis Mettmann, „Die kindlichen Entwicklungsstufen im Überblick", o. J., 1.

28 Mettmann, „Die kindlichen Entwicklungsstufen im Überblick".

29 Mettmann, „Die kindlichen Entwicklungsstufen im Überblick".

30 Mettmann, „Die kindlichen Entwicklungsstufen im Überblick".

31 Remo H. Largo und Oskar G. Jenni, „Was verstehen wir unter einer kindgerechten Sauberkeitserziehung?", Kinderärztliche Praxis, Nr. Sonderheft „Frühe Gesundheitsförderung und Präsention" (2005): 6–10.

32 Largo, Remo H. und Caroline Benz, „Benz C., Largo R.H.: Entwicklung der Blasen- und Darmkontrolle", Forum News, Skript 7 (2003): 1–4.

33 „Kleinkind Entwicklung: 5. Lebensjahr", zugegriffen 12. April 2021, https://www.windeln.de/magazin/kleinkind/entwicklung/kleinkind-entwicklung-5-lebensjahr.html.

34 Mettmann, „Die kindlichen Entwicklungsstufen im Überblick".

35 Mettmann, „Die kindlichen Entwicklungsstufen im Überblick".

36 Mettmann, „Die kindlichen Entwicklungsstufen im Überblick".

37 Mettmann, „Die kindlichen Entwicklungsstufen im Überblick".

38 Vera Rosenauer, „Welche Entwicklungsphasen durchlaufen Kinder", Abenteuer Erziehung, zugegriffen 12. April 2021, https://www.abenteuer-erziehung.at/news/204-welche-entwicklungsphasen-durchlaufen-kinder.

39 „Entwicklung der kindlichen Bindung | kindergesundheit-info.de", zugegriffen 12. April 2021, https://www.kindergesundheit-info.de/themen/entwicklung/0-12-monate/bindung/; Manuela Verissimo und Fernanda Salvaterra, „Maternal Secure-Base Scripts and Children's Attachment Security in an Adopted Sample", Attachment & Human Development 8, Nr. 3 (September 2006): 261–73, https://doi.org/10.1080/14616730600856149.

40 L. Alan Sroufe, „Attachment and Development: A Prospective, Longitudinal Study from Birth to Adulthood", Attachment & Human Development 7, Nr. 4 (Dezember 2005): 349–67, https://doi.org/10.1080/14616730500365928; Kent Hoffman, Raising a secure child: how circle of security parenting can help you nurture your child's attachment, emotional resilience, and freedom to explore (New York: Guilford Press, 2017).

41 vgl. u.a. „Was mich persönlich an Attachment Parenting nervt - Littleyears", zugegriffen 2. Juni 2021, https://www.littleyears.de/blog/die-ap-diskussion/; Ursula Stark Urrestarazu, „Attachment Parenting: Auf welcher Seite erziehst Du?", Die Zeit, 5. September 2017, Abschn. Kultur, https://www.zeit.de/kultur/2017-09/attachment-parenting-eltern-erziehung-debatte/komplettansicht; Caroline Rosales, „Erziehung: Eltern, gebt euch nicht selbst auf!", Die Zeit, 28. August 2017, Abschn. Kultur, https://www.zeit.de/kultur/2017-08/erziehung-attachment-parenting-eltern-ueberforderung-10nach8/komplettansicht; Silvia Follmann, „Nora Imlau: ‚Die Grundidee von Attachment Parenting stürzt Mütter nicht ins Unglück'", EDITION F (blog), 31. Oktober 2017, https://editionf.com/interview-nora-imlau-attachment-parenting/.

42 Urrestarazu, „Attachment Parenting".

43 Follmann, „Nora Imlau".

44 „uea_66_remolargo.pdf", zugegriffen 8. April 2021, https://www.remo-largo.ch/assets/uea_66_remolargo.pdf.

45 „uea_66_remolargo.pdf".

46 Nicola Schmidt und Claudia Meitert, Artgerecht - das andere Kleinkinderbuch: Gefühle liebevoll begleiten, Entwicklungsschritte verstehen, mit Kindern wachsen (München: Kösel, 2018), 112.

47 „uea_66_remolargo.pdf".

48 R. H. Largo u. a., „Development of bladder and bowel control: significance of prematurity, perinatal risk factors, psychomotor development and gender", European Journal of Pediatrics 158, Nr. 2 (1. Januar 1999): 115–22, https://doi.org/10.1007/s004310051030.

49 „uea_66_remolargo.pdf".

50 „uea_66_remolargo.pdf".

51 „Trocken- und Sauberwerden | kindergesundheit-info.de", zugegriffen 13. April 2021, https://www.kindergesundheit-info.de/themen/entwicklung/entwicklungsschritte/trocken-und-sauberwerden/.

52 „Trocken- und Sauberwerden | kindergesundheit-info.de".

53 „Trocken- und Sauberwerden | kindergesundheit-info.de".

54 „uea_66_remolargo.pdf".

55 „uea_66_remolargo.pdf".

56 „Was passiert im Pipi-Kacka-Land?", Kita Kinderzimmer (blog), 19. Mai 2020, https://www.kita-kinderzimmer.de/hygiene-koerperpflege/was-passiert-im-pipi-kacka-land/.

57 „AA? Kacka? Stinker? Oder wie? – Archiv: Kinderforum: 1 Jahr bis 2 Jahre – 9monate.de", zugegriffen 13. April 2021, https://www.9monate.de/community/thread/Archiv-Kinderforum-1-Jahr-bis-2-Jahre/AA-Kacka-Stinker-Oder-wie-?threadId=13168857.

58 evamell, „Mein Baby kackt? Scheißt? Macht Aa? Ja, was denn nun?", Eva meint's gut (blog), 8. April 2017, https://evameintsgut.de/mein-baby-kackt-scheisst-macht-aa-ja-was-denn-nun/.

59 Katrin Wilkens, Der alltägliche Erziehungswahnsinn: warum perfekte Eltern nerven (Frankfurt, M: Westend, 2010), 79.

60 Nicola Schmidt, Der Elternkompass: Was ist wirklich gut für mein Kind? Alle wissenschaftlichen Studien ausgewertet, Gräfe und Unzer, 2020.

61 Thi Hoa Duong, „Vietnamese Mothers' Experiences with Potty Training Procedure for Children from Birth to 2 Years of Age", o. J., 7.

62 „Schwierige Esser am Familientisch - IN FORM", zugegriffen 15. April 2021, https://www.in-form.de/wissen/kinder-essen-verweigern/; swissmom Team, „Regeln am Familientisch - Familienleben - Erziehung - Kind", swissmom.ch, zugegriffen 15. April 2021, https://www.swissmom.ch/kind/erziehung/die-erziehung-in-der-familie/regeln-am-familientisch/.

63 „Wenn Essen zum Problem wird! Essstörungen bei Kindern und Jugendlichen", zugegriffen 15. April 2021, https://www.familienhandbuch.de/gesundheit/ernaehrung-probleme/wennessenzumproblemwird.php.

64 „Wenn Essen zum Problem wird! Essstörungen bei Kindern und Jugendlichen".

65 „Essprobleme bei Kindern | kindergesundheit-info.de", zugegriffen 15. April 2021, https://www.kindergesundheit-info.de/themen/ernaehrung/essprobleme/problemsituationen/.

66 „Essprobleme bei Kindern | kindergesundheit-info.de".

67 Monica P. McNamara u. a., „Early-life effects of juvenile Western diet and exercise on adult gut microbiome composition in mice", The Journal of Experimental Biology 224, Nr. 4 (15. Februar 2021): jeb239699, https://doi.org/10.1242/jeb.239699.

68 Sophie Nicklaus u. a., „A Prospective Study of Food Variety Seeking in Childhood, Adolescence and Early Adult Life", 2005, 9.

69 „WHO | Diet", WHO (World Health Organization), zugegriffen 19. April 2021, http://www.who.int/dietphysicalactivity/diet/en/.

70 677 Huntington Avenue Boston und Ma 02115 +1495-1000, „Kid's Healthy Eating Plate", The Nutrition Source, 16. Oktober 2015, https://www.hsph.harvard.edu/nutritionsource/kids-healthy-eating-plate/.

71 „What Nutrients Does Your Child Need Now?", Mayo Clinic, zugegriffen 19. April 2021, https://www.mayoclinic.org/healthy-lifestyle/childrens-health/in-depth/nutrition-for-kids/art-20049335.

72 „Vegan, vegetarisch, Mischkost: nur geringe Unterschiede in der Nährstoffversorgung bei Kindern und Jugendlichen", zugegriffen 19. April 2021, https://www.dge.de/presse/pm/vegan-vegetarisch-mischkost-nur-geringe-unterschiede-in-der-naehrstoffversorgung-bei-kindern-und-jugendlichen/.

73 Monika Düngenheim und Ruth Rösch, Das beste Essen für Kinder: Empfehlungen für die Ernährung von Kindern, 2018.

74 Carmen Fernandez u. a., „Trajectories of Picky Eating in Low-Income US Children" 145, Nr. 6 (2020): 10.

75 s.a. E. Leigh Gibson und Lucy Cooke, „Understanding Food Fussiness and Its Implications for Food Choice, Health, Weight and Interventions in Young Children: The Impact of Professor Jane Wardle", Current Obesity Reports 6, Nr. 1 (2017), https://doi.org/10.1007/s13679-017-0248-9.

76 Paul Dazeley und Carmel Houston-Price, „Exposure to Foods' Non-Taste Sensory Properties. A Nursery Intervention to Increase Children's Willingness to Try Fruit and Vegetables", Appetite 84 (Januar 2015): 1–6, https://doi.org/10.1016/j.appet.2014.08.040.

77 s.a. Gibson und Cooke, „Understanding Food Fussiness and Its Implications for Food Choice, Health, Weight and Interventions in Young Children".

78 s.a. Gibson und Cooke, „Understanding Food Fussiness and Its Implications for Food Choice, Health, Weight and Interventions in Young Children".

79 Düngenheim und Rösch, Das beste Essen für Kinder, 8.

80 Leann L. Birch, „Development of Food Acceptance Patterns in the First Years of Life", Proceedings of the Nutrition Society 57, Nr. 4 (November 1998): 617–24, https://doi.org/10.1079/PNS19980090; Leann L Birch, „DEVELOPMENT OF FOOD PREFERENCES", 1999, 22.

81 s.a. John E. Hayes und Russell S.J. Keast, „Two Decades of Supertasting: Where Do We Stand?", Physiology & Behavior 104, Nr. 5 (Oktober 2011): 1072–74, https://doi.org/10.1016/j.physbeh.2011.08.003.

82 s.a. L. L. Birch u. a., „The Variability of Young Children's Energy Intake", The New England Journal of Medicine 324, Nr. 4 (24. Januar 1991): 232–35, https://doi.org/10.1056/NEJM199101243240405.

83 Leann L Birch, Jennifer Orlet Fisher, und Kirsten Krahnstoever Davison, „Learning to Overeat: Maternal Use of Restrictive Feeding Practices Promotes Girls' Eating in the Absence of Hunger", The American Journal of Clinical Nutrition 78, Nr. 2 (1. August 2003): 215–20, https://doi.org/10.1093/ajcn/78.2.215.

84 Leann L Birch und Jennifer O Fisher, „Mothers' Child-Feeding Practices Influence Daughters' Eating and Weight1–3", 2018, 8.

85 Neha Khandpur, „Fathers' Child Feeding Practices: A Review of the Evidence", 2014, 12.

86 Dazeley und Houston-Price, „Exposure to Foods' Non-Taste Sensory Properties. A Nursery Intervention to Increase Children's Willingness to Try Fruit and Vegetables".

87 Kim Fraser, Marianne Wallis, und Winsome St John, „Improving Children's Problem Eating and Mealtime Behaviours: An Evaluative Study of a Single Session Parent Education Programme", Health Education Journal 63, Nr. 3 (September 2004): 229–41, https://doi.org/10.1177/001789690406300304.

88 Department of Health; c=AU; o=The State of Queensland; ou=Queensland Health; ou=Preventative Health Branch, „Fun Not Fuss with Food: Having Fun with Food", Text, zugegriffen 16. April 2021, http://conditions.health.qld.gov.au/HealthCondition/condition/8/78/54/fun-not-fuss-with-food-having-fun-with-food.

89 K. Kähkönen u. a., „Fruit and Vegetable Consumption among 3–5-Year-Old Finnish Children and Their Parents: Is There an Association?", Food Quality and Preference 82 (Juni 2020): 103886, https://doi.org/10.1016/j.foodqual.2020.103886.

90 IDEFICS consortium u. a., „Bidirectional Associations between Psychosocial Well-Being and Adherence to Healthy Dietary Guidelines in European Children: Prospective Findings from the IDEFICS Study", BMC Public Health 17, Nr. 1 (Dezember 2017): 926, https://doi.org/10.1186/s12889-017-4920-5.

91 Rachael Brown und Jane Ogden, „Children's eating attitudes and behaviour: a study of the modelling and control theories of parental influence", Health Education Research 19, Nr. 3 (1. Juni 2004): 261–71, https://doi.org/10.1093/her/cyg040.

92 Patricia DeCosta, „Changing Children's Eating Behaviour - A Review of Experimental Research", 2017, 32.

93 Hazel Wolstenholme u. a., „Childhood Fussy/Picky Eating Behaviours: A Systematic Review and Synthesis of Qualitative Studies", International Journal of Behavioral Nutrition and Physical Activity 17, Nr. 1 (Dezember 2020): 2, https://doi.org/10.1186/s12966-019-0899-x.

94 Roma Jusiene u. a., „Screen Use During Meals Among Young Children: Exploration of Associated Variables", 2019, 11.

95 „Screen Time While Eating Increases The Amount You Eat by up to 60 %", zugegriffen 16. April 2021, https://spectrumnews1.com/oh/columbus/news/2020/04/13/screen-time-while-eating-increases-the-amount-you-eat-by-up-to-60-.

96 Jason M. Nagata u. a., „Contemporary screen time modalities among children 9–10 years old and binge-eating disorder at one-year follow-up: A prospective cohort study", International Journal of Eating Disorders n/a, Nr. n/a (o. J.), https://doi.org/10.1002/eat.23489.

97 „How Much Sleep Do Babies and Kids Need?", Sleep Foundation, 24. September 2020, https://www.sleepfoundation.org/children-and-sleep/how-much-sleep-do-kids-need.

98 „How Much Sleep Do Children Need?", nhs.uk, 30. April 2018, https://www.nhs.uk/live-well/sleep-and-tiredness/how-much-sleep-do-kids-need/.

99 Wendy A. Hall und Elizabeth Nethery, „What Does Sleep Hygiene Have to Offer Children's Sleep Problems?", Paediatric Respiratory Reviews 31 (August 2019): 64–74, https://doi.org/10.1016/j.prrv.2018.10.005.

100 Max Hirshkowitz u. a., „National Sleep Foundation's Updated Sleep Duration Recommendations: Final Report", Sleep Health 1, Nr. 4 (Dezember 2015): 233–43, https://doi.org/10.1016/j.sleh.2015.10.004.

101 „Elterninfo Kind schläft nicht", Deutsche Gesellschaft für Kinder- und Jugendmedizin e.V., zugegriffen 22. April 2021, https://www.dgkj.de/eltern/dgkj-elterninformationen/elterninfo-kind-schlaeft-nicht.

102 Lisa Matricciani u. a., „Children's Sleep Needs: Is There Sufficient Evidence to Recommend Optimal Sleep for Children?", Sleep 36, Nr. 4 (1. April 2013): 527–34, https://doi.org/10.5665/sleep.2538.

103 Matricciani u. a., „Children's Sleep Needs: Is There Sufficient Evidence to Recommend Optimal Sleep for Children?"

104 L. A. Matricciani u. a., „Never Enough Sleep: A Brief History of Sleep Recommendations for Children", PEDIATRICS 129, Nr. 3 (1. März 2012): 548–56, https://doi.org/10.1542/peds.2011-2039.

105 nurtureandthriveblog, „The 4-Step Scientific Formula for the Best Bedtime Routine For Kids", Nurture and Thrive (blog), 5. Juni 2019, https://nurtureandthriveblog.com/bedtime-routine-for-kids/.

106 „Schlafen im Biorhythmus - Schlafkultur", zugegriffen 22. April 2021, https://schlafkultur.de/schlafblog/schlafgesundheit/schlafen-im-biorhythmus/.

107 Oskar G Jenni, „Normal Human Sleep at Different Ages: Infants to Adolescents", o. J., 11; Oskar G Jenni, Alexander A Borbély, und Peter Achermann, „Development of the Nocturnal Sleep Electroencephalogram in Human Infants" 286 (2004): 11; Madeleine Grigg-Damberger u. a., „The Visual Scoring of Sleep and Arousal in Infants and Children", Journal of Clinical Sleep Medicine 03, Nr. 02 (15. März 2007): 201–40, https://doi.org/10.5664/jcsm.26819; Madeleine M. Grigg-Damberger, „The Visual Scoring of Sleep in Infants 0 to 2 Months of Age", Journal of Clinical Sleep Medicine 12, Nr. 03 (15. März 2016): 429–45, https://doi.org/10.5664/jcsm.5600; s.a. Schmidt und Meitert, Artgerecht - das andere Kleinkinderbuch, 72.

108 „How Much Sleep Do Babies and Kids Need?"

109 Anjolii Diaz u. a., „Children's Sleep and Academic Achievement: The Moderating Role of Effortful Control", International Journal of Behavioral Development 41, Nr. 2 (März 2017): 275–84, https://doi.org/10.1177/0165025416635284.

110 Angelika Kullik und Franz Petermann, „Zum gegenwärtigen Stand der Emotionsregulationsdiagnostik im Säuglings- und Kleinkindalter", Diagnostica 57, Nr. 4 (Oktober 2011): 165–78, https://doi.org/10.1026/0012-1924/a000052.

111 Text: Mareike Groene Bilder: Gabi Vogt / 13 Photos, „So unterstützen Sie Ihr Kind im Umgang mit Gefühlen", zugegriffen 21. April 2021, https://www.fritzundfraenzi.ch/gesundheit/psychologie/wut-im-bauch-so-lernen-kinder-ihre-emotionen-zu-regulieren.

112 Shenghui Li u. a., „Sleep, School Performance, and a School-Based Intervention among School-Aged Children: A Sleep Series Study in China", hg. von Yeur-Hur Lai, PLoS ONE 8, Nr. 7 (10. Juli 2013): e67928, https://doi.org/10.1371/journal.pone.0067928.

113 Soomi Lee u. a., „Longitudinal Associations of Childhood Bedtime and Sleep Routines with Adolescent Body Mass Index", Sleep 42, Nr. 1 (1. Januar 2019), https://doi.org/10.1093/sleep/zsy202.

114 „Babies Sleep Better In Their Own Rooms After 4 Months, Study Finds", NPR.org, zugegriffen 19. April 2021, https://www.npr.org/sections/health-shots/2017/06/05/531582634/babies-sleep-better-in-their-own-rooms-after-4-months-study-finds.

115 Ian M. Paul u. a., „Mother-Infant Room-Sharing and Sleep Outcomes in the INSIGHT Study", Pediatrics 140, Nr. 1 (Juli 2017): e20170122, https://doi.org/10.1542/peds.2017-0122.

116 Erika E Gaylor, Melissa M Burnham, und Thomas F Anders, „A Longitudinal Follow-Up Study of Young Children's Sleep Patterns Using a Developmental Classification System", o. J., 20.

117 Andrew K Przybylski, „Digital Screen Time and Pediatric Sleep: Evidence from a Preregistered Cohort Study", THE JOURNAL OF PEDIATRICS. 2018, 7.

118 s.a. „Screen Time and Sleep: Children and Teenagers", Raising Children Network, zugegriffen 21. April 2021, https://raisingchildren.net.au/preschoolers/play-learning/screen-time-healthy-screen-use/screen-time-sleep; Lauren Hale u. a., „Youth Screen Media Habits and Sleep: Sleep-Friendly Screen-Behavior Recommendations for Clinicians, Educators, and Parents", 2019, 20; Michal Kahn, „Sleep, Screen Time and Behaviour Problems in Preschool Children: An Actigraphy Study", Adolescent Psychiatry, o. J., 10; Suhas Chandran u. a., „A comparative study of screen time, sleep duration and behavioural disturbances in urban and rural high school children", Journal of Indian Association for Child and Adolescent Mental Health, 1. Januar 2020, 119–41; Lauren Hale, „Screen Time and Sleep among School-Aged Children and Adolescents: A Systematic Literature Review", 2014, 9; Michael O Mireku, „Night-Time Screen-Based Media Device Use and Adolescents' Sleep and Health-Related Quality of Life", Environment International, 2019, 13.

119 Hall und Nethery, „What Does Sleep Hygiene Have to Offer Children's Sleep Problems?"

120 „Healthy Sleep Habits: How Many Hours Does Your Child Need?", HealthyChildren.org, zugegriffen 19. April 2021, https://www.healthychildren.org/English/healthy-living/sleep/Pages/healthy-sleep-habits-how-many-hours-does-your-child-need.aspx.

121 „Healthy Sleep Habits".

122 „How to Prevent Tooth Decay in Your Baby", HealthyChildren.org, zugegriffen 19. April 2021, https://www.healthychildren.org/English/ages-stages/baby/teething-tooth-care/Pages/How-to-Prevent-Tooth-Decay-in-Your-Baby.aspx.

123 „Healthy Sleep Habits".

124 „Healthy Sleep Tips for Children", nhs.uk, 3. Oktober 2018, https://www.nhs.uk/live-well/sleep-and-tiredness/healthy-sleep-tips-for-children/.

125 Hall und Nethery, „What Does Sleep Hygiene Have to Offer Children's Sleep Problems?"

126 Jodi A. Mindell u. a., „A Nightly Bedtime Routine: Impact on Sleep in Young Children and Maternal Mood", Sleep 32, Nr. 5 (Mai 2009): 599–606, https://doi.org/10.1093/sleep/32.5.599.

127 Jodi A. Mindell u. a., „Bedtime Routines for Young Children: A Dose-Dependent Association with Sleep Outcomes", Sleep 38, Nr. 5 (1. Mai 2015): 717–22, https://doi.org/10.5665/sleep.4662.

128 Mindell u. a., „A Nightly Bedtime Routine".

129 Mindell u. a., „Bedtime Routines for Young Children".

130 nurtureandthriveblog, „The 4-Step Scientific Formula for the Best Bedtime Routine For Kids".

131 Hall und Nethery, „What Does Sleep Hygiene Have to Offer Children's Sleep Problems?"

132 „School-Age and Pre-Teen Sleep: What to Expect", Raising Children Network, zugegriffen 21. April 2021, https://raisingchildren.net.au/pre-teens/healthy-lifestyle/sleep/school-age-sleep.

133 H Smedje und J Hetta, „Associations between Disturbed Sleep and Behavioural Difficulties in 635 Children Aged Six to Eight Years: A Study Based on Parents' Perceptions", Adolescent Psychiatry 10, Nr. 1 (2001): 9.

134 s.a. Facebook, „Review These Dos and Don'ts of a Good Bedtime Routine", Verywell Family, zugegriffen 21. April 2021, https://www.verywellfamily.com/kids-and-bedtime-routines-2634260; „Bedtime Best Practice: Experts Settle on Six Key Steps for Getting Kids to Sleep", the Guardian, 24. Februar 2021, http://www.theguardian.com/lifeandstyle/2021/feb/24/bedtime-best-practice-experts-settle-on-six-key-goals-for-getting-kids-to-sleep.

135 Ronen Steinke, „Vergewaltigung in der Ehe: erst seit 20 Jahren strafbar", Süddeutsche.de, zugegriffen 26. Mai 2021, https://www.sueddeutsche.de/leben/sexuelle-selbstbestimmung-als-vergewaltigung-in-der-ehe-noch-straffrei-war-1.3572377.

136 „Prügeln verboten - Vom langen Kampf für die Kinderrechte", Deutschlandfunk, zugegriffen 26. Mai 2021, https://www.deutschlandfunk.de/pruegeln-verboten-vom-langen-kampf-fuer-die-kinderrechte.724.de.html?dram:article_id=457216.

137 vgl. u.a. „Studie_KJP_DKSB_UNICEF_Gewaltfreie_Erziehung.pdf", zugegriffen 26. Mai 2021, https://www.kinderschutzbund-koeln.de/wp-content/uploads/2020/11/Studie_KJP_DKSB_UNICEF_Gewaltfreie_Erziehung.pdf; Joan Durrant und Ron Ensom, „Physical punishment of children: lessons from 20 years of research", CMAJ : Canadian Medical Association Journal 184, Nr. 12 (4. September 2012): 1373–77, https://doi.org/10.1503/cmaj.101314; S. Alexandra Burt u. a., „Twin Differences in Harsh Parenting Predict Youth's Antisocial Behavior", Psychological science 32 (2021): 956797620968532, https://doi.org/10.1177/0956797620968532; Elizabeth T. Gershoff, Kierra M. P. Sattler, und Arya Ansari, „Strengthening Causal Estimates for Links Between Spanking and Children's Externalizing Behavior Problems", Psychological Science 29, Nr. 1 (Januar 2018): 110–20, https://doi.org/10.1177/0956797617729816; Michael J. MacKenzie u. a., „Spanking and Child Development Across the First Decade of Life", Pediatrics 132, Nr. 5 (November 2013): e1118–25, https://doi.org/10.1542/peds.2013-1227; Catherine A. Taylor u. a., „US Pediatricians' Attitudes, Beliefs, and Perceived Injunctive Norms About Spanking", Journal of Developmental & Behavioral Pediatrics 39, Nr. 7 (September 2018): 564–72, https://doi.org/10.1097/DBP.0000000000000592; Akemi Tomoda u. a., „Reduced Prefrontal Cortical Gray Matter Volume in Young Adults Exposed to Harsh Corporal Punishment", NeuroImage 47, Nr. Suppl 2 (August 2009): T66–71, https://doi.org/10.1016/j.neuroimage.2009.03.005; Elizabeth T. Gershoff und Andrew Grogan-Kaylor, „Spanking and Child Outcomes: Old Controversies and New Meta-Analyses", Journal of family psychology : JFP : journal of the Division of Family Psychology of the American Psychological Association (Division 43) 30, Nr. 4 (Juni 2016): 453–69, https://doi.org/10.1037/fam0000191; Jorge Cuartas u. a., „Corporal Punishment and Elevated Neural Response to Threat in Children", Child Development, 9. April 2021, cdev.13565, https://doi.org/10.1111/cdev.13565; Robert D. Sege u. a., „Effective Discipline to Raise Healthy Children", Pediatrics 142, Nr. 6 (Dezember 2018): e20183112, https://doi.org/10.1542/peds.2018-3112.

138 Andrew Grogan-Kaylor u. a., „Global Perspectives on Physical and Nonphysical Discipline: A Bayesian Multilevel Analysis", International Journal of Behavioral Development 45, Nr. 3 (Mai 2021): 216–25, https://doi.org/10.1177/0165025420981642.

139 Grazyna Kochanska, Nazan Aksan, und Kate E. Nichols, „Maternal Power Assertion in Discipline and Moral Discourse Contexts: Commonalities, Differences, and Implications for Children's Moral Conduct and Cognition.", Developmental Psychology 39, Nr. 6 (2003): 949–63, https://doi.org/10.1037/0012-1649.39.6.949; Deborah Azoulay, „Encouragement and logical consequences versus rewards and punishment: A reexamination.", The Journal of Individual Psychology (US: University of Texas Press, 1999).

140 Indigene Kulturen tun das auch heute noch weitgehend, vgl. Michaeleen Doucleff, Ulrike Kretschmer, und Kösel-Verlag, Kindern mehr zutrauen Erziehungsgeheimnisse indigener Kulturen. Stressfrei - gelassen - liebevoll, 2021.

141 „Machtkampf mit der Wenn-Dann-Keule", zugegriffen 26. Mai 2021, https://www.tagesspiegel.de/berlin/familie-und-erziehung-machtkampf-mit-der-wenn-dann-keule/19484726.html.

142 „Positive Discipline and Child Guidance", zugegriffen 26. Mai 2021, https://extension.missouri.edu/publications/gh6119.

143 „Eltern sollten den Alarmmodus ausschalten", zugegriffen 26. Mai 2021, https://www.tagesspiegel.de/berlin/kinder-erziehen-ohne-schreien-und-schimpfen-eltern-sollten-den-alarmmodus-ausschalten/25405872.html.

144 Susan Crockenberg und Cindy Litman, „Autonomy as Competence in 2-Year-Olds: Maternal Correlates of Child Defiance, Compliance, and Self-Assertion.", Developmental Psychology 26, Nr. 6 (1990): 961–71, https://doi.org/10.1037/0012-1649.26.6.961.

145 „Arbeitszeit-neu-gedacht.pdf", zugegriffen 27. Mai 2021, https://www.bib.bund.de/Publikation/2017/pdf/Arbeitszeit-neu-gedacht.pdf?__blob=publicationFile&v=4.

146 Richard M Ryan und Edward L Deci, „Self-Determination Theory and the Facilitation of Intrinsic Motivation, Social Development, and Well-Being", American Psychologist, 2000, 11.

147 Edward L. Deci u. a., „The Relation of Mothers Controlling Vocalizations to Children s Intrinsic Motivation", Journal of Experimental Child Psychology 55, Nr. 2 (1993): 151–62, https://doi.org/10.1006/jecp.1993.1008.

148 lChelsea Hays und Leslie J. Carver, „Follow the Liar: The Effects of Adult Lies on Children's Honesty", Developmental Science 17, Nr. 6 (November 2014): 977–83, https://doi.org/10.1111/desc.12171.ia

149 „Eltern sollten den Alarmmodus ausschalten".

150 „Positive Discipline and Child Guidance".

151 „What's the Best Way to Discipline My Child?", HealthyChildren.org, zugegriffen 27. Mai 2021, https://www.healthychildren.org/English/family-life/family-dynamics/communication-discipline/Pages/Disciplining-Your-Child.aspx.

152 „Disneyfizierung der Liebe – Warum Verlust- und Bindungsangst zunehmen - YouTube", zugegriffen 26. Mai 2021, https://www.youtube.com/watch?v=WaoApUKn4x8.

153 vgl. Qing Zhou u. a., „The Relations of Parental Warmth and Positive Expressiveness to Children's Empathy-Related Responding and Social Functioning: A Longitudinal Study", Child Development 73, Nr. 3 (Mai 2002): 893–915, https://doi.org/10.1111/1467-8624.00446; P. Garner, „Child and family correlates of toddlers' emotional and behavioral responses to a mishap", Tradition 24 (2003): 580–96.

154 Ribeiro K, „Konflikte in der Kita – Warum streiten so wichtig ist“, Das Kita-Handbuch, 2019, https://www.kindergartenpaedagogik.de/fachartikel/bildungsbereiche-erziehungsfelder/soziale-und-emotionale-erziehung-persoenlichkeitsbildung/konflikte-in-der-kita-warum-streiten-so-wichtig-ist.

155 „What's the Best Way to Discipline My Child?“

156 Douglas Boyle und Connie Hassett-Walker, „Reducing Overt and Relational Aggression Among Young Children: The Results from a Two-Year Outcome Evaluation“, Journal of School Violence 7, Nr. 1 (Februar 2008): 27–42, https://doi.org/10.1300/J202v07n01_03; Philip G. Erwin und Georgina E. Ruane, „The Effects of a Short-Term Social Problem Solving Programme with Children“, Counselling Psychology Quarterly 6, Nr. 4 (Oktober 1993): 317–23, https://doi.org/10.1080/09515079308254125.

157 vgl. u.a. Alison Escalante MD, „How Loving Were Your Parents?“, Medium, 12. März 2020, https://elemental.medium.com/how-loving-were-your-parents-e82e3926e8e7; „No Such Thing As Too Much Love“, zugegriffen 27. Mai 2021, http://www.urbanchildinstitute.org/articles/editorials/no-such-thing-as-too-much-love; Ying Chen, Laura D. Kubzansky, und Tyler J. VanderWeele, „Parental Warmth and Flourishing in Mid-Life“, Social Science & Medicine 220 (Januar 2019): 65–72, https://doi.org/10.1016/j.socscimed.2018.10.026; „How a Parent's Affection Shapes a Child's Happiness for Life“, The Gottman Institute, 7. November 2017, https://www.gottman.com/blog/how-a-parents-affection-shapes-a-childs-happiness-for-life/; J. Maselko u. a., „Mother's Affection at 8 Months Predicts Emotional Distress in Adulthood“, Journal of Epidemiology & Community Health 65, Nr. 7 (1. Juli 2011): 621–25, https://doi.org/10.1136/jech.2009.097873; J. E. Carroll u. a., „Childhood Abuse, Parental Warmth, and Adult Multisystem Biological Risk in the Coronary Artery Risk Development in Young Adults Study“, Proceedings of the National Academy of Sciences 110, Nr. 42 (15. Oktober 2013): 17149–53, https://doi.org/10.1073/pnas.1315458110; Maia Szalavitz, „Why Spoiled Babies Grow Up to Be Smarter, Kinder Kids“, Time, 29. September 2010, https://healthland.time.com/2010/09/29/no-such-thing-as-too-much-love-spoiled-babies-grow-up-to-be-smarter-kinder-kids/; Sarah R. Brauner-Otto, William G. Axinn, und Dirgha J. Ghimire, „Parents' Marital Quality and Children's Transition to Adulthood“, Demography 57, Nr. 1 (1. Februar 2020): 195–220, https://doi.org/10.1007/s13524-019-00851-w.

158 vgl. u.a. FOCUS Online, „Stärken stärken statt Schwächen suchen“, FOCUS Online, zugegriffen 27. Mai 2021, https://www.focus.de/finanzen/experten/heimsoeth/weltmeister-mit-wir-gefuehl-was-wir-von-der-nationalelf-fuer-den-job-lernen-koennen_id_4234039.html; „Unternehmenskultur: Stärken stärken, statt Schwächen zu schwächen – UNLOCK THE POWER OF YOUR STRENGTHS“, Strengths.partners – Business by Design, zugegriffen 27. Mai 2021, https://strengths.partners/blog/2019/7/12/unternehmenskultur-strken-strken-statt-schwchen-zu-schwchen; „Vergiss deine Schwächen! – Warum du deine Stärken stärken solltest“, Glücksdetektiv (blog), 1. Juni 2015, https://www.gluecksdetektiv.de/vergiss-deine-schwaechen-warum-du-deine-staerken-staerken-solltest/; „Stärken stärken: Voll Kraft voraus“, karrierebibel.de, 6. Oktober 2016, https://karrierebibel.de/staerken-staerken/.

159 „Entwicklung: Ist das noch Trotz oder schon Aggression?", zugegriffen 27. Mai 2021, https://www.spektrum.de/news/wann-schlaegt-trotz-in-aggression-um/1423709.

160 Audun Dahl, „Mothers' Orientations to Infants' Moral, Prudential, and Pragmatic Transgressions", o. J., 30.

161 Marion Spengler u. a., „Student Characteristics and Behaviors at Age 12 Predict Occupational Success 40 Years Later over and above Childhood IQ and Parental Socioeconomic Status.", Developmental Psychology 51, Nr. 9 (September 2015): 1329–40, https://doi.org/10.1037/dev0000025.

162 „Temperament and Infant Mortality among the Masai of East Africa", American Journal of Psychiatry 141, Nr. 10 (Oktober 1984): 1189–94, https://doi.org/10.1176/ajp.141.10.1189.

163 Sylvana Côté u. a., „The Development of Physical Aggression from Toddlerhood to Pre-Adolescence: A Nation Wide Longitudinal Study of Canadian Children", Journal of Abnormal Child Psychology 34, Nr. 1 (Februar 2006): 68–82, https://doi.org/10.1007/s10802-005-9001-z.

164 „Entwicklung".

165 Barry, A. (1979). A research project on successful single-parent families. The American Journal of Family Therapy, 7(3), 65–73. doi:10.1080/01926187908250329.

166 https://fragilefamilies.princeton.edu/, https://cls.ucl.ac.uk/cls-studies/millennium-cohort-study/.
Zusammenfassung der BBC: https://www.bbc.com/news/education-47057787.
Craig Garfield,
Chapter 9 - VARIATIONS IN FAMILY COMPOSITION,
Editor(s): William B. Carey, Allen C. Crocker, William L. Coleman, Ellen Roy Elias, Heidi M. Feldman,
Developmental-Behavioral Pediatrics (Fourth Edition),
W.B. Saunders,
2009, Pages 94-102,
ISBN 9781416033707,
https://doi.org/10.1016/B978-1-4160-3370-7.00009-2.
(https://www.sciencedirect.com/science/article/pii/B9781416033707000092).
Glăveanu, Simona Maria. „The Parental Competence of Single-Parent Families from Vulnerable Groups", 2015, 5.

167 Barry, A. (1979). A research project on successful single-parent families. The American Journal of Family Therapy, 7(3), 65–73. doi:10.1080/01926187908250329.

168 Harkness, Susan, Paul Gregg, und Mariña Fernández Salgado. „The Rise in Single Mother Families and Children's Cognitive Development: Evidence From Three British Birth Cohorts". Child Development 91, Nr. 5 (September 2020): 1762–85. https://doi.org/10.1111/cdev.13342.
Rabindrakumar, Sumi, Supported ÁLVARO Martínez-Pérez, Winona Shaw, Nathan Hughes, und Phil Mike Jones. „FAMILY PORTRAIT: Single Parent Families and Transitions over Time", o. J., 4.

169 „Stief- und Patchworkfamilien in Deutschland“, o. J., 9.

170 Deutscher Caritasverband e V, „5 Tipps für Patchwork-Familien“, caritas.de, 5. Dezember 2019, https://www.caritas.de/hilfeundberatung/ratgeber/familie/ueberforderteeltern/patchwork.

171 Kathleen Boyce Rodgers und Hilary A. Rose, „Risk and Resiliency Factors Among Adolescents Who Experience Marital Transitions“, Journal of Marriage and Family 64, Nr. 4 (November 2002): 1024–37, https://doi.org/10.1111/j.1741-3737.2002.01024.x.

172 Claire Cartwright, „Stepfamily Living and Parent-Child Relationships: An Exploratory Investigation“, Journal of Family Studies 11, Nr. 2 (Oktober 2005): 267–83, https://doi.org/10.5172/jfs.327.11.2.267.

173 Douglas M. Teti u. a., „Supporting Parents: How Six Decades of Parenting Research Can Inform Policy and Best Practice“, Social Policy Report 30, Nr. 5 (2017): 7, https://doi.org/10.1002/j.2379-3988.2017.tb00090.x.

174 s.a. Joan B. Kelly und Robert E. Emery, „Children's Adjustment Following Divorce: Risk and Resilience Perspectives“, Family Relations 52, Nr. 4 (Oktober 2003): 352–62, https://doi.org/10.1111/j.1741-3729.2003.00352.x.

175 vgl. Phillip Hess, „How Parenting Style Influences Children: A Review of Controlling, Guiding, and Permitting Parenting Styles on Children's Behavior, Risk- Taking, Mental Health, and Academic Achievement“, zugegriffen 3. Juni 2021, https://core.ac.uk/reader/235396920.

176 Betty Hart und Todd R. Risley, Meaningful differences in the everyday experience of young American children (Baltimore: P.H. Brookes, 1995).

177 vgl. u.a. Meredith L. Rowe, „Child-Directed Speech: Relation to Socioeconomic Status, Knowledge of Child Development and Child Vocabulary Skill“, Journal of Child Language 35, Nr. 1 (Februar 2008): 185 to 205, https://doi.org/10.1017/S0305000907008343; Kathy Hirsh-Pasek u. a., „The Contribution of Early Communication Quality to Low-Income Children's Language Success“, Psychological Science 26, Nr. 7 (Juli 2015): 1071–83, https://doi.org/10.1177/0956797615581493.

178 Rachel R. Romeo u. a., „Beyond the 30-Million-Word Gap: Children's Conversational Exposure Is Associated With Language-Related Brain Function“, Psychological Science 29, Nr. 5 (Mai 2018): 700–710, https://doi.org/10.1177/0956797617742725.

179 Elise A Piazza u. a., „Infant and Adult Brains Are Coupled to the Dynamics of Natural Communication“, o. J., 17.

180 Brenna Hassinger-Das u. a., „Learning Landscapes: Playing the Way to Learning and Engagement in Public Spaces“, Education Sciences 8, Nr. 2 (23. Mai 2018): 74, https://doi.org/10.3390/educsci8020074; Katherine E. Ridge u. a., „Supermarket Speak: Increasing Talk Among Low-Socioeconomic Status Families: Supermarket Speak“, Mind, Brain, and Education 9, Nr. 3 (September 2015): 127–35, https://doi.org/10.1111/mbe.12081.

181 Melissa Hogenboom, „Why the Way We Talk to Children Really Matters“, zugegriffen 25. Mai 2021, https://www.bbc.com/future/article/20191001-the-word-gap-that-affects-how-your-babys-brain-grows.

182 Daniel H Caro, „Parent-Child Communication and Academic Performance. Associations at the within- and between-Country Level", o. J., 24.

183 vgl. „Communicating Effectively With Children", zugegriffen 25. Mai 2021, https://extension.missouri.edu/publications/gh6123.

184 Isabell Wohlfarth, „Auswirkungen aufs ganze Leben: Warum Babysprache nicht gut für das Kind ist", Kölnische Rundschau, 1. August 2019, https://www.rundschau-online.de/ratgeber/familie/auswirkungen-aufs-ganze-leben-warum-babysprache-nicht-gut-fuer-das-kind-ist-29807152.

185 „Improve Your Child's Vocabulary by Simply Reading and Talking to Him", SmartParenting.com.ph, zugegriffen 25. Mai 2021, https://www.smartparenting.com.ph/parenting/real-parenting/read-and-talk-to-kids-to-build-his-vocabulary-a00062-20160817; „Get Down On Your Child's Eye Level When You Talk To Her", SmartParenting.com.ph, zugegriffen 25. Mai 2021, https://www.smartparenting.com.ph/parenting/real-parenting/here-s-why-you-should-talk-to-your-child-at-his-eye-level-a1162-20160902; Gill Connell und Cheryl McCarthy, A moving child is a learning child: how the body teaches the brain to think (birth to age 7) (Minneapolis, MN: Free Spirit Publishing, 2014).

186 Patricia Luciana Runcan u. a., „The Role of Communication in the Parent-Child Interaction", Procedia - Social and Behavioral Sciences 46 (2012): 904–8, https://doi.org/10.1016/j.sbspro.2012.05.221.

187 „Modern Family: Average Parent Spends Just 5 Hours Face-To-Face With Their Kids Per Week!", Study Finds, 25. Januar 2020, https://www.studyfinds.org/modern-family-average-parent-spends-just-5-hours-face-to-face-with-their-kids-per-week/.

188 Nastassja von der Weiden, „Neue Studie: Väter reden nur drei Minuten am Tag mit ihren Kindern, Mütter nur acht", Liliput-Lounge, 25. Mai 2018, https://www.liliput-lounge.de/news/eltern-reden-zuwenig-mit-kindern/.

189 „Zeitverwendungserhebung - Aktivitäten in Stunden und Minuten für ausgewählte Personengruppen - 2012/2013", o. J., 92 Aktivitätscode 47 „Betreuung von Kindern im Haushalt" .

190 vgl. u.a. Jan-Uwe Rogge und Angelika Bartram, Wie Sie reden, damit Ihr Kind zuhört und wie Sie zuhören, damit Ihr Kind redet, 1. Auflage (München: Gräfe und Unzer Verlag GmbH, 2017).

191 Dagmar Kumbier und Friedemann Schulz von Thun, Sie sagt, er sagt: Kommunikationspsychologie für Partnerschaft, Familie und Beruf, Orig.-Ausg., 4. Aufl, rororo Sachbuch 61698 (Reinbek bei Hamburg: Rowohlt-Taschenbuch-Verl, 2013).

192 „das Kommunikationsquadrat - Schulz von Thun Institut", zugegriffen 25. Mai 2021, https://www.schulz-von-thun.de/die-modelle/das-kommunikationsquadrat.

193 s.a. „Warum ich gegen Fremdbetreuung bin | kinderhaben.de", Kinder haben ... und glücklich leben!, 4. Juli 2017, https://kinderhaben.de/klar-bin-ich-gegen-fremdbetreuung/.

194 vgl. „Großer Stress für kleine Kinder?", zugegriffen 21. Mai 2021, https://www.tagesspiegel.de/wissen/studien-zur-krippenerziehung-grosser-stress-fuer-kleine-kinder/6596238.html.

195 „NUBBEK Broschuere.pdf", zugegriffen 21. Mai 2021, http://www.nubbek.de/media/pdf/NUBBEK%20Broschuere.pdf; Birgit Leyendecker, Alexandru Agache, und Stefanie Madsen, „Nationale Untersuchung zur Bildung, Betreuung und Erziehung in der frühen Kindheit (NUBBEK) – Design, Methodenüberblick, Datenzugang und das Potenzial zu Mehrebenenanalysen", Zeitschrift für Familienforschung 26, Nr. 2 (15. September 2014): 244–58, https://doi.org/10.3224/zff.v26i2.16528.

196 Clarke-Stewart, K.A.: Qualität der Kinderbetreuung in den Vereinigten Staaten von Amerika. In Textor M.R, „Formen und Auswirkungen der Fremdbetreuung", Das Kita-Handbuch, 1995, 148–60, https://www.kindergartenpaedagogik.de/fachartikel/bildung-erziehung-betreuung/361.

197 „Wiener Kinderkrippen Studie (Wiki): Die Eingewöhnungsphase von Kleinkindern in Kinderkrippen", zugegriffen 21. Mai 2021, https://bildungswissenschaft.univie.ac.at/psychoanalytische-paedagogik/forschung/abgeschlossene-projekte/wiener-kinderkrippen-studie-wiki-die-eingewoehnungsphase-von-kleinkindern-in-kinderkrippen/.

198 „Großer Stress für kleine Kinder?"

199 s.a. Melissa Milkie, Kei Nomaguchi, und Kathleen Denny, „Does the Amount of Time Mothers Spend With Children or Adolescents Matter?", Journal of Marriage and Family 77 (1. April 2015), https://doi.org/10.1111/jomf.12170.

200 „NUBBEK Broschuere.pdf"; Leyendecker, Agache, und Madsen, „Nationale Untersuchung zur Bildung, Betreuung und Erziehung in der frühen Kindheit (NUBBEK) – Design, Methodenüberblick, Datenzugang und das Potenzial zu Mehrebenenanalysen".

201 Clarke-Stewart, K.A.: Day care: A new context for research and development. In: Marion Perlmutter und University of Minnesota, Hrsg., Parent-child interaction and parent-child relations in child development, The Minnesota symposia on child psychology, v. 17 (Minnesota Symposium on Child Psychology, Hillsdale, N.J: L. Erlbaum Associates, 1984), 61–100; Clarke-Stewart, K.A.: Predicting child development from child care forms and features: The Chicago Study. In: Deborah A. Phillips und National Association for the Education of Young Children, Hrsg., Quality in child care: what does research tell us?, Research monographs of the National Association for the Education of Young Children, v. 1 (Washington, D.C: National Association for the Education of Young Children, 1987), 21–42.

202 vgl. „Großer Stress für kleine Kinder?"

203 vgl. Heidi Keller, „Die Bindungstheorie wird überschätzt", Psychologie Heute, März 2021, 10.

204 Olaf Kapella, „Betreuung, Bildung und Erziehung im Kindesalter", 2015, 70.

205 Achim Leschinsky und Peter Martin Roeder, Hrsg., Die Institutionalisierung von Lehren und Lernen: Beiträge zu einer Theorie der Schule ; Festgabe für Peter Martin Roeder (Weinheim: Beltz, 1996), 119–37.

206 M.R, „Formen und Auswirkungen der Fremdbetreuung".

207 „1472464636_Info 2-16 Stellungnahme Krippen.pdf", o. J.

208 Christine Linkert u. a., „Effekte außerfamiliärer Betreuung im Kleinkindalter auf die Bindungssicherheit und die sozial-emotionale Entwicklung", Kindheit und Entwicklung 22, Nr. 1 (Januar 2013): 5–13, https://doi.org/10.1026/0942-5403/a000093.

209 s.a. „NUBBEK Broschuere.pdf"; Leyendecker, Agache, und Madsen, „Nationale Untersuchung zur Bildung, Betreuung und Erziehung in der frühen Kindheit (NUBBEK) – Design, Methodenüberblick, Datenzugang und das Potenzial zu Mehrebenenanalysen".

210 „1472464636_Info 2-16 Stellungnahme Krippen.pdf".

211 World Vision Deutschland, Hrsg., Kinder in Deutschland 2010: 2. World Vision Kinderstudie (Fischer Taschenbuch Verlag, 2010); vgl. Barbara Hans SPIEGEL DER, „Neue Erziehungsstudie: Die Kinderglücksformel", zugegriffen 2. Juni 2021, https://www.spiegel.de/panorama/gesellschaft/neue-erziehungsstudie-die-kindergluecksformel-a-698100.html.

212 „IGES_AOK_Familienstudie_2018_062018_ger.pdf", zugegriffen 21. Mai 2021, https://www.iges.com/sites/igesgroup/iges.de/myzms/content/e6/e1621/e10211/e22175/e23090/e23098/e23100/attr_objs23102/IGES_AOK_Familienstudie_2018_062018_ger.pdf.

213 „IGES_AOK_Familienstudie_2018_062018_ger.pdf".

214 „IGES_AOK_Familienstudie_2018_062018_ger.pdf".

215 Magdalena Joos, Die soziale Lage der Kinder: Sozialberichterstattung über die Lebensverhältnisse von Kindern in Deutschland, Kindheiten, Bd. 19 (Weinheim: Juventa, 2001), 176.

216 Nagl, Renate und Erich Kirchler, 1994: Kinderfreundschaften und Freizeitgestaltung. S. 295-347 in Liselotte Wilk und Johann Bacher, Kindliche Lebenswelten: Eine sozialwissenschaftliche Annäherung, 1994, 298, http://link.springer.com/openurl?genre=book&isbn=978-3-322-95301-8.

217 „Fragwürdige Trends Im Freizeitverhalten von Kindern | Marktforschung. De", zugegriffen 21. Mai 2021, https://www.marktforschung.de/aktuelles/marktforschung/fragwuerdige-trends-im-freizeitverhalten-von-kindern/.

218 Danielle Cohen is a freelance journalist in New York City, „Why Kids Need to Spend Time in Nature", Child Mind Institute, zugegriffen 21. Mai 2021, https://childmind.org/article/why-kids-need-to-spend-time-in-nature/.

219 City, „Why Kids Need to Spend Time in Nature".

220 „Soremski, R. (2013). Keine Zeit für Freizeit? Ganztagschule im Alltag Jugendlicher", zugegriffen 21. Mai 2021, https://www.bmbf.de/files/keine_zeit_fuer_freie_zeit_bf_2.pdf.

221 „Soremski, R. (2013). Keine Zeit für Freizeit? Ganztagschule im Alltag Jugendlicher".

222 s. u.a. Jennifer Vonk und Todd K. Shackelford, Hrsg., The Oxford handbook of comparative evolutionary psychology, Oxford library of psychology (Oxford ; New York: Oxford University Press, 2012); Peter R. Blake und Katherine McAuliffe, „"I Had so Much It Didn't Seem Fair": Eight-Year-Olds Reject Two Forms of Inequity", Cognition 120, Nr. 2 (August 2011): 215–24,

https://doi.org/10.1016/j.cognition.2011.04.006; Henriette Zeidler u. a., „Taking Turns or Not? Children's Approach to Limited Resource Problems in Three Different Cultures", Child Development 87, Nr. 3 (Mai 2016): 677–88, https://doi.org/10.1111/cdev.12505.

223 Remo H. Largo und Martin Beglinger, Schülerjahre: wie Kinder besser lernen ; mit 100 Farbfotos und Grafiken, 4. Aufl (München: Piper, 2009), 214.

224 Sebastian P. Suggate, Elizabeth A. Schaughency, und Elaine Reese, „Children Learning to Read Later Catch up to Children Reading Earlier", Early Childhood Research Quarterly 28, Nr. 1 (Januar 2013): 33–48, https://doi.org/10.1016/j.ecresq.2012.04.004.

225 vgl. Gerhard Roth und Nicole Strüber, Wie das Gehirn die Seele macht, Sechste Auflage (Stuttgart: Klett-Cotta, 2015), 371.

226 Kunze A.B, „Wie lernen Kinder? Frühkindliche Bildung im Licht neuropsychologischer Forschung", Das Kita-Handbuch, 2016, https://www.kindergartenpaedagogik.de/fachartikel/psychologie/2364.

227 World Vision Deutschland, Kinder in Deutschland 2010: 2. World Vision Kinderstudie; vgl. SPIEGEL, „Neue Erziehungsstudie".

228 Largo und Beglinger, Schülerjahre, 45.

229 „Lern- statt Leistungs-Orientierung", 4. Mai 2021, https://www.forschung-und-lehre.de/lern-statt-leistungs-orientierung-804/.

230 Keithe Stanovich, „Matthew Effects in Reading: Some Consequences of Individual Differences in the Acquisition of Literacy", READING RESEARCHQUARTERLY, 1986, 48.

231 Stanovich, „Matthew Effects in Reading: Some Consequences of Individual Differences in the Acquisition of Literacy".

232 „Lern- statt Leistungs-Orientierung".

233 vgl. u.a. „Developing Early Literacy" (National Institute for Literacy, 2008), https://lincs.ed.gov/publications/pdf/NELPReport09.pdf; „Parents as Literacy Brokers" in Natalia Kucirkova u. a., Hrsg., The Routledge international handbook of early literacy education: A Contemporary Guide to Literacy Teaching and Interventions in a Global Context, The Routledge International Handbook Series (London ; New York: Routledge, 2017); Maryanne Wolf und Catherine Stoodley, Proust and the Squid: The Story and Science of the Reading Brain, 1. Harper Perennial ed (New York: Harper Perennial, 2008).

234 Hugh W. Catts, Suzanne M. Adlof, und Susan Ellis Weismer, „Language Deficits in Poor Comprehenders: A Case for the Simple View of Reading", Journal of Speech, Language, and Hearing Research 49, Nr. 2 (April 2006): 278–93, https://doi.org/10.1044/1092-4388(2006/023).

235 Anne Mangen und Adriaan Weel, „The Evolution of Reading in the Age of Digitisation: An Integrative Framework for Reading Research", Literacy 50, Nr. 3 (September 2016): 116–24, https://doi.org/10.1111/lit.12086.

236 „Lern- statt Leistungs-Orientierung".

237 „Lern- statt Leistungs-Orientierung".

238 „Kinder fördern? Lieb gemeinter Fehler schadet Kindern ein Leben lang | BRIGITTE.de", zugegriffen 5. Mai 2021, https://www.brigitte.de/familie/schlau-werden/kinder-foerdern--lieb-gemeinter-fehler-schadet-kindern-ein-leben-lang-12235508.html; Gerald Hüther, Rettet das Spiel! weil Leben mehr als Funktionieren ist (München: Carl Hanser Verlag, 2016).

239 Bernhard Hauser u. a., Spielen: frühes Lernen in Familie, Krippe und Kindergarten, 2. Auflage, Entwicklung und Bildung in der Frühen Kindheit (Stuttgart: Verlag W. Kohlhammer, 2016).

240 Dorothy G. Singer, Roberta M. Golinkoff, und Kathy Hirsh-Pasek, Hrsg., Play=learning: how play motivates and enhances children's cognitive and social-emotional growth (Oxford ; New York: Oxford University Press, 2006).

241 vgl. Largo und Beglinger, Schülerjahre, 98.

242 nach Ralf Caspary und Elsbeth Stern, Hrsg., Lernen und Gehirn: der Weg zu einer neuen Pädagogik, Orig.-Ausg., 7. Aufl, Herder-Spektrum 5763 (Freiburg im Breisgau: Herder, 2010); Birgit Jackel, Lernen, wie das Gehirn es mag: praktische Lern- und Spielvorschläge für Kindergarten, Grundschule und Familie (Kirchzarten bei Freiburg: VAK, 2008).

243 Iram Siraj Blatchford * und Kathy Sylva, „Researching Pedagogy in English Pre schools", British Educational Research Journal 30, Nr. 5 (September 2004): 713–30, https://doi.org/10.1080/014119204200023466 5; Brian Sutton-Smith, Die Dialektik des Spiels: eine Theorie des Spielens, der Spiele und des Sports, Reihe Sportwissenschaft 10 (Schorndorf: Hofmann, 1978).

244 Kelly Fisher u. a., „Playing Around in School: Implications for Learning and Educational Policy", Handbook of the Development of Play (Book), 1. Januar 2010, https://doi.org/10.1093/oxfordhb/9780195393002.013.0025.

245 Pauline Louise Slot u. a., „Preschoolers' Cognitive and Emotional Self-Regulation in Pretend Play: Relations with Executive Functions and Quality of Play", Infant and Child Development 26, Nr. 6 (November 2017): e2038, https://doi.org/10.1002/icd.2038.

246 Hauser u. a., Spielen.

247 Joachim Bauer, Lob der Schule: sieben Perspektiven für Schüler, Lehrer und Eltern, 5. Aufl (Hamburg: Hoffmann und Campe, 2008).

248 Bernhard Wittmann, Vom Sinn und Unsinn der Hausaufgaben (Hermann Luchterhand Verlag, o. J.); „Hausaufgaben sind überflüssig!", News Item, TU Dresden, zugegriffen 6. Mai 2021, https://tu-dresden.de/tu-dresden/newsportal/news/hausaufgaben?set_language=de; „Sind Hausaufgaben noch zeitgemäß?", Das Deutsche Schulportal (blog), 23. April 2018, https://deutsches-schulportal.de/bildungswesen/forschung-sind-hausaufgaben-noch-notwendig-oder-laengst-ueberholt/; „„Hausaufgaben machen Kinder nicht klüger"", Das Deutsche Schulportal (blog), 13. November 2020, https://deutsches-schulportal.de/schulkultur/remo-largo-hausaufgaben-machen-kinder-nicht-klueger/; Karl Lenz, Katharina Weinhold, und Rüdiger Laskowski, „Leistungsfähigkeit schulischer Ganztagsangebote" (Technische Universität Dresden, 2010), https://tu-dresden.de/gsw/ew/iew/ewgp/ressourcen/dateien/professur/leistungsfaehigkeit_schulischer_ganztagsangebote?lang=de.

249 Ilse Nilshon, „Hausaufgaben und selbständiges Lernen", o. J., 50.

250 Davia B. Steinberg und Valerie A. Simon, „A Comparison of Hobbies and Organized Activities among Low Income Urban Adolescents", Journal of Child and Family Studies 28, Nr. 5 (Mai 2019): 1182–95, https://doi.org/10.1007/s10826-019-01365-0.

251 Pam Myers und BSEd, „Hobbies Are Healthy", Child Development Institute (blog), 7. Mai 2013, https://childdevelopmentinfo.com/child-activities/hobbies-are-healthy/.

252 Carol Dweck, Selbstbild: wie unser Denken Erfolge oder Niederlagen bewirkt, übers. von Jürgen Neubauer, Aktualisierte und erweiterte Taschenbuchausgabe, Piper 31122 (München: Piper, 2017).

253 Claudia M Mueller und Carol S Dweck, „Praise for Intelligence Can Undermine Children's Motivation and Performance", o. J., 20.

254 Hank Pellissier | January 25 und 2017 Print article, „How to Raise a Kid Who Won't Quit", Parenting, zugegriffen 5. Mai 2021, https://www.greatschools.org/gk/articles/how-to-raise-a-kid-who-wont-quit/.

255 Jennifer Henderlong Corpus und Mark R. Lepper, „The Effects of Person Versus Performance Praise on Children's Motivation: Gender and Age as Moderating Factors", Educational Psychology 27, Nr. 4 (August 2007): 487–508, https://doi.org/10.1080/01443410601159852.

256 Elizabeth A. Gunderson u. a., „Parent Praise to Toddlers Predicts Fourth Grade Academic Achievement via Children's Incremental Mindsets.", Developmental Psychology 54, Nr. 3 (März 2018): 397–409, https://doi.org/10.1037/dev0000444; Elizabeth A. Gunderson u. a., „Parent Praise to 1- to 3-Year-Olds Predicts Children's Motivational Frameworks 5 Years Later", Child Development 84, Nr. 5 (September 2013): 1526–41, https://doi.org/10.1111/cdev.12064.

257 The Gifts of Imperfect Parenting: Raising Children with Courage, Compassion, & Connection, 2013.

258 OECD, Learners for Life: Student Approaches to Learning: Results from PISA 2000, PISA (OECD, 2003), https://doi.org/10.1787/9789264103917-en.

259 Biruk K. Metaferia, Zsofia K. Takacs, und Judit Futo, „The Relationship Between Parental Play Beliefs, Preschoolers' Home Experience, and Executive Functions: An Exploratory Study in Ethiopia", Frontiers in Psychology 11 (17. April 2020): 624, https://doi.org/10.3389/fpsyg.2020.00624.

260 Stiftung Lesen, „Vorlesestudie 2020" (Mainz, 2020), https://www.stiftunglesen.de/download.php?type=documentpdf&id=2712.

261 Robert Rosenthal und Kermit L. Fode, „The Effect of Experimenter Bias on the Performance of the Albino Rat", Behavioral Science 8, Nr. 3 (17. Januar 2007): 183–89, https://doi.org/10.1002/bs.3830080302.

262 Robert Rosenthal Lenore Jacobson, „Pygmalion in the Classroom", o. J., 5.

263 „DJI - Taschengeld", zugegriffen 3. Mai 2021, https://www.dji.de/themen/jugend/taschengeld.html.

264 „Laut neuer Studie: Deutschlands Kinder erhalten drei Milliarden Euro Taschengeld", FAZ.NET, zugegriffen 4. Mai 2021, https://www.faz.net/aktuell/wirtschaft/kinder-leben-digitaler-und-haben-weniger-taschengeld-16320670.html.

265 „Laut neuer Studie".

266 Bundesverband der Deutschen Volksbanken und Raiffeisenbanken BVR, „Kinder-Medien-Studie 2019: Weniger Taschengeld, aber insgesamt hohe Kaufkraft", Jugend und Finanzen - Aktuelles, zugegriffen 4. Mai 2021, https://www.jugend-und-finanzen.de/Alle/Aktuelles/Kinder-Medien-Studie-2019-Weniger-Taschengeld-aber-insgesamt-hohe-Kaufkraft.

267 BVR, „Kinder-Medien-Studie 2019".

268 BVR, „Kinder-Medien-Studie 2019".

269 „Laut neuer Studie".

270 „Laut neuer Studie".

271 BVR, „Kinder-Medien-Studie 2019".

272 „DJI - Taschengeld".

273 Lu Ma u. a., „A 3-Year Longitudinal Study of Pocket Money, Eating Behavior, Weight Status: The Childhood Obesity Study in China Mega-Cities", International Journal of Environmental Research and Public Health 17, Nr. 23 (7. Dezember 2020): 9139, https://doi.org/10.3390/ijerph17239139.

274 „Taschengeld | Familienportal des Bundes", zugegriffen 27. Januar 2021, https://familienportal.de/familienportal/lebenslagen/kinder-jugendliche/taschengeld.

275 „DJI - Taschengeld".

276 Full Bio Follow Linkedin Follow Twitter Madison DuPaix is an expert on family finance who has written about personal finance u. a., „Kids and Money: 14 Lessons", The Balance, zugegriffen 3. Mai 2021, https://www.thebalance.com/top-ways-to-teach-kids-about-money-2085626.

277 finance u. a., „Kids and Money".

278 „Taschengeldliste 2021 – Wie hoch sollte das Taschengeld sein?", zugegriffen 3. Mai 2021, https://www.taschengeldtabelle.org/pages/finanztipps/taschengeldliste.php.

279 „Motivating Kids Without Carrots and Sticks", Institute for Family Studies, zugegriffen 3. Mai 2021, https://ifstudies.org/blog/motivating-kids-without-carrots-and-sticks.

280 „Motivating Kids Without Carrots and Sticks".

281 „Motivating Kids Without Carrots and Sticks".

282 Carly Dauch u. a., „The Influence of the Number of Toys in the Environment on Toddlers' Play", Infant Behavior and Development 50 (Februar 2018): 78–87, https://doi.org/10.1016/j.infbeh.2017.11.005.

283 Craig E. Smith u. a., „Spendthrifts and Tightwads in Childhood: Feelings about Spending Predict Children's Financial Decision Making: Children, Emotion, and Spending", Journal of Behavioral Decision Making 31, Nr. 3 (Juli 2018): 446–60, https://doi.org/10.1002/bdm.2071.

284 Ashley B. LeBaron u. a., „Practice Makes Perfect: Experiential Learning as a Method for Financial Socialization“, Journal of Family Issues 40, Nr. 4 (März 2019): 435–63, https://doi.org/10.1177/0192513X18812917.

285 Lynsey K. Romo und Anita L. Vangelisti, „Money Matters: Children's Perceptions of Parent-Child Financial Disclosure“, Communication Research Reports 31, Nr. 2 (April 2014): 197–209, https://doi.org/10.1080/08824096.2014.907147.

286 Cameron Huddleston, „How To Teach Your Kids Good Money Habits“, Forbes Advisor, 13. Februar 2020, https://www.forbes.com/advisor/personal-finance/how-to-teach-your-kids-good-money-habits/; T. Rowe Price, „T. Rowe Price's 11th Annual Parents, Kids & Money Survey“, https://www.slideshare.net/TRowePrice/t-rowe-prices-11th-annual-parents-kids-money-survey; „T. Rowe Price Insights - PRESS RELEASE: T. Rowe Price: Many Parents Say College Costs Aren't Their Responsibility But Most Kids Expect Them To Cover“, zugegriffen 3. Mai 2021, https://www.troweprice.com/corporate/us/en/press/t--rowe-price--many-parents-say-college-costs-aren-t-their-respo.html.

287 „the-money-advice-service-habit-formation-and-learning-in-young-children-may2013.pdf“, o. J.

288 Jim Brown Contributor, „I've Been in Finance for 30 Years—and This Is How I Teach My Kids about Money“, CNBC, 19. Juli 2019, https://www.cnbc.com/2019/07/19/how-this-finance-expert-teaches-his-kids-about-money.html.

289 Adrian Furnham und Paul Thomas, „Pocket Money: A Study of Economic Education“, British Journal of Developmental Psychology 2, Nr. 3 (September 1984): 205–12, https://doi.org/10.1111/j.2044-835X.1984.tb00926.x.

290 B. de Clercq, „Do Our Children Know Anything about Money? An Exploratory Study“, Meditari Accountancy Research 17, Nr. 1 (April 2009): 1–13, https://doi.org/10.1108/10222529200900001.

291 Alessandro Bucciol und Marcella Veronesi, „Teaching Children to Save: What Is the Best Strategy for Lifetime Savings?“, Journal of Economic Psychology 45 (Dezember 2014): 1–17, https://doi.org/10.1016/j.joep.2014.07.003.

292 Alexandra Langmeyer und Ursula Winklhofer, Taschengeld und Gelderziehung, hg. von Deutsches Jugendinstitut e.V. (Hrsg.), Fachgruppe „Lebenslagen und Lebenswelten von Kindern“: (München: Deutsches Jugendinstitut e.V., 2014), 33, http://www.dji.de/fileadmin/user_upload/dasdji/news/2014/DJI_Expertise_Taschengeld.pdf.

293 James U. McNeal, Children as consumers: insights and implications (Lexington, Mass: Lexington Books, 1987).

294 Tatjana Rosendorfer, „Kinder und Geld. Zur Konsum- und Gelderziehung von Heranwachsenden“, o. J., 12.

295 Rosendorfer, „Kinder und Geld. Zur Konsum- und Gelderziehung von Heranwachsenden“.

296 Elmar Lange und Karin R. Fries, „Jugend und Geld 2005. Eine empirische Untersuchung über den Umgang von 10-17-jährigen Kindern und Jugendlichen mit Geld.“ (Münster/München, 2006), https://www.

schuldnerberatung-sh.de/fileadmin/download/praevention/lange_schufa-studie_jugend_und_geld_2005.pdf.

297 vgl. „Survey: Generation Z Keen on Learning About Personal Finance and Credit", 6. September 2019, https://www.experian.com/blogs/ask-experian/survey-generation-z-keen-on-learning-about-personal-finance-and-credit/.

298 Romo und Vangelisti, „Money Matters".

299 Romo und Vangelisti, „Money Matters".

300 Ashley B. LeBaron, „The Socialization of Financial Giving: A Multigenerational Exploration", Journal of Family and Economic Issues 40, Nr. 4 (Dezember 2019): 633–46, https://doi.org/10.1007/s10834-019-09629-z.

301 finance u. a., „Kids and Money".

302 Ralph Caspers und Bastei Lübbe AG, Wenn Papa jetzt tot ist, muss er dann sterben? wie wir Kindern in Trauer helfen können, 2020.

303 Caspers und Bastei Lübbe AG, Wenn Papa jetzt tot ist, muss er dann sterben?

304 Ann-Sofie Bergman, Ulf Axberg, und Elizabeth Hanson, „When a Parent Dies – a Systematic Review of the Effects of Support Programs for Parentally Bereaved Children and Their Caregivers", BMC Palliative Care 16, Nr. 1 (Dezember 2017): 39, https://doi.org/10.1186/s12904-017-0223-y.

305 Kari E. Bugge u. a., „Young Children's Grief: Parents' Understanding and Coping", Death Studies 38, Nr. 1 (2. Januar 2014): 36–43, https://doi.org/10.1080/07481187.2012.718037.

306 World Vision Deutschland, Kinder in Deutschland 2010: 2. World Vision Kinderstudie; vgl. SPIEGEL, „Neue Erziehungsstudie".

307 Dora Black, „Coping with loss: Bereavement in childhood", BMJ 316, Nr. 7135 (1998): 931–33, https://doi.org/10.1136/bmj.316.7135.931.

308 Caspers und Bastei Lübbe AG, Wenn Papa jetzt tot ist, muss er dann sterben?

309 W Mischel, Y Shoda, und M. Rodriguez, „Delay of Gratification in Children", Science 244, Nr. 4907 (26. Mai 1989): 933–38, https://doi.org/10.1126/science.2658056.i

310 Tyler W. Watts, Greg J. Duncan, und Haonan Quan, „Revisiting the Marshmallow Test: A Conceptual Replication Investigating Links Between Early Delay of Gratification and Later Outcomes", Psychological Science 29, Nr. 7 (Juli 2018): 1159–77, https://doi.org/10.1177/0956797618761661.

311 s.a. Dr Jakob Simmank, „Selbstkontrolle: Der Marshmallow, entmachtet?", Die Zeit, 8. Juni 2018, Abschn. Wissen, https://www.zeit.de/wissen/2018-06/selbstkontrolle-marshmallow-test-psychologie-experiment-selbstbeherrschung/komplettansicht.

312 Angela Lee Duckworth, Der Schlüssel zum Erfolg? Durchhaltevermögen., zugegriffen 29. April 2021, https://www.ted.com/talks/angela_lee_duckworth_grit_the_power_of_passion_and_perseverance?language=de.

313 Angela Duckworth, GRIT: die neue Formel zum Erfolg: mit Begeisterung und Ausdauer zum Ziel, übers. von Leon Mengden, 1. Auflage (München: C. Bertelsmann, 2017).

314 vgl. „The Limits of "Grit" | The New Yorker", zugegriffen 29. April 2021, https://www.newyorker.com/culture/culture-desk/the-limits-of-grit.

315 Paul Tough, Helping Children Succeed: What Works and Why (London: rh Books, 2016).

316 Janice Zeman, Kimberly Shipman, und Cynthia Suveg, „Anger and Sadness Regulation: Predictions to Internalizing and Externalizing Symptoms in Children", Journal of Clinical Child & Adolescent Psychology 31, Nr. 3 (August 2002): 393–98, https://doi.org/10.1207/S15374424JCCP3103_11.

317 Schmidt und Meitert, Artgerecht - das andere Kleinkinderbuch, 218; Schmidt und Gräfe und Unzer, Der Elternkompass Was ist wirklich gut für mein Kind?, 180.

318 https://brenebrown.com/wp-content/uploads/2019/06/List-of-Core-Emotions-1-2020.pdf

319 Twitter, „Can Embracing Negative Emotions Make You Happier?", Verywell Mind, zugegriffen 29. April 2021, https://www.verywellmind.com/embrace-negative-emotions-4158317.

320 vgl. u.a. Ellen Sinclair, Rona Hart, und Tim Lomas, „Can Positivity Be Counterproductive When Suffering Domestic Abuse?: A Narrative Review", International Journal of Wellbeing 10, Nr. 1 (31. Januar 2020): 26–53, https://doi.org/10.5502/ijw.v10i1.754; Allyson Chiu, „Time to Ditch 'Toxic Positivity,' Experts Say: 'It's Okay Not to Be Okay'", o. J., 5; Brenda Álvarez, „When Too Much of a Good Attitude Becomes Toxic | NEA", zugegriffen 29. April 2021, https://www.nea.org/advocating-for-change/new-from-nea/when-too-much-good-attitude-becomes-toxic.

321 Hal E. Hershfield u. a., „When Feeling Bad Can Be Good: Mixed Emotions Benefit Physical Health Across Adulthood", Social Psychological and Personality Science 4, Nr. 1 (Januar 2013): 54–61, https://doi.org/10.1177/1948550612444616.

322 Steven M. Graham u. a., „The Positives of Negative Emotions: Willingness to Express Negative Emotions Promotes Relationships", Personality and Social Psychology Bulletin 34, Nr. 3 (März 2008): 394–406, https://doi.org/10.1177/0146167207311281.

323 Claire Cain Miller und Illustrations By Agnes Lee, „How to Raise a Feminist Son", The New York Times, 2. Juni 2017, Abschn. The Upshot, https://www.nytimes.com/2017/06/02/upshot/how-to-raise-a-feminist-son.html.

324 vgl. u.a. Twitter, „Can Embracing Negative Emotions Make You Happier?"; „Resources ~ RAIN: Recognize, Allow, Investigate, Nurture", Tara Brach, zugegriffen 29. April 2021, https://www.tarabrach.com/rain/; Chris Bergstrom, „Mindfulness For Children – RAIN For Emotional Regulation", Blissful Kids, 25. März 2016, https://blissfulkids.com/mindfulness-for-children-rain-for-emotional-regulation/.

325 A.B, „Wie lernen Kinder?"

326 A.B, „Wie lernen Kinder?"

327 „BZgA: Digitale Medien mit Augenmaß nutzen", zugegriffen 26. April 2021, https://www.bzga.de/aktuelles/2019-12-03-digitale-medien-mit-augenmass-nutzen/.

328 „BZgA: Digitale Medien mit Augenmaß nutzen".

329 „Tabelle: Wie oft und wie lange dürfen Kinder Medien nutzen? | kindergesundheit-info.de", zugegriffen 26. April 2021, https://www.kindergesundheit-info.de/themen/medien/alltagstipps/mediennutzung/hoechstdauer/.

330 „Nutzungszeiten und Regeln", zugegriffen 26. April 2021, https://www.klicksafe.de/eltern/kinder-von-3-bis-10-jahren/nutzungszeiten-und-regeln/.

331 „Screen Time and Children", zugegriffen 26. April 2021, https://www.aacap.org/AACAP/Families_and_Youth/Facts_for_Families/FFF-Guide/Children-And-Watching-TV-054.aspx.

332 „Screen Time and Children".

333 „Screen Time and Children".

334 „Screen Time and Children".

335 „The Common Sense Census: Media Use by Tweens and Teens, 2019", o. J.

336 „FIM_2016_PDF_fuer_Website.pdf", o. J., 19.

337 „Smartphone-Besitz - Kinder und Jugendliche in Deutschland 2019", Statista, zugegriffen 26. April 2021, https://de.statista.com/statistik/daten/studie/1106/umfrage/handybesitz-bei-jugendlichen-nach-altersgruppen/.

338 „JIM_Studie_2016.pdf", o. J.

339 „Smartphones & Kinder/Jugendliche", zugegriffen 26. April 2021, https://www.klicksafe.de/smartphones/smartphones-kinderjugendliche/.

340 vgl. Nellie Bowles, „A Dark Consensus About Screens and Kids Begins to Emerge in Silicon Valley", The New York Times, 26. Oktober 2018, Abschn. Style, https://www.nytimes.com/2018/10/26/style/phones-children-silicon-valley.html.

341 https://www.guide2research.com/research/what-age-should-a-child-get-a-smartphone

342 „Checklist_Smartphone.pdf", zugegriffen 26. April 2021, https://www.klicksafe.de/fileadmin/media/documents/pdf/Themen/Kommunizieren/Checklist_Smartphone.pdf.

343 „DIVSI U9-Studie | Kinder in der digitalen Welt", o. J., 148.

344 „DIVSI U9-Studie | Kinder in der digitalen Welt".

345 „Bevölkerung nach relevanten Altersgruppen 2019", Statista, zugegriffen 26. April 2021, https://de.statista.com/statistik/daten/studie/1365/umfrage/bevoelkerung-deutschlands-nach-altersgruppen/.

346 Sarah McConomy, „Kids Cell Phone Use Survey 2019 - Truth About Kids & Phones“, SellCell.Com Blog (blog), 15. Juli 2019, https://www.sellcell.com/blog/kids-cell-phone-use-survey-2019/.

347 https://www.guide2research.com/research/what-age-should-a-child-get-a-smartphone

348 McConomy, „Kids Cell Phone Use Survey 2019 – Truth About Kids & Phones“.

349 McConomy, „Kids Cell Phone Use Survey 2019 – Truth About Kids & Phones“.

350 S.J. Kim, S.M. Cho, und K.Y. Lim, „The effects of high exposure to smartphone from ages 3 to 5 years on children's behaviors“, Abstract of the 25th European Congress of Psychiatry 41 (1. April 2017): S214, https://doi.org/10.1016/j.eurpsy.2017.01.2188.

351 Linda Fischer-Grote, Oswald D. Kothgassner, und Anna Felnhofer, „Risk Factors for Problematic Smartphone Use in Children and Adolescents: A Review of Existing Literature“, Neuropsychiatrie 33, Nr. 4 (Dezember 2019): 179–90, https://doi.org/10.1007/s40211-019-00319-8.

352 Candice L. Odgers und Michaeline R. Jensen, „Annual Research Review: Adolescent Mental Health in the Digital Age: Facts, Fears, and Future Directions“, Journal of Child Psychology and Psychiatry 61, Nr. 3 (März 2020): 336–48, https://doi.org/10.1111/jcpp.13190.

353 Manfred Spitzer, „Smartphones – so ungefährlich wie Kartoffeln?: Über vermeintliche neue wissenschaftliche Erkenntnisse zur Ungefährlichkeit von Bildschirmmedien und unverantwortlichen Lobbyismus“, Nervenheilkunde 38, Nr. 03 (Februar 2019): 90–96, https://doi.org/10.1055/a-0831-6084.

354 „Goldene Regeln für Kinder von 11-13: Smartphone & Tablet – SCHAU HIN!“, SCHAU HIN! was dein Kind mit Medien macht, zugegriffen 26. April 2021, https://www.schau-hin.info/tipps-regeln/goldene-regeln-fuer-kinder-von-11-13-smartphone-tablet.

355 „Smartphone erst ab 14? Ja, unbedingt!“, zugegriffen 26. April 2021, https://www.tagesspiegel.de/gesellschaft/kinderschutz-smartphone-erst-ab-14-ja-unbedingt/23991512.html.

356 „Frankreich beschließt Handyverbot in Schulen“, zugegriffen 26. April 2021, https://www.tagesspiegel.de/politik/macron-versprechen-frankreich-beschliesst-handyverbot-in-schulen/22863314.html.

357 Lena Greiner SPIEGEL DER, „Ab wann sollten Kinder ein Smartphone bekommen?“, zugegriffen 26. April 2021, https://www.spiegel.de/lebenundlernen/schule/ab-wann-sollten-kinder-ein-smartphone-bekommen-a-1110355.html.

358 SPIEGEL, „Ab wann sollten Kinder ein Smartphone bekommen?“

359 „Initiative – SCHAU HIN!“, SCHAU HIN! was dein Kind mit Medien macht, zugegriffen 26. April 2021, https://www.schau-hin.info/ueber-uns/initiative.

360 „Goldene Regeln für Kinder von 7-10: Smartphone & Tablet – SCHAU HIN!", SCHAU HIN! was dein Kind mit Medien macht, zugegriffen 26. April 2021, https://www.schau-hin.info/tipps-regeln/goldene-regeln-fuer-kinder-von-7-10-smartphone-tablet.

361 „Goldene Regeln für Kinder von 11-13".

362 Adrian F. Ward u. a., „Brain Drain: The Mere Presence of One's Own Smartphone Reduces Available Cognitive Capacity", Journal of the Association for Consumer Research 2, Nr. 2 (April 2017): 140–54, https://doi.org/10.1086/691462.

363 Daniel J. Kruger und Jaikob M. Djerf, „Bad Vibrations? Cell Phone Dependency Predicts Phantom Communication Experiences", Computers in Human Behavior 70 (Mai 2017): 360–64, https://doi.org/10.1016/j.chb.2017.01.017.

364 „Babies Need Humans, Not Screens", zugegriffen 27. April 2021, https://www.unicef.org/parenting/child-development/babies-screen-time.

365 Andrew K. Przybylski und Netta Weinstein, „A Large-Scale Test of the Goldilocks Hypothesis: Quantifying the Relations Between Digital-Screen Use and the Mental Well-Being of Adolescents", Psychological Science 28, Nr. 2 (2017): 204–15, https://doi.org/10.1177/0956797616678438.

366 David S. Bickham, Yulin Hswen, und Michael Rich, „Media Use and Depression: Exposure, Household Rules, and Symptoms among Young Adolescents in the USA", International Journal of Public Health 60, Nr. 2 (Februar 2015): 147–55, https://doi.org/10.1007/s00038-014-0647-6.

367 „Technology Addiction: Concern, Controversy, and Finding Balance", o. J., 48.

368 Brandon T. McDaniel und Jenny S. Radesky, „Technoference: Longitudinal Associations between Parent Technology Use, Parenting Stress, and Child Behavior Problems", Pediatric Research 84, Nr. 2 (August 2018): 210–18, https://doi.org/10.1038/s41390-018-0052-6; Brandon T. McDaniel und Jenny S. Radesky, „Technoference: Parent Distraction With Technology and Associations With Child Behavior Problems", Child Development 89, Nr. 1 (Januar 2018): 100–109, https://doi.org/10.1111/cdev.12822.

369 Jane C. Hu, „Why It's Hard to Know What Problems Screen Time Causes", Slate Magazine, 10. März 2020, https://slate.com/technology/2020/03/screen-time-research-correlation-causation.html.

370 Eric E Rasmussen, „Relation between Active Mediation, Exposure to Daniel Tiger's Neighborhood, and US Preschoolers' Social and Emotional Development", o. J., 20; Eric E Rasmussen u. a., „Promoting Preschoolers' Emotional Competence through Prosocial TV and Mobile App Use", o. J., 23.

371 vgl. u.a. Juliann Garey is a journalist u. a., „The Benefits of Watching TV With Young Children", Child Mind Institute, zugegriffen 28. April 2021, https://childmind.org/article/benefits-watching-tv-young-children/; „Kinder und Fernsehen | kindergesundheit-info.de", zugegriffen 28. April 2021, https://www.kindergesundheit-info.de/themen/medien/medienarten/fernsehen/; Yalda T. Uhls und Michael B. Robb, „How Parents Mediate Children's Media Consumption", in Cognitive Development in Digital Contexts (Elsevier, 2017), 325–43, https://doi.org/10.1016/B978-0-12-809481-5.00016-X; Georgene L. Troseth, Gabrielle

A. Strouse, und Colleen E. Russo Johnson, „Early Digital Literacy: Learning to Watch, Watching to Learn", in Cognitive Development in Digital Contexts (Elsevier, 2017), 29–51, https://doi.org/10.1016/B978-0-12-809481-5.00002-X; Fran C. Blumberg u. a., „Media Use as a Context for Cognitive Development: What Is and Should Be Known?", in Cognitive Development in Digital Contexts (Elsevier, 2017), xi–xx, https://doi.org/10.1016/B978-0-12-809481-5.09984-3; Tiffany A. Pempek und Alexis R. Lauricella, „The Effects of Parent-Child Interaction and Media Use on Cognitive Development in Infants, Toddlers, and Preschoolers", in Cognitive Development in Digital Contexts (Elsevier, 2017), 53–74, https://doi.org/10.1016/B978-0-12-809481-5.00003-1.

372 Hu, „Why It's Hard to Know What Problems Screen Time Causes".

373 Hu, „Why It's Hard to Know What Problems Screen Time Causes".

374 Perri Klass und M.D, „Fixated by Screens, but Seemingly Nothing Else", The New York Times, 9. Mai 2011, Abschn. Health, https://www.nytimes.com/2011/05/10/health/views/10klass.html.

375 Mary K. Rothbart und Michael I. Posner, „The Developing Brain in a Multitasking World", Developmental Review 35 (März 2015): 42–63, https://doi.org/10.1016/j.dr.2014.12.006.

376 „The Truth About Research on Screen Time", Dana Foundation (blog), zugegriffen 27. April 2021, https://www.dana.org/article/the-truth-about-research-on-screen-time/.

377 Stuart J H Biddle, Irene Petrolini, und Natalie Pearson, „Interventions designed to reduce sedentary behaviours in young people: a review of reviews", British Journal of Sports Medicine 48, Nr. 3 (1. Februar 2014): 182, https://doi.org/10.1136/bjsports-2013-093078.

378 Douglas A. Gentile u. a., „Protective Effects of Parental Monitoring of Children's Media Use: A Prospective Study", JAMA Pediatrics 168, Nr. 5 (1. Mai 2014): 479, https://doi.org/10.1001/jamapediatrics.2014.146.

379 s.a. Neza Stiglic und Russell M Viner, „Effects of Screentime on the Health and Well-Being of Children and Adolescents: A Systematic Review of Reviews", Open Access, o. J., 15.

380 Meta van den Heuvel u. a., „Mobile Media Device Use Is Associated with Expressive Language Delay in 18-Month-Old Children", Journal of Developmental & Behavioral Pediatrics 40, Nr. 2 (Februar 2019): 99–104, https://doi.org/10.1097/DBP.0000000000000630.

381 Sheri Madigan u. a., „Association Between Screen Time and Children's Performance on a Developmental Screening Test", 2019, 7.

382 John S. Hutton u. a., „Associations Between Screen-Based Media Use and Brain White Matter Integrity in Preschool-Aged Children", JAMA Pediatrics 174, Nr. 1 (6. Januar 2020): e193869, https://doi.org/10.1001/jamapediatrics.2019.3869.

383 „New research: screen time is literally changing children's brains", Futurism, zugegriffen 27. April 2021, https://futurism.com/neoscope/new-research-screen-time-changing-childrens-brains.

384 Birgitta Dresp-Langley, „Children's Health in the Digital Age", International Journal of Environmental Research and Public Health 17, Nr. 9 (6. Mai 2020): 3240, https://doi.org/10.3390/ijerph17093240.

385 Sukhpreet K Tamana u. a., „Screen-Time Is Associated with Inattention Problems in Preschoolers: Results from the CHILD Birth Cohort Study", o. J., 15.

386 s.a. Stiglic und Viner, „Effects of Screentime on the Health and Well-Being of Children and Adolescents: A Systematic Review of Reviews".

387 „Association Between Screen Media Use and Academic Performance Among Children and Adolescents: A Systematic Review and Meta-Analysis", 2019, 10.

388 „The Truth About Research on Screen Time".

389 „The Truth About Research on Screen Time".

390 Claire M Nightingale u. a., „Screen Time Is Associated with Adiposity and Insulin Resistance in Children", Archives of Disease in Childhood 102, Nr. 7 (Juli 2017): 612–16, https://doi.org/10.1136/archdischild-2016-312016.

391 Monique K LeBourgeois u. a., „Digital Media and Sleep in Childhood and Adolescence", o. J., 7.

392 Gregory Knell u. a., „Prevalence and Likelihood of Meeting Sleep, Physical Activity, and Screen-Time Guidelines Among US Youth", JAMA Pediatrics 173, Nr. 4 (1. April 2019): 387–89, https://doi.org/10.1001/jamapediatrics.2018.4847.

393 Jeremy J Walsh, „Associations between 24 Hour Movement Behaviours and Global Cognition in US Children: A Cross-Sectional Observational Study" 2 (2018): 9.

394 Michelle D Guerrero u. a., „24-Hour Movement Behaviors and Impulsivity" 144, Nr. 3 (2019): 13.

395 Jean M. Twenge u. a., „Increases in Depressive Symptoms, Suicide-Related Outcomes, and Suicide Rates Among U.S. Adolescents After 2010 and Links to Increased New Media Screen Time", Clinical Psychological Science 6, Nr. 1 (Januar 2018): 3–17, https://doi.org/10.1177/2167702617723376.t

396 G. S. O'Keeffe, K. Clarke-Pearson, und Council on Communications and Media, „The Impact of Social Media on Children, Adolescents, and Families", PEDIATRICS 127, Nr. 4 (1. April 2011): 800–804, https://doi.org/10.1542/peds.2011-0054.

397 Twenge u. a., „Increases in Depressive Symptoms, Suicide-Related Outcomes, and Suicide Rates Among U.S. Adolescents After 2010 and Links to Increased New Media Screen Time".

398 Rachel Ehmke is managing editor at the Child Mind Institute, „How Using Social Media Affects Teenagers", Child Mind Institute, zugegriffen 28. April 2021, https://childmind.org/article/how-using-social-media-affects-teenagers/.

399 Emily McDool u. a., „Social Media Use and Children's Wellbeing", 2016, 43.

400 „Pressure to Be Available 24/7 on Social Media Causes Teen Anxiety, Depression: The Need to Be Constantly Available, Respond 24/7 on Social Media Accounts Can Cause Depression, Anxiety", ScienceDaily,

7, zugegriffen 28. April 2021, https://www.sciencedaily.com/releases/2015/09/150911094917.htm.

401 Stuttgarter Nachrichten Germany Stuttgart, „Studie: Deutsche Jugendliche sind 58 Stunden pro Woche online", stuttgarter-nachrichten.de, zugegriffen 28. April 2021, https://www.stuttgarter-nachrichten.de/inhalt.studie-deutsche-jugendliche-sind-58-stunden-pro-woche-online.d81429d3-c75d-4de6-a978-160073526cdc.html.

402 „Nicht ohne mein Smartphone: Jugendliche und ihr Digitalverhalten | Postbank", zugegriffen 28. April 2021, https://www.postbank.de/themenwelten/innovationen/artikel_postbank-jugend-digitalstudie-2020.html.

403 „dak-studie-gaming-social-media-und-corona-2296434.pdf", o. J.

404 „dak-studie-gaming-social-media-und-corona-2296434.pdf".

405 „dak-studie-gaming-social-media-und-corona-2296434.pdf".

406 „dak-studie-gaming-social-media-und-corona-2296434.pdf".

407 Simone Kühn u. a., „Positive Association of Video Game Playing with Left Frontal Cortical Thickness in Adolescents", hg. von Frank Krueger, PLoS ONE 9, Nr. 3 (14. März 2014): e91506, https://doi.org/10.1371/journal.pone.0091506; The IMAGEN Consortium u. a., „The Neural Basis of Video Gaming", Translational Psychiatry 1, Nr. 11 (November 2011): e53–e53, https://doi.org/10.1038/tp.2011.53.

408 S Kühn u. a., „Playing Super Mario Induces Structural Brain Plasticity: Gray Matter Changes Resulting from Training with a Commercial Video Game", Molecular Psychiatry 19, Nr. 2 (Februar 2014): 265–71, https://doi.org/10.1038/mp.2013.120.

409 „The Truth About Research on Screen Time".

410 Richard E. Bélanger u. a., „A U-Shaped Association Between Intensity of Internet Use and Adolescent Health", Pediatrics 127, Nr. 2 (1. Februar 2011): e330, https://doi.org/10.1542/peds.2010-1235.

411 „Adolescent Brain Cognitive Development Study | Collaborative Research on Addiction at NIH", zugegriffen 27. April 2021, https://www.addictionresearch.nih.gov/abcd-study.

412 Sarah Schaschek, „Jesper Juul: Der Elternflüsterer", Die Zeit, 31. Juli 2019, Abschn. Gesellschaft, https://www.zeit.de/2019/32/jesper-juul-familientherapeut-kinder-erziehung-eltern/komplettansicht.

413 SWR2 und SWR2, „Jesper Juul – Das Erbe des Erziehungsexperten", swr.online, zugegriffen 29. März 2021, https://www.swr.de/swr2/wissen/jesper-juul-das-erbe-des-erziehungsexperten-swr2-wissen-2020-06-25-100.html.

414 „Familientherapeut Jesper Juul bekennt: ‚Ich war einer der furchtbarsten Väter'", www.t-online.de, zugegriffen 29. März 2021, https://www.t-online.de/-/78482190.

415 Text: Jesper Juul Illustration: Petra Dufkova/Die Illustratoren, „Aggressionen und negative Gefühle zulassen", zugegriffen 29. März 2021, https://www.fritzundfraenzi.ch/erziehung/entwicklung/jesper-juul-aggressionen-und-negative-gefuhle-zulassen.

416 www.familylab.de

417 „Familientherapeut Jesper Juul bekennt".

418 „Diese Zitate von Jesper Juul werden uns in Erinnerung bleiben", Schweizer Illustrierte, zugegriffen 29. März 2021, https://www.schweizer-illustrierte.ch/family/familien-geschichten/15-revolutionare-aussagen-von-jesper-juul.

419 „Diese Zitate von Jesper Juul werden uns in Erinnerung bleiben".

420 „Diese Zitate von Jesper Juul werden uns in Erinnerung bleiben".

421 Schaschek, „Jesper Juul".

422 „Diese Zitate von Jesper Juul werden uns in Erinnerung bleiben".

423 „Diese Zitate von Jesper Juul werden uns in Erinnerung bleiben".

424 Schaschek, „Jesper Juul".

425 Anke Schipp, „Jan-Uwe Rogge: ‚Erziehung ist nicht Yoga'", FAZ.NET, zugegriffen 29. März 2021, https://www.faz.net/1.6127265.

426 „Dr. Jan-Uwe Rogge", Elternwissen.com, zugegriffen 29. März 2021, https://www.elternwissen.com/shop/experten/zeige/dr-jan-uwe-rogge.html; „Jan-Uwe Rogge", in Wikipedia, 9. Juli 2019, https://de.wikipedia.org/w/index.php?title=Jan-Uwe_Rogge&oldid=190258726.

427 „Mut zum Unperfekten: Jan-Uwe Rogge im Interview", Kidslife · das Elternmagazin, zugegriffen 29. März 2021, https://www.kidslife-magazin.de/lesenundmedien/autorenspecial/interview/kinder-lieben-eltern-die-lachen/.

428 „Mut zum Unperfekten".

429 „Mut zum Unperfekten".

430 „Entspannte Kindererziehung nach Jan-Uwe Rogge", Elternkompass – dein Magazin für Schwangerschaft, Baby & Familie (blog), 24. August 2015, https://www.elternkompass.de/entspannte-kindererziehung-nach-jan-uwe-rogge/.

431 „Entspannte Kindererziehung nach Jan-Uwe Rogge".

432 „Entspannte Kindererziehung nach Jan-Uwe Rogge".

433 „Die Super-Nanny ist unseriös", Jan-Uwe Rogge (blog), 28. April 2012, https://www.jan-uwe-rogge.de/die-super-nanny-ist-unserioes/.

434 „Mut zum Unperfekten".

435 „Mut zum Unperfekten".

436 „Immer diese Wutanfälle im Trotzalter! – Was kann ich dagegen tun?", Jan-Uwe Rogge (blog), 9. Juli 2014, https://www.jan-uwe-rogge.de/immer-diese-wutanfaelle-im-trotzalter-kann-ich-dagegen-tun/.

437 „Wie findet mein Kind die richtigen Freunde?", Jan-Uwe Rogge (blog), 9. Juli 2014, https://www.jan-uwe-rogge.de/wie-findet-mein-kind-die-richtigen-freunde/.

438 FOCUS Online, „Wichtige Tipps für den richtigen Umgang mit heranwachsenden Kindern", FOCUS Online, zugegriffen 29. März 2021, https://www.focus.de/familie/pubertaet/pubertierende-kinder-was-tun_id_7444557.html.

439 Online, „Wichtige Tipps für den richtigen Umgang mit heranwachsenden Kindern".

440 Online, „Wichtige Tipps für den richtigen Umgang mit heranwachsenden Kindern".

441 Reinhard Kahl, „Nachruf auf Pädagogen Remo Largo: ‚Jedes Kind ist ein Unikat'", Die Tageszeitung: taz, 15. November 2020, Abschn. Kultur, https://taz.de/!5725159/.

442 Remo H. Largo, Kinderjahre: Die Individualität des Kindes als erzieherische Herausforderung, 32. Auflage (München: Piper, 2017), 314.

443 Largo, Kinderjahre, 315.

444 Largo, Kinderjahre, 318–27.

445 Largo, Kinderjahre, 328.

446 Largo, Kinderjahre, 329.

447 Süddeutsche Zeitung, „Remo Largo: ‚Babyjahre'-Autor spricht von ‚Förderwut'", Süddeutsche.de, zugegriffen 29. März 2021, https://www.sueddeutsche.de/panorama/remo-largo-babyjahre-kinderjahre-kritik-1.4784712.

448 Largo, Kinderjahre, 376 ff.

449 „„Hausaufgaben machen Kinder nicht klüger"".

450 „„Hausaufgaben machen Kinder nicht klüger""; John Hattie und Gregory CR Yates, Visible learning and the science of how we learn (Routledge, 2013).

451 Kahl, „Nachruf auf Pädagogen Remo Largo".

452 Isabel Pfaff, „Remo Largo: Berühmter Schweizer Kinderarzt ist tot", Süddeutsche.de, zugegriffen 29. März 2021, https://www.sueddeutsche.de/kultur/remo-largo-kinderarzt-schweiz-verstorben-1.5113903.

453 Kahl, „Nachruf auf Pädagogen Remo Largo".

454 „Remo Largo ist tot – Das Kind einfach mal Kind sein lassen", Deutschlandfunk Kultur, zugegriffen 29. März 2021, https://www.deutschlandfunkkultur.de/remo-largo-ist-tot-das-kind-einfach-mal-kind-sein-lassen.1270.de.html?dram:article_id=487479.

455 Kahl, „Nachruf auf Pädagogen Remo Largo".

456 „Remo Largo ist tot – Das Kind einfach mal Kind sein lassen".

457 „Remo Largo ist tot – Das Kind einfach mal Kind sein lassen".

458 „Hausaufgaben machen Kinder nicht klüger".

459 „Hausaufgaben machen Kinder nicht klüger".

460 „Hausaufgaben machen Kinder nicht klüger".

461 Kahl, „Nachruf auf Pädagogen Remo Largo".

462 „Remo Largo: Seine fünf wichtigsten Ansätze", Schweizer Illustrierte, zugegriffen 29. März 2021, https://www.schweizer-illustrierte.ch/family/alltag/was-nach-seinem-tod-von-remo-largo-bleibt.

463 „Kinderpsychiater über Verhaltensauffälligkeiten – Warum Eltern und Kinder ihre innere Ruhe wiederfinden sollten", Deutschlandfunk Kultur, zugegriffen 7. April 2021, https://www.deutschlandfunkkultur.de/kinderpsychiater-ueber-verhaltensauffaelligkeiten-warum.1008.de.html?dram:article_id=390041.

464 „Was ist so schlimm an Winterhoff?“, zugegriffen 7. April 2021, https://www.gewuenschtestes-wunschkind.de/2015/02/was-so-schlimm-an-michael-winterhoff-warum-unsere-kinder-zu-tyrannen-werden-ist.html.

465 Martin Zips, „Man muss nur quaken, dann kommt die Brust“, Süddeutsche.de, zugegriffen 7. April 2021, https://www.sueddeutsche.de/leben/kinderpsychologie-man-muss-nur-quaken-dann-kommt-die-brust-1.195186.

466 Zips, „Man muss nur quaken, dann kommt die Brust“.

467 Zips, „Man muss nur quaken, dann kommt die Brust“.

468 „Was ist so schlimm an Winterhoff?“

469 „Was ist so schlimm an Winterhoff?“

470 „Was ist so schlimm an Winterhoff?“

471 Zips, „Man muss nur quaken, dann kommt die Brust“.

472 „Was ist so schlimm an Winterhoff?“

473 DER SPIEGEL, „TV-Rückblick“, zugegriffen 7. April 2021, https://www.spiegel.de/politik/tv-rueckblick-a-fd5fc632-0002-0001-0000-000049298936.

474 „GRIN – Das Konzept von Super Nanny – geeignet?“, zugegriffen 7. April 2021, https://www.grin.com/document/109638.

475 „GRIN – Das Konzept von Super Nanny – geeignet?“

476 „GRIN – Das Konzept von Super Nanny – geeignet?“

477 „Hausarbeiten.de – Die Super Nanny. Moderne Erziehungsberatung oder Dressur mit Folgen?“, zugegriffen 7. April 2021, https://www.hausarbeiten.de/document/72351.

478 Isabell Wohlfarth, „Strafen für Kinder: Die Super-Nanny sagt heute: ‚Die Stille Treppe ist demütigend‘“, MOPO.de, 13. Januar 2017, https://www.mopo.de/ratgeber/familie/strafen-fuer-kinder-die-super-nanny-sagt-heute---die-stille-treppe-ist-demuetigend--25531182.

479 Sabine Menkens, „Katharina Saalfrank: ‚Kinder sind ein unkalkulierbares Zukunftsrisiko‘“, DIE WELT, 24. Mai 2010, https://www.welt.de/vermischtes/article7764439/Kinder-sind-ein-unkalkulierbares-Zukunftsrisiko.html.

480 Menkens, „Katharina Saalfrank“.

481 Menkens, „Katharina Saalfrank“.

482 Menkens, „Katharina Saalfrank“.

483 Menkens, „Katharina Saalfrank“.

484 Menkens, „Katharina Saalfrank“.

485 „Wertetafeln und Symbolkarten für den Alltag mit Kindern“, Katia Saalfrank – Familienberatung, zugegriffen 7. April 2021, http://www.katiasaalfrank.de/wertetafeln-aus-erziehung-wird-beziehung-kaufen/.

486 „Der Eltern Kompass von Nicola Schmidt in der Rezension“, Papammunity (blog), 30. Dezember 2020, https://papammunity.de/der-eltern-kompass-die-buchrezension/.

487 „Der Eltern Kompass von Nicola Schmidt in der Rezension“.

488 „Natur ist artgerecht – Im Gespräch mit Nicola Schmidt • Ausgebüxt“, Ausgebüxt, 18. September 2020, https://ausgebuext.info/interview-nicola-schmidt/.

489 „Der Eltern Kompass von Nicola Schmidt in der Rezension“.

490 Stuttgarter Nachrichten Germany Stuttgart, „Tipps von Erziehungsexpertin Nicola Schmidt: So erzieht man Kinder ‚artgerecht‘“, stuttgarter-nachrichten.de, zugegriffen 7. April 2021, https://www.stuttgarter-nachrichten.de/inhalt.tipps-von-erziehungsexpertin-nicola-schmidt-so-erzieht-man-kinder-artgerecht.c90d05b0-4267-471f-907b-634f2ac878e9.html.

491 vgl. Artgerecht – das andere Kleinkinderbuch , Der Elternkompass

492 Tipps von Erziehungsexpertin Nicola Schmidt

493 „Als Eltern Achtsam sein – ‚Je mehr Aufmerksamkeit ich dem Kind gab, umso mehr Kraft erhielt ich zurück‘“, zugegriffen 8. April 2021, https://www.tibet.de/zeitschrift/rezensionen/news/als-eltern-achtsam-sein-je-mehr-aufmerksamkeit-ich-dem-kind-gab-umso-mehr-kraft-erhielt-ich-zurue/?tx_news_pi1%5Bcontroller%5D=News&tx_news i1%5Baction%5D=detail&cHash=76bf308d16a65048e3c3dd1c8e84db0c.

494 Carlos Gonzalez, Cordelia Koppitz, und Maria Rost, Mein Kind will nicht essen: Ein Löffelchen für Mama, übers. von Elke Zdarsky, 8., vollständig überarbeitet, neues Cover Aufl. (Minden: La Leche Liga Deutschland e.V., 2018).

495 „Als Eltern Achtsam sein – ‚Je mehr Aufmerksamkeit ich dem Kind gab, umso mehr Kraft erhielt ich zurück‘“.

496 Text: Claudia Füssler Bild: Alain Laboile, „Achtsamkeit mit Kindern – wie funktioniert das?“, zugegriffen 8. April 2021, https://www.fritzundfraenzi.ch/gesundheit/psychologie/achtsamkeit-mit-kindern-wie-funktioniert-das.

497 meinspatz.de, „Achtsam erziehen – was steckt dahinter?“, meinspatz.de, zugegriffen 8. April 2021, https://www.meinspatz.de/kleinkind/achtsam-erziehen-was-steckt-dahinter.

498 „Als Eltern Achtsam sein – ‚Je mehr Aufmerksamkeit ich dem Kind gab, umso mehr Kraft erhielt ich zurück‘“.

499 Gonzalez, Koppitz, und Rost, Mein Kind will nicht essen.

500 Familie un.kompliziert, „Rezension: ‚In Liebe wachsen. Liebevolle Erziehung für glückliche Familien‘ von Carlos Gonzales“, Familie un.kompliziert (blog), 17. Mai 2016, https://familieunkompliziertblog.wordpress.com/2016/05/17/rezension-in-liebe-wachsen-liebevolle-erziehung-fuer-glueckliche-familien-von-carlos-gonzales/.

501 „Als Eltern Achtsam sein – ‚Je mehr Aufmerksamkeit ich dem Kind gab, umso mehr Kraft erhielt ich zurück‘“.

502 „Als Eltern Achtsam sein – ‚Je mehr Aufmerksamkeit ich dem Kind gab, umso mehr Kraft erhielt ich zurück‘“.

503 19 Mrz und 2017 | 0, „Perfekte Eltern gibt es nicht!“, Ethik Heute (blog), 19. März 2017, https://ethik-heute.org/gelebte-achtsamkeit-in-der-familie/.

504 „How to Parent Like a German", Time, zugegriffen 14. April 2021, https://time.com/3720541/how-to-parent-like-a-german/.

505 „Kindererziehung im Ausland - tutoria.de", zugegriffen 14. April 2021, https://www.tutoria.de/schule-ratgeber/wissenswertes/kindererziehung-im-ausland.

506 „Attention Parents: If You Let Your Kids Out Of Your Sight, They Might Be Abducted -- By The Government", TheBlaze, 5. März 2015, https://www.theblaze.com/contributions/attention-parents-if-you-let-your-kids-out-of-your-sight-they-might-be-abducted-by-the-government; Danielle Meitiv, „When Letting Kids out of Your Sight Becomes a Crime", Washington Post, 13. Februar 2015, Abschn. Opinions, https://www.washingtonpost.com/opinions/raising-children-on-fear/2015/02/13/9d9db67e-b2e7-11e4-827f-93f454140e2b_story.html.

507 „Kindererziehung im Ausland - tutoria.de".

508 Rachel Margolis und Mikko Myrskylä, „Parental Well-Being Surrounding First Birth as a Determinant of Further Parity Progression", Demography 52, Nr. 4 (1. August 2015): 1147–66, https://doi.org/10.1007/s13524-015-0413-2.

509 „Parenting: German for "Misery"", Institute for Family Studies, zugegriffen 14. April 2021, https://ifstudies.org/blog/parenting-german-for-misery.

510 „Kaum Süßes, dafür lange schlafen: Erziehung in anderen Ländern", Duda.news, 29. April 2015, https://www.duda.news/wissen/wenig-suesses-oder-viel-fernsehen-erziehung-in-anderen-laendern/.

511 „Andere Länder, andere Sitten", zugegriffen 14. April 2021, https://www.ravensburger.de/family-friends/bildung/andere-laender-andere-sitten/index.html.

512 „Andere Länder, andere Sitten".

513 „Was wir uns von anderen Eltern abgucken können", BRIGITTE, zugegriffen 14. April 2021, https://www.brigitte.de/familie/schlau-werden/erziehung-weltweit--was-wir-uns-von-anderen-eltern-abgucken-koennen-10134636.html.

514 „Andere Länder, andere Sitten".

515 „Erziehung im internationalen Vergleich: 5 Erziehungs-Tipps, mit denen andere Eltern ihre Kinder glücklich machen – weltweit", BUNTE.de, zugegriffen 14. April 2021, https://www.bunte.de/family/kinder-schule/kindererziehung/erziehung-im-internationalen-vergleich-5-erziehungs-tipps-mit-denen-andere-eltern-ihre-kinder.html.

516 „Andere Länder, andere Sitten".

517 „Andere Länder, andere Sitten".

518 „Kaum Süßes, dafür lange schlafen".

519 „Was wir uns von anderen Eltern abgucken können".

520 „Andere Länder, andere Sitten".

521 „Kindererziehung im Ausland - tutoria.de".

522 „Kindererziehung im Ausland - tutoria.de".

523 „Was wir uns von anderen Eltern abgucken können".

524 „Kindererziehung im Ausland - tutoria.de".

525 „Was wir uns von anderen Eltern abgucken können".

526 „Andere Länder, andere Sitten".

527 „Kindererziehung im Ausland - tutoria.de".

528 „Kindererziehung im Ausland - tutoria.de".

529 „Kindererziehung im Ausland - tutoria.de".

530 „Kaum Süßes, dafür lange schlafen".

531 „Kindererziehung im Ausland - tutoria.de".

532 „Andere Länder, andere Sitten".

533 „Andere Länder, andere Sitten".

534 „Andere Länder, andere Sitten".

535 „Kindererziehung im Ausland - tutoria.de".

536 „Andere Länder, andere Sitten".

537 „Kindererziehung im Ausland - tutoria.de".

538 „Kindererziehung im Ausland - tutoria.de".

539 „Kindererziehung im Ausland - tutoria.de".

540 „Kindererziehung im Ausland - tutoria.de".

541 „Kindererziehung im Ausland - tutoria.de".

542 Fanny Jimenez, „Kulturvergleich: Unterschiedliche Erziehungsstile nutzen dem Kind", DIE WELT, 1. September 2013, https://www.welt.de/gesundheit/psychologie/article119558884/Unterschiedliche-Erziehungsstile-nutzen-dem-Kind.html.

543 NetDoktor GmbH, „Schwanger - muss die Katze weg?", www.netdoktor.at, zugegriffen 14. April 2021, https://www.netdoktor.at/familie/schwangerschaft/muss-die-katze-bei-einer-schwangerschaft-weg-5133.

544 „Gefahr durch Rohmilchkäse & Listerien in der Schwangerschaft?", 21. Februar 2016, https://alpensepp.com/gefahr-rohmilchkaese-schwangerschaft-listerien.

545 Jimenez, „Kulturvergleich".

546 Jimenez, „Kulturvergleich".

547 Jimenez, „Kulturvergleich".

548 Sabine Andresen u. a., „‚Die Corona-Pandemie hat mir wertvolle Zeit genommen' – Jugendalltag 2020", 2020, https://doi.org/10.18442/163.

549 Andresen u. a., „‚Die Corona-Pandemie hat mir wertvolle Zeit genommen' – Jugendalltag 2020".

550 Deutscher Ärzteverlag GmbH Ärzteblatt Redaktion Deutsches, „Kinder und Jugendliche suchen vermehrt Hilfe bei Psychotherapeuten", Deutsches Ärzteblatt, 19. Februar 2021, https://www.aerzteblatt.de/nachrichten/121321/Kinder-und-Jugendliche-suchen-vermehrt-Hilfe-bei-Psychotherapeuten; Deutscher Ärzteverlag GmbH Ärzteblatt Redaktion Deutsches, „Psychologen sorgen sich um Coronafolgen für Kinder und Jugendliche", Deutsches Ärzteblatt, 8. April 2021, https://www.aerzteblatt.de/nachrichten/122760/

Psychologen-sorgen-sich-um-Coronafolgen-fuer-Kinder-und-Jugendliche; BARMER, „BARMER-Arztreport 2021 | Kinder bekommen immer mehr Psychotherapie – Corona-Pandemie und Lockdown verschärfen Situation | BARMER", zugegriffen 4. Juni 2021, https://www.barmer.de/presse/infothek/studien-und-reports/arztreporte/psychotherapie-bei-kindern-282898; tagesschau.de, „Krankenkasse: Mehr Kinder und Jugendliche in Psychotherapie", tagesschau.de, zugegriffen 4. Juni 2021, https://www.tagesschau.de/inland/kinder-psychotherapie-101.html.

551 Andresen u. a., „‚Die Corona-Pandemie hat mir wertvolle Zeit genommen' – Jugendalltag 2020"; Sabine Andresen u. a., „Das Leben von jungen Menschen in der Corona-Pandemie", o. J., 48.

552 Andresen u. a., „Das Leben von jungen Menschen in der Corona-Pandemie".

553 Verena Carl und Heike Kleen, „Wenn Eltern die Krise kriegen", Eltern, Nr. 09/2020 (September 2020): 66ff.

554 Deutscher Ärzteverlag GmbH Ärzteblatt Redaktion Deutsches, „Psychische Gesundheit und Lebensqualität von Kindern und Jugendlichen während der COVID-19-Pandemie – Ergebnisse der COPSY-Studie", Deutsches Ärzteblatt, 27. November 2020, https://www.aerzteblatt.de/archiv/216647/Psychische-Gesundheit-und-Lebensqualitaet-von-Kindern-und-Jugendlichen-waehrend-der-COVID-19-Pandemie-Ergebnisse-der-COPSY-Studie; Alexandra Langmeyer u. a., „Kind sein in Zeiten von Corona", o. J., 113.

555 Ulrike Ravens-Sieberer u. a., „Seelische Gesundheit und psychische Belastungen von Kindern und Jugendlichen in der ersten Welle der COVID-19-Pandemie – Ergebnisse der COPSY-Studie", Bundesgesundheitsblatt - Gesundheitsforschung - Gesundheitsschutz, 1. März 2021, https://doi.org/10.1007/s00103-021-03291-3.

556 Ravens-Sieberer u. a., „Seelische Gesundheit und psychische Belastungen von Kindern und Jugendlichen in der ersten Welle der COVID-19-Pandemie – Ergebnisse der COPSY-Studie".

557 Andreas B. Neubauer u. a., „A Little Autonomy Support Goes a Long Way: Daily Autonomy-Supportive Parenting, Child Well-Being, Parental Need Fulfillment, and Change in Child, Family, and Parent Adjustment Across the Adaptation to the COVID-19 Pandemic", Child Development n/a, Nr. n/a, zugegriffen 7. Juni 2021, https://doi.org/10.1111/cdev.13515.

558 Stephen W. Patrick u. a., „Well-Being of Parents and Children During the COVID-19 Pandemic: A National Survey", Pediatrics 146, Nr. 4 (Oktober 2020): e2020016824, https://doi.org/10.1542/peds.2020-016824.

559 Juliana Horowitz, Ruth Igielnik, und Tanya Arditi, „More than Half Have Prayed for an End to the Virus's Spread", o. J., 25.

560 Sarah L. McKune u. a., „Psychosocial Health of School-Aged Children during the Initial COVID-19 Safer-at-Home School Mandates in Florida: A Cross-Sectional Study", BMC Public Health 21, Nr. 1 (Dezember 2021): 603, https://doi.org/10.1186/s12889-021-10540-2.

561 „Protect a Generation: The Impact of COVID-19 on Children's Lives", Resource Centre, zugegriffen 7. Juni 2021, https://resourcecentre.savethechildren.net/node/18218/pdf/protect_a_generation_executivesummary_final.pdf.

562 https://resourcecentre.savethechildren.net/node/18174/pdf/gender_brief_covid-19_research.pdf

563 „Protect a Generation“.

564 „Protect a Generation“.

565 „The Hidden Impact of Covid-19 on Children: A Global Research Series“, Resource Centre, zugegriffen 7. Juni 2021, https://resourcecentre.savethechildren.net/node/18174/pdf/gender_brief_covid-19_research.pdf.

566 „The Hidden Impact of Covid-19 on Children“.

567 „The Hidden Impact of Covid-19 on Children“.

568 „The Hidden Impact of Covid-19 on Children“.

569 Rebecca Ryan Shah Ariel Kalil, Susan Mayer, and Rohen, „COVID-19 Could Erase Parenting Gains of the Last 30 Years“, Brookings (blog), 26. Oktober 2020, https://www.brookings.edu/blog/up-front/2020/10/26/covid-19-could-erase-parenting-gains-of-the-last-30-years/.

570 „The Hidden Impact of Covid-19 on Children“.

571 „The Hidden Impact of Covid-19 on Children: A Global Research Series“, Resource Centre, zugegriffen 7. Juni 2021, https://resourcecentre.savethechildren.net/node/18174/pdf/the_hidden_impact_of_covid-19_on_child_protection_and_wellbeing.pdf.

572 „The Hidden Impact of Covid-19 on Children: A Global Research Series“, Resource Centre, zugegriffen 7. Juni 2021, https://resourcecentre.savethechildren.net/node/18174/pdf/the_hidden_impact_of_covid-19_on_child_protection_and_wellbeing.pdf.

573 „New Research Reveals Impact of COVID-19 Pandemic on Child and Youth Mental Health“, SickKids, zugegriffen 7. Juni 2021, https://www.sickkids.ca/en/news/archive/2021/impact-of-covid-19-pandemic-on-child-youth-mental-health/.

574 Mara Morelli u. a., „Parents and Children During the COVID-19 Lockdown: The Influence of Parenting Distress and Parenting Self-Efficacy on Children's Emotional Well-Being“, Frontiers in Psychology 11 (6. Oktober 2020): 584645, https://doi.org/10.3389/fpsyg.2020.584645.

575 Jo Lauren Weaver und Jacqueline M. Swank, „Parents' Lived Experiences With the COVID-19 Pandemic“, The Family Journal 29, Nr. 2 (April 2021): 136–42, https://doi.org/10.1177/1066480720969194.

576 Caroline E. Kerns u. a., „Caregiver Distress, Shared Traumatic Exposure, and Child Adjustment among Area Youth Following the 2013 Boston Marathon Bombing“, Journal of Affective Disorders 167 (Oktober 2014): 50–55, https://doi.org/10.1016/j.jad.2014.05.040.

577 vgl. UNICEF Office of Research- Innocenti, „Parental Engagement in Children's Learning: Insights for Remote Learning Response during COVID-19“, UNICEF-IRC, zugegriffen 7. Juni 2021, https://www.unicef-irc.org/publications/1091-parental-engagement-in-childrens-learning.html.

578 Katia Hetter CNN, „How to help teens cope in a global pandemic“, CNN, zugegriffen 4. Juni 2021, https://www.cnn.com/2020/12/23/health/raising-teens-pandemic-parenting-wellness/index.html.

579 https://de.statista.com/statistik/daten/studie/734279/umfrage/beliebteste-freizeitaktivitaeten-von-kindern-4-bis-13-jahre-in-deutschland/.

echtEMF ist eine Marke der Edition Michael Fischer

1. Auflage
Originalausgabe

Covergestaltung: Luca Feigs, unter Verwendung eines Motivs von Mark Nazh/shutterstock
Dieses Werk wurde vermittelt durch die Montasser Medienagentur, München.
Redaktion: Theresa Sigusch
Bildnachweis: Alle Illustrationen via Shutterstock.com ©MilanoArt (S. 1), ©Aha-Soft (S. 19), ©BackWood (S.41), ©Gagnar (S. 49), ©Imeginator (S. 107), ©Fox Design (S. 117), ©Serhiy Smirnov (S. 149), ©Binly (S. 163), ©notbad (S. 179), ©Molas Photos (S. 205), ©ina9 (S. 227), ©WEB-DESIGN (S. 235), ©vladwel (S. 247)
Layout/Satz: Luca Feigs
Gedruckt bei GGP Media GmbH, Karl-Marx-Str. 24, 07381 Pößneck

ISBN 978-3-7459-0709-4

www.emf-verlag.de